感谢北京市隆安律师事务所对本书出版的支持

LEGAL THEORY AND
PRACTICE OF
NON-PROSECUTION IN
CORPORATE CRIMINAL COMPLIANCE

刑事合规不起诉
理论与实务

刘晓明◎主　编
彭　啸　杨晓波　于善忠◎副主编

法律出版社　LAW PRESS
北京

图书在版编目(CIP)数据

刑事合规不起诉理论与实务 / 刘晓明主编. -- 北京：法律出版社，2023
ISBN 978 - 7 - 5197 - 7425 - 7

Ⅰ. ①刑… Ⅱ. ①刘… Ⅲ. ①刑事诉讼 - 起诉 - 研究 - 中国 Ⅳ. ①D925.218.04

中国版本图书馆 CIP 数据核字（2022）第 242014 号

刑事合规不起诉理论与实务
XINGSHI HEGUI BUQISU LILUN YU SHIWU

刘晓明 主编

策划编辑 李沂蔚
责任编辑 李沂蔚
装帧设计 鲍龙卉

出版发行 法律出版社	开本 710 毫米×1000 毫米 1/16
编辑统筹 法律应用出版分社	印张 20　　字数 285 千
责任校对 朱海波	版本 2023 年 1 月第 1 版
责任印制 刘晓伟	印次 2023 年 1 月第 1 次印刷
经　销 新华书店	印刷 北京金康利印刷有限公司

地址:北京市丰台区莲花池西里 7 号（100073）
网址: www.lawpress.com.cn　　　　　　销售电话:010 - 83938349
投稿邮箱:info@ lawpress.com.cn　　　　客服电话:010 - 83938350
举报盗版邮箱:jbwq@ lawpress.com.cn　　咨询电话:010 - 63939796
版权所有·侵权必究

书号:ISBN 978 - 7 - 5197 - 7425 - 7　　　　　定价:78.00 元
凡购买本社图书,如有印装错误,我社负责退换。电话:010 - 83938349

编委会

主　编：刘晓明

副主编：彭　啸　杨晓波　王善忠

作　者：王金玲　王姿蓉　王英光　宗　楠
　　　　　　夏　薇　杨　云　杨　曦　魏　云
　　　　　　李长青　陈雯雯

前　　言

——不要为了合规而束缚创新的梦想

《刑事合规不起诉理论与实务》这本书经历了近一年的写作终于可以面世了,对于我们这些实践工作在一线的律师们来说真的很不容易。合规律师们一方面是要办好案件,帮助涉案企业进行合规整改,建立完善的企业合规体系,同时要将办理的合规案件和项目进行梳理和提炼,使之上升到理论与实践相结合的高度。虽然非常辛苦,但却是一件非常有意义的工作,不仅可以帮助我们对合规工作进行及时总结,而且可以将一些有意义的经验分享给法律同人以及对合规感兴趣的朋友们,供大家探讨和研究,也非常期待大家能够对本书提出修改和完善的意见。

企业合规分为商事合规与刑事合规,商事合规主要是侧重于企业的治理结构和商业模式,结合国家民商事法律、法规的规定对企业各个部门、各岗位职责、各个流程与环节,结合自身行业、产品、服务方式等特点进行合规设计,搭建合规体系,进行合规培训,使企业在日常生产经营活动当中运用合规管理体系,防范经营风险,建立企业合规文化。

商事合规所指的主体是企业及其员工的经营管理行为,既不是企业及其员工自身,也不是企业及其员工的非经营管理行为。企业及其员工的经营管理行为,既包括采购行为、投资行为、营销行为,也包括人力资源管理、财税管理、信息管理、反商业贿赂、知识产权管理、招投标等行为。这些行为,均应处于法律法规、监管规定等的约束之下。"合规"中的"合"是指"符合",就是要把特定的操作行为与既定的标准进行对比,"使之符合"。要达到"使之符合"的效果,必须运用管理控制。具体到企业活动中,这种管理控制包括激励、约束、监督、问责等方式。

而企业刑事合规这一概念的提出并不是要将其脱离于传统合规独自运行、自成话题,而是强调刑事法律规范在企业合规管理设计中的重要作用。目前我国学者对刑事合规的主要代表性观点有三种,分别称之为"工具说""标准说"和"核心要素说"。(1)"工具说"。陈瑞华教授认为刑事合规是国家以《刑法》为工具,为企业开展合规管理建立的督促机制、约束机制和激励机制。(2)"标准说"。指避免因企业或企业员工相关行为给企业带来的刑事责任,国家通过形势政策上的正向激励和责任归咎,推动企业以刑事法律的标准来识别、评估和预防公司的刑事风险,制定并实施遵守刑事法律的计划和措施。(3)"核心要素说"。认为刑事合规两个核心要素分别为内部控制机制和刑事法手段。只要与上述两个核心要素相关联,借助刑事法手段,构罪或者是量刑,以推动组织体自我管理的相关立法和实践,都是刑事合规所涵盖的范畴。

企业商事合规与刑事合规各自的侧重点不同,所依据的法律法规也各自不同,但并非相互对立与矛盾的关系,而是相辅相成、相互结合的关系。企业商事合规侧重于企业的治理结构、经营管理、各部门的相互配合与协调,而刑事合规则侧重于防范企业触犯刑事法律、法规,产生刑事责任。

说了这么多合规,大家可能感觉企业将会受到很大的束缚,但是如果从企业产生纠纷和刑事责任将会面临的巨大困难和动荡角度来看,企业的事前合规防范就显得非常重要。同时,合规并非要限制企业的创新能力与梦想,而是要最大限度地保障企业的创新环境,增加和提升企业的创新激情。

合规与创新就好像硬币的两面:既有各自的合理性和必要性,也有相互的矛盾与统一,彰显了事物的两个方面。合规与创新,又好比跷跷板的两头在不断博弈中达到平衡。

合规并非静态的,而应当是一种动态合规,是在发展创新的动态过程中合规,使得企业的经营行为能够符合法律的规定,同时也符合经营创新的需求。每一件事务都有其特殊性和独立性,况且法律规定也需要顺应社会的发展而及时进行调整。因此,合规审查应当充分考虑事务的特性,不应当死板地、"一刀切"式地合规审查。

英国作家丹尼尔·汉南在其著作《自由的基因》中指出,英国脱欧并非完全因为欧盟成员国经济发展不平衡所导致,更重要的原因在于欧盟的立法者们试图将所有的商业行为和经济行为都置于法律的规制之下,这不仅违背了英国判例法的传统和原则,更重要的是束缚了人们思想的空间和生活的自由。英国判例法的原则是国家不提前制定成文法,判例法不禁止的则为合法,使人们享有充分的生活和经营的自由,以激发人们创新的思想。作者毫不掩饰地宣称,英国将自己与一个政治文化迥异、僵硬的欧洲联系在一起是个"灾难性的"错误。在支持英国脱欧者的眼里,欧盟由于其过度立法性思维,已经使得整个社会显得脱离实际生活,过于僵硬而缺乏所应当具有的生机与情趣。整个社会在过度立法的思维主导下,正像自己编织的一张大网将自己的手脚捆住。而英国自从《大宪章》时起就形成了以英国普通法为原则的社会文化,个人自由、法律之治、注重合同与契约、议会制度,其中自由是政治及文化价值的第一追求。如此追求个人权利与自由的英国文化与立法主义为主导、事事都需要法律规制、批文主义盛行的欧盟文化,确实显得格格不入。

因此,不要为了合规而束缚我们创新的手脚!要用动态的合规来保障我们创新的激情与自由。

正如巴塞尔银行监管委员会发布的《合规与银行内部合规部门》这一文件中所提到的:对于合规部门的定位不应当停留在静态的角度,而应当从动态中寻找合规部门的设置与创新的平衡点。

1. 合规与创新应当相互独立,企业在创新时不应受到过多限制;
2. 对创新所取得的初步成果,应当给予合规建议和风险提示,据此完善创新成果,以符合合规的要求。

强化合规的同时,不应当抑制我们思维的创新,而应当以动态合规的心态去迎合和辅助企业的创新与发展。

所谓的"规"应当是一个广义的概念。宏观层面,泛指国家的宪法、法律法规、部门规章等；微观则可以包括企业的规章制度、行业惯例等。可以看出我们所要合的这个"规"的范围实在是太广泛了，大到没有一个明确的边界。因此"合规"必须要有一个范围，否则什么"规"都要符合，那只能是给自己套上了一个"合规"的枷锁！更何况法亦分善法与恶法，在法以下的各类"规"就更加显得复杂而参差不齐。所以，我们在"合规"之前首先要对所合之"规"做一个筛选和界定，什么样的"规"我们必须要合，哪些"规"我们关注即可，甚至可以忽略。例如，与上位法相抵触和相矛盾的"规"就可以忽略；针对同样的问题我们仅需要符合层级高的法规即可，对于层级低的"规"即可忽略；对于上位法规没有涉及而下位"规"有相关规定的，我们应当同时符合上位与下位的"规"。

不要让过度的"合规"捆绑住了亚当·斯密《国富论》中那只"看不见的手"！这只看不见的手正是我们的灵感所在，祂开启我们的智慧、指引我们的方向、引领社会前进的步伐。让我们用一颗自由的心跟随这只"上帝之手"，用祂赐给我们的智慧去发现那些早已存在的秘密！

"合规"只是我们发现真理的拐杖，帮助我们在前行的路上不至于跌倒。我们要用好这根拐杖，千万不要过度依赖它，让它绊倒我们。当我们发现了真理，这根"合规"的拐杖也就失去了它工具的价值，我们必然丢掉它，用双手去拥抱真理。

不要为了合规而束缚我们创新的梦想与激情！

最后，祝愿我们的企业具有更多的创新能力，使大家能够开启思想的源泉、碰撞出智慧的火花。也祝愿我们的企业和商业越来越合规！

感谢大家！

刘晓明
2022 年 8 月 9 日

目 录

第一章　刑事合规的概念及适用范围　　1

第一节　刑事合规的概念　　3
一、合规的来源　　3
二、合规的概念　　4
三、刑事合规的概念　　5
四、刑事合规的价值取向　　7
五、刑事合规的必要性　　8

第二节　刑事合规的适用背景　　10
一、依法治国　　10
二、反腐倡廉　　10
三、经济犯罪　　11
四、保护民营企业家　　11

第三节　刑事合规涉及的案件类型　　13
一、国有企业刑事合规　　13
二、民营企业刑事合规　　13
三、外资企业刑事合规　　14

第四节　刑事合规犯罪主体　　16
一、公司主体　　16
二、自然人主体　　17

第五节　涉企业犯罪案件适用刑事合规的条件　　18

一、涉案企业认罪认罚　　19
　　二、涉案企业合规承诺　　19
　　三、涉案企业自愿适用第三方机制　　20

第二章　第三方监督评估机制概述　　21

第一节　第三方监督评估机制　　23
　　一、第三方监督评估机制的概念　　23
　　二、第三方监督评估机制的适用范围　　23
　　三、第三方机制管委会的组成和职责　　25
　　四、第三方组织的性质　　26
　　五、第三方机制专业人员的选任原则　　27
　　六、第三方组织的解散　　28

第二节　第三方机制管委会的组织形式与议事机制　　29
　　一、第三方机制管委会的设立背景及设立依据　　29
　　二、第三方机制管委会的议事规则　　31
　　三、第三方机制管委会的工作内容与工作流程　　31
　　四、第三方机制管委会办公室职责　　32

第三节　第三方监督评估组织概述　　33
　　一、第三方组织设立的背景及其性质与意义　　33
　　二、第三方组织工作原则　　36
　　三、第三方组织具体工作内容　　36
　　四、第三方组织的启动条件、方式　　40
　　五、第三方组织成员的选任流程　　40

第四节　关于第三方组织开展刑事合规实务的流程调研　　43
　　一、启动审查　　43
　　二、合规计划审查　　46
　　三、监督　　47

四、评估与考核 　　49
　　五、巡回检查 　　50
　　六、解散 　　50
　　七、回头看 　　51
第五节　关于第三方组织开展刑事合规的效果与其意义 　　52
　　一、第三方组织开展刑事合规的效果 　　52
　　二、第三方组织开展刑事合规的意义 　　54

第三章　第三方组织开展刑事合规业务在实践中的应用　　57
第一节　第三方组织开展刑事合规业务实务 　　59
　　一、开展合规培训 　　59
　　二、刑事合规调查 　　65
　　三、刑事合规整改 　　67
　　四、刑事合规监督 　　70
　　五、刑事合规评估 　　70
第二节　刑事合规改革的案例与实践流程 　　78
　　一、刑事合规改革案例 　　78
　　二、刑事合规改革经验启示 　　82

第四章　关于第三方组织开展刑事合规实务在全国范围内推广的重要性与可行性　　85
第一节　刑事合规推广的重要性 　　87
　　一、刑事合规和企业制度补救 　　87
　　二、刑事合规与岗位职责 　　87
　　三、刑事合规与组织架构 　　88
　　四、刑事合规与内部治理结构 　　89
　　五、刑事合规与人员管理 　　89

六、刑事合规与业务规范 90

第二节 刑事合规推广的可行性 91
一、刑事合规与依法治国 91
二、刑事合规与经济形势 91
三、世界企业合规趋势 92
四、企业效益与合规 93

第五章 关于第三方组织开展刑事合规实务的建议与意见 95

第一节 刑事合规实务的建议 97
一、专家人选 97
二、刑事合规开展流程标准化及注意事项 98
三、企业建立合规体系 102
四、企业形成合规文化 105
五、企业合规常态化 106

第二节 律师开展刑事合规业务的要点 109
一、保守客户隐私、秘密及案件相关国家秘密 109
二、预防腐败与滥用职权 110
三、撰写合规计划的注意事项 110
四、撰写考察评估报告的注意事项 112

第六章 刑事合规的前端——商事合规 115

第一节 商事合规管理概述 117
一、商事合规的产生与发展 117
二、商事合规的相关概念 119
三、商事合规管理与其他相关概念的区别 123
四、商事合规管理的重要意义 125

第二节 商事合规管理体系的构建 128

一、商事合规管理体系的构成要素　　128
　　二、商事合规组织的成员　　142
　　三、商事合规组织的常见形式　　144
　　四、商事合规组织的搭建规则　　145
　　五、商事合规管理的重点领域　　147
第三节　商事合规管理相关法律法规汇总(部分)　　166
　　一、全国性法律法规、党内法规、规范性文件(部分)　　166
　　二、部门规章及规范性文件(部分)　　166
　　三、地方性法律法规(部分)　　167

第七章　刑事合规不起诉最高检试点北京西检首案首例、湖南某地先行试点案例文书模板及成果展示　　169

　　一、《合规整改承诺书》　　171
　　二、《企业合规整改申请书》　　171
　　三、《自查报告》　　172
　　四、《承诺书》　　179
　　五、《×××有限公司合规计划的补充修订》　　179
　　六、《停止违规行为承诺》　　191
　　七、《合规整改计划》　　194
　　八、《合规管理办法》　　212
　　九、《企业员工合规行为准则》　　218
　　十、涉案企业《自查报告》与《合规计划》初审意见　　222
　　十一、关于××××××有限公司&××××××有限公司下一步工作建议　　226
　　十二、《合规监督评估考察报告》　　234
　　十三、《招投标管理制度》　　247
　　十四、《员工行为准则》　　254

十五、《财税管理制度》　　　　　　　　　　　　261

十六、《合规绩效考核管理制度》　　　　　　　　271

十七、《合规访谈记录》　　　　　　　　　　　　279

十八、《合同管理制度》　　　　　　　　　　　　281

十九、《×××××有限公司反商业贿赂制度》　　291

二十、完整版《×××××有限公司合规计划书》　297

CHAPTER

1

第一章

刑事合规的概念及适用范围

第一节　刑事合规的概念

一、合规的来源

"合规"一词由英文"Compliance"翻译而来，最早的"合规"发展历史一般被认为起源于美国，但对于更为具体的溯源问题，学术界存在不同的观点：(1)认为1887年2月4日美国国会通过的用以规范州际商业交易的《洲际商业法》(Interstate Commerce Act)关于行业自律与企业自我监管的规定，成为合规的最初雏形[1]；(2)认为"合规"最早的渊源是19世纪末20世纪初的"企业合规"，英国和美国是世界上最早的企业合规的先行者，英国因对外扩张的需要，在20世纪上半叶开始率先提出"银行合规"，后巴塞尔委员会也发布相应规范性文件[2]；(3)还有一种观点与上述银行管理有关，认为20世纪30年代国际金融危机出现使美国监管者深刻认识到防范风险的重要性，加强银行合规监管，倒逼各大银行纷纷进行合规管理，于是明确提出"合规"一词[3]；(4)认为"合规"最早可追溯到美国1890年通过的联邦第一部反托拉斯法《谢尔曼法》[4]；(5)认为"合规"最早可以追溯到1906年的美国食品和药物管理局，该局对食品和药物安全的监管促使企业开始将合规视为企业运营的一部分。[5]

---

[1] 参见万方：《企业合规刑事化的发展及启示》，载《中国刑事法杂志》2019年第2期，第48页。

[2] 参见李晓明：《合规概念的泛化及新范畴的确立：组织合规》，载《法治研究》2022年第2期，第137页。

[3] 参见李晓明：《合规概念的泛化及新范畴的确立：组织合规》，载《法治研究》2022年第2期，第137页。

[4] 参见李晓明：《合规概念的泛化及新范畴的确立：组织合规》，载《法治研究》2022年第2期，第137页。

[5] 参见《从1906到2020：合规的起源、发展与演变》，载 https://www.sohu.com/a/372744360_120545389，最后访问日期：2022年6月8日。

可以肯定的是,明确使用"合规"一词是美国在政府强化金融监管行业背景下首先提出的,到了20世纪70年代,美国企业丑闻和犯罪行为频发与"水门事件"的发生,使合规管理转向反腐败和反贿赂领域,直至1991年美国出台的《联邦组织量刑指南》开启合规的刑事化发展,成为美国乃至世界合规历史发展的里程碑。

二、合规的概念

"合规",英文"Compliance",在《元照英美法词典》中译为"服从、遵守、顺从",从表面含义上"合规"是合乎法律规定的意思。德国学者齐白认为,"合规计划本质上是一系列对预定目标的遵守程序。这些目标首先是法律之规定——有时也可能是伦理的——或者其他的"[1],即合规不仅是合乎国家法律法规,还包含商业伦理道德、行业规定等;美国学者菲利普·韦勒认为,合规是指"企业主动实施的内部制度体系建设,以期预防与发现内部违法行为"[2]。由此我国学者主要从企业管理角度和合规之"规"角度,对合规基本概念进行界定。

陈瑞华主要从以下四个层面定义"合规":第一,国家法律法规,即包含所有具有法律渊源资格的规范文件;第二,既包括成文规范,也包括不成文的商业习惯和伦理;第三,公司内部制定的规章制度;第四,国际组织条约。[3] 孙国祥学者则认为合规应当是集国家法律规范、行业特点、商业道德伦理及企业自愿设立的风险防范为一体的企业活动规则体系。[4] 李本灿学者指出,合规又称合规计划,其是指企业或者其他组织体在法定框架内,结合组织体自身的组织文化、组织性质以及组织规模等特殊因素,设立一套违法及犯罪

---

[1] [德]乌尔里希·齐白:《全球风险社会与信息社会中的刑法:二十一世纪刑法模式的转换》,周遵友、江溯等译,中国法制出版社2012年版,第236页。

[2] Philip A. Wellner, Effective Compliance Programs and Corporate Criminal Prosecutions, *Cardozo Law Review*, Vol. 27, No. 1 (2005), p.497.

[3] 参见陈瑞华:《企业合规的基本问题》,载《中国法律评论》2020年第1期,第178页。

[4] 参见孙国祥:《刑事合规的理念、机能和中国的构建》,载《中国刑事法杂志》2019年第2期,第3页。

行为的预防、发现及报告机制,从而达到减轻、免除责任甚至正当化的目的的机制。①

为确认合规当中"规"所映射的范围,除学术界权威学者的观点外,还应当立足于国内外合规领域内的权威性文件。如 ISO 37301:2021《合规管理体系要求及使用指南》和 GB/T 35770－2017/ISO19600:2014《合规管理体系指南》将合规分成两个部分:一是企业内规,二是企业外规,其中,外规含强制性规定和自愿性规定,《中央企业合规管理指引(试行)》《企业境外经营合规管理指引》也体现了内规和外规两个维度。直至 2022 年 8 月 23 日,国务院国资委发布的《中央企业合规管理办法》,强调深入贯彻习近平法治思想,落实全面依法治国战略布署,深化法治央企建设,推动中央企业加强合规管理,切实防控风险,有力保障深化改革与高质量发展。

三、刑事合规的概念

刑事合规这一概念的提出并不是要将其脱离于传统合规独自运行、自成话题,而是强调刑事法律规范在企业合规管理设计中的重要作用。目前我国学者对刑事合规概念界定的论述不多,主要代表性观点有三种,分别称之为"工具说""标准说"和"核心要素说"。②（1）"工具说"。陈瑞华教授认为刑事合规是国家以刑法为工具,为企业开展合规管理建立的督促机制、约束机制和激励机制。③（2）"标准说"。指避免因企业或企业员工相关行为给企业带来的刑事责任,国家通过形势政策上的正向激励和责任归咎,推动企业以刑事法律的标准来识别、评估和预防公司的刑事风险,制定并实施遵

---

① 参见李本灿:《合规计划的效度之维——逻辑与实证的双重展开》,载张仁善主编:《南京大学法律评论》(春季卷),法律出版社 2014 年版,第 229 页。

② 参见赵赤:《立足全球视野解读刑事合规内涵》,载中华人民共和国最高人民检察院官网,https://www.spp.gov.cn/llyj/202109/t20210902_528256.shtml,最后访问日期:2022 年 6 月 10 日。

③ 参见关仕新、陈章、张宁:《三人谈|以检察履职助力构建企业合规制度》,载中华人民共和国最高人民检察院官网,http://www.360doc.com/content/21/0301/14/53301497_964575247.shtml,最后访问日期:2022 年 6 月 10 日。

守刑事法律的计划和措施。①（3）"核心要素说"。认为刑事合规两个核心要素分别为内部控制机制和刑事法手段。只要与上述两个核心要素相关联，借助刑事法手段，构罪或者是量刑，以推动组织体自我管理的相关立法和实践，都系刑事合规所涵盖的范畴。② 同时，也有学者基于当前涉案企业合规改革背景下，提出刑事合规是在执法或司法办案机关的具体指导下，相关涉案企业予以有效配合，并在第三方监督评估机构及其工作机制的推动下，整合相关资源、堵塞违法漏洞、预防和控制该企业违法犯罪事件再次发生的一系列工作过程。③

从刑事合规的概念入手，还需关注一个重点问题，即刑事合规和企业合规两者之间的关系。从概念入手，对两者关系阐述的代表性观点有：（1）"刑事合规概念"质疑说。时延安学者提出"刑事合规"更多是德国学者出于对西门子事件的痛定思痛发明出来的，在美国法律、司法和文献中很少提及。实践上合规计划及其实施也并不直接表现为刑事法律问题。④（2）"下位概念说"。韩轶学者认为，刑事合规是企业合规的核心内容，从企业合规的发展历程来看，企业刑事合规是推动整个企业合规发展的重要外部力量，无形中提高了企业对犯罪风险的整体防控能力。⑤（3）"三个维度说"。陈瑞华教授认为，企业合规的内涵有三个维度，分别是公司治理方式的合规、刑法激励机制的合规和律师业务的合规，而刑事合规是企业合规内涵的维度之一。⑥（4）"升级形态说"。徐博强学者认为，刑事合规是企业合规的升级形态，是与刑事责任相关联的企业合规，即将企业经营活动是否有合规约束，

---

① 参见孙国祥：《刑事合规的理念、机能和中国的构建》，载《中国刑事法杂志》2019年第2期，第3页。
② 参见李本灿：《刑事合规理念的国内法表达——以"中兴通讯事件"为切入点》，载《法律科学（西北政法大学学报）》2018年第6期，第96页。
③ 参见李晓明：《合规概念的泛化及新范畴的确立：组织合规》，载《法治研究》2022年第2期，第145页。
④ 参见时延安：《合规计划实施与单位的刑事归责》，载《法学杂志》2019年第9期，第20页。
⑤ 参见韩轶：《企业刑事合规的风险防控与建构路径》，载《法学杂志》2019年第9期，第1页。
⑥ 参见陈瑞华：《企业合规制度的三个维度——比较法视野下的分析》，载《比较法研究》2019年第3期，第61页。

与企业刑事责任的有无及轻重直接相关的企业刑事犯罪风险内部控制机制。①

四、刑事合规的价值取向

企业注重刑事合规,主动防控刑事风险,能够更好促进企业的长期发展。第一,刑事合规能极大降低企业涉诉风险。它使企业内部管理更为合理严密,有助于堵塞各类犯罪漏洞,促使企业自我预防犯罪,避免因刑事风险对企业生产经营造成严重的影响。第二,刑事合规能够实现企业的可持续发展。从美国西门子公司案例看,缴纳大量罚款虽然导致企业损失了部分商业利益,但长远来看,企业通过建立完善合规体系形成自身的合规文化,能够减少企业违法犯罪次数,提升企业的商业声誉和社会形象,产生企业品牌效应,促进企业长久健康发展。② 就司法价值而言,首先,世界各国在企业或者企业员工犯罪案件处理中,司法机关获得企业犯罪线索困难、查处效率低、相关证据证明力不高、打击犯罪成本高等问题较为普遍,企业进行刑事合规有利于司法机关收集、固定证据,为刑事追诉活动提供较好的证据基础;其次,受协商性司法合作理念的影响,企业刑事合规的实际运用越来越得到企业认可。这种模式极大地节约了司法成本。

然而从我国合规不起诉的探索实践看,刑事合规制度还体现着独特的"中国价值":第一,符合我国宽严相济的刑事司法政策。③ 我国已通过一系列政策性文件,从企业产权保护和企业家人身权利保护两方面落实司法轻缓化,刑事合规能够软性地倡导、鼓励企业合规治理,从而为重刑主义下的单位犯罪"松绑",优化司法资源配置、缓解社会矛盾;第二,检察机关发挥社会治理职能。最高检相关人员在企业刑事合规与司法环境优化研讨会上也

---

① 参见徐博强:《合规视野下民营企业刑事风险防控探析》,载《东北师大学报(哲学社会科学版)》2022年第2期,第102页。
② 参见陈瑞华:《论企业合规的基本价值》,载《法学论坛》2021年第6期,第5页。
③ 参见刘艳红:《企业合规不起诉改革的刑法教义学根基》,载《中国刑事法杂志》2022年第1期,第110页。

指出,检察机关应在做好对犯罪追诉的同时,积极参与社会治理①,从企业治理的旁观者变为公司治理结构改革的推动者,企业将在检察机关的推动下搭建起具有犯罪预防功能的现代合规管理体系。

五、刑事合规的必要性

(一)国家治理与市场经济发展的需求

企业合规不仅是企业治理体系和治理能力现代化的一个重要标志,也是国家治理体系和治理能力现代化的一个重要组成部分。如果企业违法犯罪,即使受到刑事处罚,没有对商业模式进行整改规范,则企业仍旧会存在犯罪风险。因此,必须通过刑事合规督促其改造商业模式和经营模式,消除经营模式中的"犯罪"因素,防范刑事法律风险,以实现国家、社会、企业内部治理的有机衔接。同时,刑事合规也是经济秩序和社会秩序的基础性保障机制。随着经济全球化,我国企业频繁在国外受到制裁,外部商业环境的不确定性迫切需要我国企业建立有效的合规制度。

(二)单位犯罪形势严峻

刑事法规所调整和保护的社会关系十分广泛,在法律体系中扮演守门人角色,是社会保障的最后一道屏障。我国现行《刑法》有164个罪名存在单位犯罪的设置,而公司、企业等经济实体作为"单位"最为常见的组织形式,即便仅考虑公司、企业自身触犯《刑法》、涉嫌犯罪的情况,也存在160多个刑事风险点,并且触及企业运营中的各个方面,因此,不得不考虑因工作人员个人涉刑而给公司、企业带来的法律问题。一旦触发刑事风险,暂且不论公众舆论和业界的负面评价,仅仅在法律层面,等待企业的也将可能是漫长的刑事诉讼程序,涉及企业和相关人员财产和人身自由的强制措施,以及最终获得被剥夺财产、任职资格、自由甚至生命的刑事判罚。这其中无论是

---

① 参见潘云、杨春雨、季吉如:《检察视角下的企业刑事合规建设》,载《中国检察官》2020年第11期,第32页。

哪种情形,都是任何企业和个人难以承受的重创。①

(三)企业的社会公共效益

根据企业保护的"水漾理论"②,起诉一个企业,处罚一个企业,将其定罪,所经历的诉讼周期十分漫长,一旦企业被检察机关起诉,所产生的负面影响范围大,不仅会牵涉员工、投资人、客户、用户、第三方等大量无辜的第三人,更会祸及整个社会的经济秩序,进而使国家的经济效益受到损害。所以,对企业刑事合规十分必要,对于涉嫌犯罪的企业,应当在法律的框架下、法治的轨道内,给予企业自我整改的机会,通过有效消除违规犯罪的因素,适当"放过企业"。

---

① 参见中伦:《企业刑事合规系列总论篇之(一)——刑事合规究竟是什么》,载 http://www.zhonglun.com/Content/2020/07-15/1638241552.html,最后访问日期:2022 年 6 月 10 日。
② 参见陈瑞华:《论企业合规的基本价值》,载《法学论坛》2021 年第 6 期,第 5 页。

第二节　刑事合规的适用背景

一、依法治国

中央立足于中国特色社会主义发展实践、以全局角度不断丰富依法治国的新理念新内涵,提出"全面依法治国"战略,并出台《法治中国建设规划(2020－2025年)》《法治社会建设实施纲要(2020－2025年)》等文件,将推进依法治国作为国家治理体系和治理能力现代化的必然要求。在这一时代背景下,举国上下对全面推进依法治企达成了共识,习近平总书记明确强调:"要立足当前,运用法治思维和法治方式解决经济社会发展面临的深层次问题。"中国社会主义市场经济本质上就是法治经济,企业不仅是社会主义市场经济的主体,也是国家治理的微观载体。对于企业而言,贯彻落实依法治国的方针政策就是要推进全面依法治企、对企业进行合规管理,以快速适应国内外营商环境,避免企业陷入违法犯罪风险为基本目标,构筑具有中国特色的企业合规管理体系,助力企业持续健康发展。

二、反腐倡廉

腐败治理不仅是我国监察改革的重要内容,也是国家治理的全球性议题。党的十八大以来,习近平总书记多次强调,要善于用法治思维和法治方式反对腐败。党中央不断健全反腐倡廉法规制度体系,上至以党章为统领的党内法规、以宪法为统领的国家法律法规,下至地方所作的积极响应,大力推进党风廉政建设和反腐败斗争。《反腐倡廉蓝皮书:中国反腐倡廉建设报告 No.8》[1]

---

[1] 参见《反腐倡廉蓝皮书:中国反腐倡廉建设报告 No.8》发布,载最高人民检察院官网,https://www.spp.gov.cn/spp/zdgz/201810/t20181009_394532.shtml,最后访问日期:2022年6月13日。

调查显示,党的十九大以来,中央持续保持反腐高压态势,腐败数量大幅减少。但腐败领域最难以治理的是贿赂犯罪,尤其是接连发生国有企业领导下台事件,反贿赂合规成为刑事合规制度重点关注的主题,企业整改通过刑事合规形成"国家——企业"合作反腐新型治理模式,有效评估识别企业存在腐败的法律风险,不仅能够有效发挥预防腐败犯罪的作用,也为国家开展反腐败社会治理提供支持。

三、经济犯罪

企业在市场经济运行中长期扮演重要角色,随着国家近年来对经济犯罪的查处力度不断增强,企业破产、企业家承担刑事责任的案例也屡见不鲜,可见当前企业面临刑事法律风险大,尤其是经济领域的刑事犯罪风险。根据《企业家刑事风险分析报告2020》的数据显示[①],民营企业与企业家触犯频次最高的罪名集中在融资领域,且犯罪频数远高于其他类型企业;国有企业高频罪名与腐败犯罪紧密相关,尤其是2022年最高人民检察院、公安部联合发布《关于公安机关管辖的刑事案件立案追诉标准的规定(二)》,对非国家工作人员受贿罪、职务侵占罪、挪用资金罪等企业内部易发的腐败犯罪入罪标准予以下调,进一步加大了企业经济犯罪的刑事风险。对于上市公司而言,新《证券法》的出台加强了市场领域监管,诸多上市公司及人员因缺乏合规意识,而受到行政处罚甚至于刑罚。

四、保护民营企业家

受企业规模限制,民营企业家是民营企业的核心灵魂,集企业决策权、生产经营权、人事任免权等于一体,可以说民营企业家的命运与民营企业的命运紧密相连。换言之,一旦民营企业家涉嫌违法犯罪,往往会导致整个企业停工停产,甚至于破产倒闭。2020年3月开始,最高人民检察院启动两批

---

① 参见张远煌:《企业家刑事风险分析报告(2020)》,载《河南警察学院学报》2021年第4期,第18页。

涉案企业刑事合规改革试点,基层检察机关对犯罪情节轻微、认罪认罚、采取积极补救措施、按照合规承诺进行有效整改的涉案企业作出双重不起诉处理,最终"放过企业、也放过自然人"。实际上,最后"放过民营企业家"的做法也是在挽救整个企业,民营企业不同于国有企业庞大的管理运行体系,企业管理人不可替代,因此,以刑事合规为契机,对企业进行合规整改,重塑民营企业及其企业家的合规意识,强化民营企业家的合规承诺有助于企业通过建立合规管理体系,有效预防犯罪,提高市场竞争力。

第三节 刑事合规涉及的案件类型

一、国有企业刑事合规

在我国企业合规刑事化路径中,中央国有企业刑事合规最具有实践引导作用。首先,国有企业承担更为严格的刑事合规义务。因国有企业性质的特殊性,承担国有资产保值增值,维护国家利益的特殊责任,对国有企业的监管要求更为严格,同时,国有企业管理人员是行使公权力的公职人员,2018年出台的《监察法》明确将国有企业管理人员纳入监察对象,即国有企业管理人员不仅是纪委的纪律处分对象,也是监察对象。我国《刑法》对国企人员专门设置的渎职类犯罪和反腐类犯罪,加大了国企人员违法违纪行为进入《刑法》评价的可能性,是国有企业刑事合规应格外关注的刑事合规义务。其次,国有企业合规的相关指引文件和实践案例,使得国有企业逐步构建综合性合规风险防控体系,并成为刑事合规制度完善的典型进路。[1]

2018年国务院国资委发布的《中央企业合规管理指引(试行)》从管理制度、组织机构、运行保障机制层面为中央国有企业建立健全合规管理体系提供指导;2019年以来,北京、江苏、广东等地国企作为中国企业合规的先行者进行了实践探索;2022年出台的《中央企业合规管理办法(征求意见稿)》,2022年9月1日,《中央企业合规管理办法》正式公布,并于2022年10月1日正式施行,逐渐筑牢国有企业上下贯通、横向协作的"三道防线"风险防控机制,以合规管理为导向,探索我国国有企业刑事合规制度。

二、民营企业刑事合规

从企业刑事合规的宏观背景来看,与国有企业相比,民营企业的刑事合

---

[1] 参见杜方正:《国有企业刑事合规制度的法理重塑》,载《南京社会科学》2021年第3期,第98页。

规能力弱,一旦引发刑事风险,民营企业被追究刑事责任,不仅关系到企业的生死存亡,也容易对客户、员工等产生负面影响。我国借鉴域外对认罪认罚的涉案企业,以积极赔偿、支付罚金、建立有效刑事合规计划为前提,检察官作出不起诉决定的做法,积极探索我国合规不起诉制度。2020年3月以来,最高人民检察院先后启动两批企业合规改革试点工作,对涉案企业适用检察建议模式和合规考察模式进行刑事合规出罪量刑,其中,有效建立刑事合规计划成为企业是否能够获得不起诉决定或从宽处罚的关键。

但民营企业刑事合规计划存在的难题在于,民营企业刑事合规本质上是推动企业建立刑事法律风险防范和权益保障的内控机制①,但由于民营企业犯罪频率高,企业刑事法律风险多元,尤其在《刑法修正案(十一)》从刑事规制角度对民营企业融资借贷、商业腐败从严监管的法网下,民营企业的刑事风险升级,因而如何在强监管的背景下有效识别刑事合规风险也成为了刑事合规计划的难题。同时,民营企业合规管理建构不完善,导致大部分民营企业只能以国有企业合规管理体系为参考模板,但国有企业规模大、人员多、组织架构复杂,受到党组织、纪检监察部门、上级单位等的制约监督,而民营企业一般为中小微企业,治理结构简单、监督强制力不足,民营企业未能结合企业自身规模和经营发展情况制订的刑事合规计划只是应对检查的纸面功夫。对此,2022年《中小企业合规管理体系有效性评价》团体标准经中国中小企业协会批准正式发布。这是我国首部关于中小企业合规管理体系有效性评价的团体标准,不仅符合中小企业当前发展阶段实际,而且提供了一套全面完善的合规管理体系评价方法论,更对中小企业合规建设长远发展具有前瞻性的指导意义。

三、外资企业刑事合规

一般而言,境外企业合规已经经历了长时间的发展周期,合规管理体系

---

① 参见韩轶:《民营企业刑事风险的刑事合规防控》,载"中国刑法研究会"微信公众号,最后访问日期:2022年6月15日。

已较为成熟,因而绝大部分外资企业"自信"且毫无负担地直接照搬境外母公司或集团合规框架、内容等合规措施,或者由境外企业来直接负责境内企业的合规体系构建以促进境内境外企业合规的协调一致,可以说外资企业合规意识早于我国内资企业,并有相对全面成熟的合规管理体系,企业合规文化底蕴深厚。

而在刑事合规体系中,外资企业往往关注风险防范机制、合规调查和刑事控告机制、刑事风险危机处理机制三个方面的问题,这就要求外企必须对中国刑事法律有全局性认识。但外资企业在境内境外营商环境和法律政策不同的背景下,全盘照搬境外合规措施,只重视境外境内企业的协调一致,而忽略了对中国本土法律的认识,使得外资企业的合规义务无法与中国刑事法律规范更新同步,这就导致外资企业的刑事合规无法有效识别应对合规风险,甚至外企的合规制度反而成为了企业及高管的"风险来源",即合规出现失灵的现象。进一步而言,外资企业与国有企业、民营企业相比已经具有较强的合规意识,且发展起步早,并有构建合规管理体系的成熟经验和较好的合规管理能力基础,因此,外资企业更应当发挥企业合规管理体系建设的自身优势,主动适应中国本土的法律规范和企业治理模式,保持同步,以便能够及时对合规管理体系进行修正和补充,即外资企业合规管理体系的优化升级,以提高刑事合规的执行能力和保护能力,使外资企业的刑事合规制度真正发挥优势。

第四节　刑事合规犯罪主体

根据最高人民检察院,司法部,财政部等九部委于2021年6月3日联合印发的《关于印发〈关于建立涉案企业合规第三方监督评估机制的指导意见(试行)〉的通知》(以下简称《指导意见》)的规定,第三方机制适用于公司、企业等市场主体在生产经营活动中涉及的经济犯罪、职务犯罪等案件,既包括公司、企业等实施的单位犯罪案件,也包括公司、企业实际控制人、经营管理人员、关键技术人员等实施的与生产经营活动密切相关的犯罪案件。同时,《指导意见》也规定了刑事合规主体的消极条件:(1)个人为进行违法犯罪活动而设立公司、企业的;(2)公司、企业设立后以实施犯罪为主要活动的;(3)公司、企业人员盗用单位名义实施犯罪的;(4)涉嫌危害国家安全犯罪、恐怖活动犯罪的;(5)其他不宜适用的情形。最后《指导意见》在附则中规定,纪检监察机关认为涉嫌行贿的企业符合企业合规试点以及第三方机制适用条件,向人民检察院提出建议的,人民检察院可以参照适用本指导意见。

一、公司主体

根据《指导意见》中的规定,以"公司"角度为主体,包括:在生产经营活动中涉及的经济犯罪、职务犯罪、单位犯罪或与生产经营活动密切相关的犯罪的公司、企业等市场主体。《指导意见》及相关司法解释对于"公司、企业等市场主体"没有进行明确的限制,所以,所有公司、企业类型都应符合该机制的适用主体,包括民营企业、大型国有、国有控股或参股企业以及外商投资企业等。

二、自然人主体

根据《指导意见》中的规定,以"自然人"角度为主体,包括:在公司、企业等市场主体中实施的与生产经营活动密切相关的犯罪案件的企业实际控制人、经营管理人员、关键技术人员等。对于"自然人"领域,《指导意见》规定得较为明确,不仅包括公司的实际控制人、高管,也包括关键的技术人员。

第五节　涉企业犯罪案件适用
刑事合规的条件

根据《指导意见》的规定,对于同时符合"(一)涉案企业、个人认罪认罚;(二)涉案企业能够正常生产经营,承诺建立或者完善企业合规制度,具备启动第三方机制的基本条件;(三)涉案企业自愿适用第三方机制"等条件的涉企犯罪案件。试点地区检察院可根据案件情况适用上述指导意见。

刑事合规不起诉实践中,曾经出现过应不应该适用刑事合规不起诉制度的争议情形,比如虚开发票罪和虚开增值税发票罪,根据虚开的金额适用不同的量刑标准,虚开增值税发票罪的量刑分为三年以下有期徒刑或者拘役,虚开税款数额较大或其他严重情节的,处三年以上十年以下有期徒刑,虚开税款数额巨大或其他特别严重情节的处十年以上有期或无期徒刑,单位犯罪的,对直接负责人的起刑点在三年以下,而虚开发票罪的量刑为情节严重的处两年以下有期徒刑、拘役或管制,情节特别严重的处两年以上七年以下有期徒刑。经笔者及工作小组成员研究,虽然辽宁省下发的文件中禁止将企业合规考察制度适用于虚开发票罪,且只能适用于三年以下有期徒刑的轻罪。但并无全国性规定就制度的适用作出此类要求,根据最高检下发的《指导意见》以及企业合规考察案例,可以看出除危害国家安全以及恐怖主义犯罪外,企业合规不起诉、从宽制度没有适用罪名、罪轻罪重的限制。根据现有案例分析,重罪一般进行的是企业合规从宽处理,轻罪一般进行企业合规不起诉处理。根据对虚开发票罪量刑标准的分析,本罪有可能因现行法律对于虚开发票"情节特别严重"没有具体规定而被适用判处两年以下有期徒刑的量刑标准,从而不构成"情节特别严重",故认为,本罪属于合规不起诉制度适用范畴。由此可见,合规不起诉的启动条件须结合涉案的量刑标准,作为合规不起诉还是从宽处理,也是合规不起诉的启动要件。如果涉案企业涉嫌重罪,检察院在参考第三方的评估报告后,原则上量刑在三年以上的,可以从宽,量刑三年以下的可以适用合规不起诉。在实践中须区分所涉罪名的量刑标准,严格把控对涉案企业的合规不起诉的类型,在确定犯罪名称的基础上,企业应同时满足"认罪认罚""承诺建立或者完善企业合规制度""自愿适用第三方机制"的条件,才能适用涉案企业合规第三方监督评估机制。

一、涉案企业认罪认罚

认罪认罚是启动合规不起诉的第一要件,根据《最高人民法院、最高人民检察院、公安部、国家安全部、司法部关于适用认罪认罚从宽制度的指导意见》的规定,"认罪",是指犯罪嫌疑人、被告人自愿如实供述自己的罪行,对指控的犯罪事实没有异议。"认罚",是指犯罪嫌疑人、被告人真诚悔罪,愿意接受处罚。"认罚",在侦查阶段表现为表示愿意接受处罚;在审查起诉阶段表现为接受人民检察院拟作出的起诉或不起诉决定,认可人民检察院的量刑建议,签署认罪认罚具结书。

认罪认罚不代表涉案企业不得作出任何辩解,根据《人民检察院办理认罪认罚案件监督管理办法》的规定,办理认罪认罚案件,检察官应当依法履行听取犯罪嫌疑人、被告人及其辩护人或者值班律师、被害人及其诉讼代理人的意见的法定职责,依法保障犯罪嫌疑人、被告人诉讼权利和认罪认罚的自愿性、真实性和合法性。涉案企业承认指控的主要犯罪事实,仅对个别事实情节提出异议,或者虽然对行为性质提出辩解但表示接受司法机关认定意见的,不影响"认罪"的认定。

最后,合规考察期内,如果第三方组织发现涉案企业或其人员有尚未被办案机关掌握的犯罪事实或者实施新的犯罪行为,应当中止第三方监督评估程序,并向负责办理案件的人民检察院报告。

二、涉案企业合规承诺

在检察机关通过涉案企业的合规申请后,涉案企业应对建立或者完善企业合规制度作出承诺。在实践中,合规承诺多以书面形式提交至检察机关,根据笔者的合规实践,合规承诺书至少应该包括以下内容:(1)涉案企业、个人认罪认罚;(2)停止犯罪行为,消除犯罪行为带来的影响;(3)涉案企业接受检察机关与第三方合规监管人员的监督,按照检察机关与第三方合规监管人员要求在限定期限内提交合规计划;(4)涉案企业按照合规计划的内容定期向检察机关和第三方合规监管人书面报告合规计划执行情况;(5)涉案企业确保合规计划不存在虚假记载、重大遗漏,按照合规计划切实整改,确保合规整改获得第三方合规监管人验收;(6)涉案企业或企业相关人员无危害国家安全、公共安全以及其他严重危害他人人身、财产安全的情况,否则由检察机关重新评估是否终止合规考察;(7)涉案企业考察期内不会实施新的犯罪及其他违反合规考察承诺的行为。

三、涉案企业自愿适用第三方机制

除了认罪认罚和合规承诺,我们也要认识到涉案企业的第三方监督评估机制不是强制性的程序,是否适用该机制完全取决于涉案企业的意愿。笔者认为第三方机制对于涉案企业来说,是一次"改过自新"的机会,最高检张军检察长在知乎上就企业合规改革试点工作回答网友提问,张军检察长表示"开展涉案企业合规改革试点的目的是防止不当办一个案件,垮掉一个企业;更高的目标是通过办好每一个案件,积极营造法治化营商环境,促进企业规范发展。"最高检推行合规不起诉制度的意义在于营造法治化营商环境,促进企业规范发展,具体到涉案企业的角度,合规不起诉的成功与否对于许多企业来说是关乎生死的决定,其代表着涉案企业不必因其违法犯罪行为而被迫终止运营或破产,涉案企业的负责人免于刑事处罚,员工也免于遭受失业风险。不仅如此,合规不起诉更重要的意义在于督促企业在检察机关与第三方合规专家的指导、管理、监督下消除那些导致犯罪发生的管理漏洞和制度隐患,建立对违法行为的风险防控机制,及时识别合规风险,避免再次出现法律问题,这一点也体现在国家对于非涉案企业视自身情况主动进行企业合规的鼓励态度。

CHAPTER

2

第二章

第三方监督评估机制概述

第一节　第三方监督评估机制

一、第三方监督评估机制的概念

《指导意见》第一条规定了涉案企业合规第三方监督评估机制的概念："涉案企业合规第三方监督评估机制（以下简称第三方机制），是指人民检察院在办理涉企犯罪案件时，对符合企业合规改革试点适用条件的，交由第三方监督评估机制管理委员会（以下简称第三方机制管委会）选任组成的第三方监督评估组织（以下简称第三方组织），对涉案企业的合规承诺进行调查、评估、监督和考察。考察结果作为人民检察院依法处理案件的重要参考。"

二、第三方监督评估机制的适用范围

（一）犯罪类型

从犯罪类型的角度来说，第三方机制既适用于一部分单位犯罪，也适用于一部分自然人犯罪。《指导意见》第三条规定了具体适用的犯罪类型。《指导意见》第三条规定："第三方机制适用于公司、企业等市场主体在生产经营活动中涉及的经济犯罪、职务犯罪等案件，既包括公司、企业等实施的单位犯罪案件，也包括公司、企业实际控制人、经营管理人员、关键技术人员等实施的与生产经营活动密切相关的犯罪案件。"

（二）适用条件

第三方机制的适用条件与认罪认罚从宽制度的适用条件具有包含与被包含的关系，也就是说，凡是适用第三方机制的案件必须符合认罪认罚从宽制度的要求，但不是所有符合认罪认罚从宽制度条件的案件都能适用第三方机制。两者虽然在适用条件上具有上述相似性，但两者仍然是两个完全不同的制度。根据陈瑞华教授的观点，具体有以下不同点：（1）价值目标不同，即认罪认罚从宽制度追求诉讼效率，但第三方机制追求的是企业整改与犯罪预防效果；

(2)实体结果不同,认罪认罚只能在法定量刑幅度内作为从轻量刑情节,第三方机制的本质是使成功通过合规考察的企业避免被定罪判刑从而实现"合规出罪";(3)制度运行期限不同,认罪认罚从宽制度要求行为人及时、真诚悔过并快速接受刑罚,但第三方机制往往要求较长的合规期限并且唯有此才能真正实现改造企业犯罪基因的目的,以世界其他国家的普遍合规期限来看,我国受制于现行法确定的几个月到一年的合规期限还有待于修法进行扩展①。

《指导意见》第三条、第四条规定了适用第三方机制的积极条件。第四条规定:"对于同时符合下列条件的涉企犯罪案件,试点地区人民检察院可以根据案件情况适用本指导意见:(一)涉案企业、个人认罪认罚;(二)涉案企业能够正常生产经营,承诺建立或者完善企业合规制度,具备启动第三方机制的基本条件;(三)涉案企业自愿适用第三方机制。"

(三)不适用的情形

《指导意见》不但从正面规定了第三方机制的适用的积极条件,还从反面规定了不得适用的消极条件。只有将积极条件与消极条件结合起来,才能以融洽的逻辑完整把握第三方机制地适用。《指导意见》第五条,规定了不得适用第三方机制的消极条件。第五条规定:"对于具有下列情形之一的涉企犯罪案件,不适用企业合规试点以及第三方机制:(一)个人为进行违法犯罪活动而设立公司、企业的;(二)公司、企业设立后以实施犯罪为主要活动的;(三)公司、企业人员盗用单位名义实施犯罪的;(四)涉嫌危害国家安全犯罪、恐怖活动犯罪的;(五)其他不宜适用的情形。"

由上可以看出,上述前四种情形具备一个共性,即单位或自然人的犯罪行为偏离了企业常规经营活动。这四种情形,要么是自然人将公司、企业作为犯罪的掩蔽外壳或中介工具,即第一种和第三种情形;要么是公司、企业本身即是一种以实施犯罪为主要活动的犯罪组织;要么是自然人或公司、企业涉嫌的是危害国家安全犯罪、恐怖活动犯罪。

关于第五种其他不宜适用的情形,则有待于相关部门出台进一步的细

---

① 参见陈瑞华:《企业合规不起诉改革的八大争议问题》,载《中国法律评论》2021年第4期。

化解释,或者留待于有关机关在司法实践中根据上述前四种情形的共性运用自由裁量权进行认定。

除了上述《指导意见》指出的条件,刘艳红教授还提出未来尤其应当注重增加公共利益条件。首先,公共利益条件要求与追诉企业带来的收益相比,启动监督评估机制将使员工、股东、第三方商业伙伴等利益相关方和社会公众获得更大利益。其次,大型企业涉嫌的重大犯罪案件一旦符合公共利益条件,也可以被纳入监督评估范围。最后,公共利益衡量的前提是利益同质,对于重大责任事故罪等造成重大伤亡后果的犯罪,应当严格限制监督评估机制的适用。①

三、第三方机制管委会的组成和职责

(一)国家第三方机制管委会的组成和职责

国家第三方机制管委会由最高人民检察院等九部门组建。国家第三方机制管委会的工作范围实行国有企业和非国有企业分类管理。

根据《指导意见》第六条,国家第三方机制管委会主要履行制定规范文件、研究问题、研制名录库办法、研制保障和激励制度、开展监督和检查、协调等工作。②

---

① 参见崔议文:《涉案企业合规第三方监督评估机制有效运行的要点及把握》,载《人民检察》2022年第9期。
② 《指导意见》第六条:"最高人民检察院、国务院国有资产监督管理委员会、财政部、全国工商联会同司法部、生态环境部、国家税务总局、国家市场监督管理总局、中国国际贸易促进委员会等部门组建第三方机制管委会,全国工商联负责承担管委会的日常工作,国务院国有资产监督管理委员会、财政部负责承担管委会中涉及国有企业的日常工作。
第三方机制管委会履行下列职责:
(一)研究制定涉及第三方机制的规范性文件;
(二)研究论证第三方机制涉及的重大法律政策问题;
(三)研究制定第三方机制专业人员名录库的入库条件和管理办法;
(四)研究制定第三方组织及其人员的工作保障和激励制度;
(五)对试点地方第三方机制管委会和第三方组织开展日常监督和巡回检查;
(六)协调相关成员单位对所属或者主管的中华全国律师协会、中国注册会计师协会、中国企业联合会、中国注册税务师协会、中国贸促会全国企业合规委员会(中国贸促会商事法律服务中心)以及其他行业协会、商会、机构等在企业合规领域的业务指导,研究制定涉企犯罪的合规考察标准;
(七)统筹协调全国范围内第三方机制的其他工作。"

此外,国家第三方机制管委会还应当组建巡回检查小组,由巡回检查小组开展上述第五项的巡回检查工作。巡回检查小组成员可以由人大代表、政协委员、人民监督员、退休法官、检察官以及会计审计等相关领域的专家学者担任。巡回检查小组的工作内容包括对相关组织和人员在第三方机制相关工作中的履职情况开展不预先告知的现场抽查和跟踪监督。

(二)地方第三方机制管委会的组成和职责

试点地方的人民检察院和国资委、财政部门、工商联应当结合本地实际,参照国家第三方机制管委会组成与职责的相关规定组建本地区的第三方机制管委会并建立联席会议机制。

根据《指导意见》第八条的规定,试点地方第三方机制管委会履行管理名录库、第三方组织日常管理、监督和检查、惩戒、协调等职责。①

此外,地方第三方机制管委会亦应当成立巡回检查小组,巡回检查小组的成员组成和职责参照国家层面巡回检查小组的相关规定。

四、第三方组织的性质

涉案企业第三方监督评估机制下由第三方监督评估机制管理委员会选任组成的第三方监督评估组织简称第三方组织。

第三方组织具有依法成立、中立性和临时性的特征。首先,第三方组织成员系由第三方机制管委会根据个案需求从第三方机制专业人员库中抽选并依法委任;其次,第三方组织成员以其专业知识、经验发表独立意见,客观中立地出具合规考察书面报告;最后,第三方组织不是一个常设性的机构,在完成一项涉案企业监督评估工作任务后即宣告解散。

---

① 《指导意见》第八条:"试点地方第三方机制管委会履行下列职责:
(一)建立本地区第三方机制专业人员名录库,并根据各方意见建议和工作实际进行动态管理;
(二)负责本地区第三方组织及其成员的日常选任、培训、考核工作,确保其依法依规履行职责;
(三)对选任组成的第三方组织及其成员开展日常监督和巡回检查;
(四)对第三方组织的成员违反本指导意见的规定,或者实施其他违反社会公德、职业伦理的行为,严重损害第三方组织形象或公信力的,及时向有关主管机关、协会等提出惩戒建议,涉嫌违法犯罪的,及时向公安司法机关报案或者举报,并将其列入第三方机制专业人员名录库黑名单;
(五)统筹协调本地区第三方机制的其他工作。"

五、第三方机制专业人员的选任原则

（一）依法依规

第三方机制专业人员由第三方机制管委会选任确定，管委会选任时应当遵循《指导意见》、全国工商联办公厅等九部门办公厅印发的《涉案企业合规第三方监督评估机制专业人员选任管理办法（试行）》以及国家层面第三方机制管委会负责研究制定其他规范。

（二）公开公正

第三方机制管委会应当在选任专业人员入库时履行发布公告、公示监督等必要的公开步骤，接受社会监督。

公告应当载明选任名额、标准条件、报名方式、报名材料和选任工作程序等相关事项，公告期一般不少于二十个工作日。

第三方机制管委会应当将拟入库人选名单及监督联系方式向社会公示，接受社会监督。公示可以通过在拟入库人选所在单位或者有关新闻媒体、网站发布公示通知等形式进行，公示期一般不少于七个工作日。第三方机制管委会对于收到的举报材料、情况反映应当及时进行调查核实，视情况提出处理意见，调查核实过程中可以根据情况与举报人、反映人沟通联系。

第三方机制专业人员名录库应当在第三方机制管委会成员单位的官方网站上公布，供社会查询。

（三）分级分类

第三方机制专业人员的选任实行分级负责制。国家层面、省级和地市级第三方机制管委会应当组建本级第三方机制专业人员名录库（以下简称名录库）。经省级第三方机制管委会审核同意，有条件的县级第三方机制管委会可以组建名录库。

第三方机制专业人员名录库还应当以个人为入库主体，由第三方机制管委会根据专业领域分类组建。省级以下名录库的入库人员限定为本省（自治区、直辖市）区域内的专业人员，若有达不到组建条件的情况，由省级第三方机制管委会统筹协调相邻地市联合组建名录库。

（四）接受监督

第三方机制专业人员的选任在遵循公开公正原则的基础上，还应当接受社会监督。

第三方机制管委会对于收到的举报材料、情况反映应当及时进行调查核实，视情提出处理意见。调查核实过程中可以根据情况与举报人、反映人沟通联系。

六、第三方组织的解散

《〈关于建立涉案企业合规第三方监督评估机制的指导意见（试行）〉实施细则》（以下简称《实施细则》）第 37 条规定："负责选任第三方组织的第三方机制管委会和负责办理案件的人民检察院收到第三方组织报送的合规考察书面报告后，应当及时进行审查，双方认为第三方组织已经完成监督评估工作的，由第三方机制管委会宣告第三方组织解散。"

即相关案件的具体负责第三方机制管委会和人民检察院是第三方组织工作的验收机关，它们主要依据过程中的工作检查和最终报送的合规考察书面报告对第三方组织的工作进行评价。在很多地区，第三方机制管委会和检察院亦负责代为保管和决定支付第三方组织成员的报酬。

第三方组织的解散时由其性质上的临时性决定的，这可以保证每一个个案在适用第三方机制时可以获得具有针对性、专业性人员的指导、监督和评估，也可以在某种程度上避免常设性机构权力过大、权力长期把握在少数人手中可能导致的偏倚或腐败。

第二节 第三方机制管委会的组织形式与议事机制

一、第三方机制管委会的设立背景及设立依据

（一）设立背景

从理论上讲，不受监督的权力将导致不公和腐败。如果第三方组织对企业的监管行为本身缺乏权力制衡或监督，则可能引发无效监管。中国人民公安大学马明亮指出，独立监管人在选任过程中存在腐败行为可能导致监管无效[1];"独立监管人除了可能受到丧失监管资格的惩戒之外，并不承担监督无效的民事责任……围绕独立监管人的监督工作如何更有效……具体方法包括在公司和监督程序之间再度引入中立的第三方"[2]。

从试点实践来讲，自我国开展涉案企业合规改革试点以来，部分检察机关对第三方监督评估机制建设进行了探索，探索形成的第三方监督考察模式主要有四种：一是联合监管模式；二是检察委托模式；三是检行联合模式；四是独立监控模式。[3]

从体系定位的角度来讲，第三方机制管委会是第三方机制的管理和监督平台，是沟通检察机关和第三方组织的桥梁，其应主要发挥组织管理的功

---

[1] See Jessica Naima Djilani, The British Importation of American Corporate Compliance, 76 Brooklyn Law Review303，338（2010）.转引自马明亮：《论企业合规监管制度——以独立监管人为视角》，载《中国刑事法杂志》2021年第1期，第131~144页。

[2] Caelan E. Nelsona, Corporate Compliance Monitors Are Not Superheroes With Unrestrained Power：A Call For Increased Oversight And Ethical Reform，27 Georgetown Journal of Legal Ethics 724，745（2014）.转引自马明亮：《论企业合规监管制度——以独立监管人为视角》，载《中国刑事法杂志》2021年第1期，第131~144页。

[3] 参见邓根保、丁胜明、丁建勤、吴晓敏、郑莉、张秀娟、杨扬琴、钱丽：《涉案企业合规第三方监督评估机制的建立与运行》，载《人民检察》2021年第20期，第15~20页。

能,而不处理具体案件。首先,企业合规涉及方方面面,需要由涉及企业管理的各国家机关设立一个议事平台发挥集中资源、汇聚共识的功能;其次,第三方机制管委会不是法定的司法机关,所以不宜行使司法权、做出相关刑事措施决定;最后,第三方组织属于临时性组织,其组成人员来自各行各业,需要一个常设组织对其履职行为进行监督。

(二)设立依据

2020年3月起,最高检在上海、江苏、山东、广东的6家基层检察院,试点开展"企业犯罪相对不诉适用机制改革"。2021年3月最高检决定扩大试点范围,部署在北京、辽宁、上海、江苏、浙江、福建、山东、湖北、湖南、广东10个省份开展为期一年的第二期试点工作。2021年6月3日,最高检等9部门印发《指导意见》,从而确立了企业合规的中国新制度即第三方监督评估机制。

最高检指出,在《指导意见》的研究起草过程中,始终注意把握"四个注重"。一是注重以习近平新时代中国特色社会主义思想和习近平法治思想作为指导思想;二是注重准确把握企业合规改革试点的基本内涵,确保严格依法推进试点工作;三是注重加强顶层设计,形成改革合力;四是注重总结试点经验,留出改革空间。

《指导意见》第6条规定了国家层面第三方机制管委会的组成机关及职责;第7条规定了管委会的工作机制,即由成员单位建立联席会议机制,各成员单位落实联席会议确定的工作任务和议定事项;第8条规定了地方层面第三方机制管委会的组成机关、职责和工作机制;第9条规定了国家层面和地方层面巡回检查小组的组成及职责。

二、第三方机制管委会的议事规则

《实施细则》第二章第4、5、6、7、8、9条[①]分别规定了第三方机制管委会的工作机制、人员组成、召开时间及程序、会议成果形式、休会期间工作安排。

三、第三方机制管委会的工作内容与工作流程

工作内容

第三方机制管委会的工作内容包括对第三方机制的宏观指导、具体管理、日常监督和统筹协调。

宏观指导是指研究制定涉及第三方机制的规范性文件、研究论证第三方机制涉及的重大法律政策问题，对第三方机制内各主体依法依规活动进

---

① 第4条 第三方机制管委会建立联席会议机制，以联席会议形式研究制定重大规范性文件，研究论证重大法律政策问题，研究确定阶段性工作重点和措施，协调议定重大事项，推动管委会有效履职尽责。

第5条 联席会议由最高人民检察院、国务院国资委、财政部、全国工商联有关负责同志担任召集人，管委会其他成员单位有关负责同志担任联席会议成员。联席会议成员因工作变动需要调整的，由所在单位提出，联席会议确定。

第6条 联席会议原则上每半年召开一次，也可以根据工作需要临时召开。涉及企业合规改革试点工作及重大法律政策议题的由最高人民检察院召集，涉及第三方机制管委会日常工作及民营企业议题的由全国工商联召集，涉及国有企业议题的由国务院国资委、财政部召集。召集人可以根据议题邀请其他相关部门、单位以及专家学者参加会议。

第7条 联席会议以纪要形式明确会议议定事项，印发第三方机制管委会各成员单位及有关方面贯彻落实，重大事项按程序报批，落实情况定期报告联席会议。

第8条 联席会议设联络员，由第三方机制管委会各成员单位有关司局负责同志担任。在联席会议召开之前，应当召开联络员会议，研究讨论联席会议议题和需提交联席会议议定的事项及其他有关工作。

联络员应当根据所在单位职能，履行下列职责：

（一）协调本单位与其他成员单位的工作联系；

（二）组织研究起草有关规范性文件，研究论证有关法律政策问题，对有关事项或者议题提出意见建议；

（三）组织研究提出本单位需提交联席会议讨论的议题；

（四）在联席会议成员因故不能参加会议时，受委托参加会议并发表意见；

（五）组织落实联席会议确定的工作任务和议定事项。

第9条 联席会议设联系人，由第三方机制管委会各成员单位有关处级负责同志担任，负责日常联系沟通工作，承办联席会议成员及联络员的交办事项。

行指导并向他们释明相关法律、政策的相关含义。

具体管理是指要负责确定第三方组织及其成员的工作保障和激励制度、选任专业人员入库、针对个案抽取人员组成第三方组织、审查合规考察书面报告、验收第三方组织任务完成情况、宣告第三方组织解散。

日常监督是指各级第三方机制管委会要对下级第三方机制管委会的经费管理、人事管理、案件管理等工作进行日常监督，第三方机制管委会还应当组建巡回检查小组并由其对下级第三方机制管委会和相关第三方组织及其组成人员开展不预先告知的现场抽查和跟踪监督。

统筹协调是指第三方机制管委会以联席会议的形式作为管委会的工作机制，应加强与全国律协、中国注册会计师协会等行业协会、商会、机构的工作联系，可以推动各成员单位、各工作联系单位根据工作需要互派干部挂职交流，探索相关单位工作人员兼任检察官助理制度，并协调各成员单位视情派员参与第三方机制管委会办公室工作，提升企业合规工作专业化规范化水平。

四、第三方机制管委会办公室职责

第三方机制管委会下设办公室作为常设机构，负责承担第三方机制管委会的日常工作。办公室设在全国工商联，由全国工商联有关部门负责同志担任办公室主任，最高人民检察院、国务院国资委、财政部有关部门负责同志担任办公室副主任。

根据《实施细则》第11条，第三方机制管委会办公室需要履行协调工作、筹备会议、建立和管理名录库、组织开展检查等工作。[①]

[①] 《实施细则》第11条："第三方机制管委会办公室履行下列职责：
1. 协调督促各成员单位落实联席会议确定的工作任务和议定事项；
2. 收集整理各成员单位提交联席会议研究讨论的议题，负责联席会议和联络员会议的组织筹备工作；
3. 协调指导联席会议联系人开展日常联系沟通工作；
4. 负责国家层面第三方机制专业人员名录库的建立选任、日常管理、动态调整，并建立禁入名单等惩戒机制；
5. 组织开展对试点地方第三方机制管委会和第三方组织日常监督和巡回检查；
6. 承担第三方机制管委会及其联席会议交办的其他工作。"

第三节　第三方监督评估组织概述

一、第三方组织设立的背景及其性质与意义

(一) 设立的背景

从世界范围来看,负责监督评估企业是否达到合规标准的机关或组织在各国有不同的表现形式。

在美国,2008年起,美国历任司法部官员发表了关于刑事监管人制度的备忘录,对监管人的选择、资质、利益冲突规则、工作范围、汇报机制、报酬、最终的建议等方面的内容作出规定。[①]"在监管人的选择方面,美国司法部负责与公司就聘用监管人达成协议,其间须考虑监管人与监管任务的专业匹配度;要求不具有现实或潜在的利益冲突,即监管人与公司及公司人员不存在利益关系,公司承诺监管期结束后两年内不得雇用监管人;监管人的职责应根据具体案件情况确定,一般为评估公司合规体系;监管期限应根据个案,一般为评估公司合规体系;监管期限应根据个案,考虑涉案企业违规行为严重程度、违规行为历史、公司性质、规模等因素确定;监管人的报酬由公司依据市场规律支付。"[②]同时,在美国除司法部外,证券交易委员会、财政部、商务部、联邦贸易委员会等机构都可以指定监管人。[③]

"在法国,自2016年通过《萨宾第二法案》确立暂缓起诉协议制度(也称《基于公共利益的司法协议》)以来,金融检察官办公室(PNF)共与涉嫌洗钱犯罪的汇丰银行瑞士支行等11家企业达成和解协议。这11家大型企业不

[①] 参见[日]川崎友已:《合规管理制度的产生与发展》,李世阳译,载李本灿等编译:《合规与刑法》,中国政法大学出版社2018年版,第3页。

[②] 刘海涛:《美国刑事监管人的制度设计以及借鉴意义》,载搜狐网,https://www.sohu.com/a/428026549_825373。

[③] 参见马明亮:《论企业合规监管制度——以独立监管人为视角》,载《中国刑事法杂志》2021年第1期,第131~144页。

仅具有缴纳大额罚金和罚款、承受合规监管成本的经济能力,也实现了企业经营权和所有权的分离,通常还具有较为完善的内部合规机制。检察机关对其适用合规考察……"①

"在英国,皇家检察长和严重欺诈调查局主任依据英国《犯罪与法院法》(the Crime and Courts Act 2013)附件 17 第 6(1)款规定共同发布了英国《可撤回起诉协议操作守则》(Deferred Prosecution Agreements Code of Practice, DPA Code),以便为检察官在评估合规计划方面提供业务指导"②,其中第 7.5 款规定企业合规计划中的具体条款必须与企业所涉犯罪相称,并应根据案件的具体实施量身定制。③

在新加坡,检察官具有宪法意义上的起诉裁量权,有权提起或中止任何刑事犯罪的起诉,法官不应干涉检察官行使这一权力。除是否启动暂缓起诉程序由检察官自主决定外,在启动后检察官与企业签订的暂缓起诉协议能否生效、生效后是否允许变更协议的内容以及约定期限届满后能否不起诉、是否需要延长约定期限等,均应当经过法官的同意。从企业的角度来看,因为在暂缓起诉协未生效之前,企业可以单方面退出,所以对于企业的监督应当是协议生效后的监督。④

(二)第三方组织的性质

第三方组织是我国第三方监督评估机制的核心主体,在整个体制中起着承上启下的作用。

张军检察长指出:"企业的合规承诺想要落实落地,就必须建设好、使用好第三方监管机制,第三方包括律师、审计师、会计师,也可以包括工商联、企业协会等。检察机关要会同公安、法院及市场监管等部门,发挥好指导、

---

① 李奋飞:《论企业合规考察的适用条件》,载《法学论坛》2021 年第 36 卷第 6 期,第 31~43 页。
② Crime and Courts Act 2013(Last updated:29 April 2013), Paragraph 6, Schedule 17, Code on DPAs.
③ 参见杨宇冠、李涵笑:《企业合规不起诉监管问题比较研究》,载《浙江工商大学学报》2021 年第 4 期,第 46~58 页。
④ 参见唐益亮:《新加坡企业合规不起诉的结构与特色》,载《人民法院报》2021 年 7 月 23 日。

监督作用。"①

陈坚认为,第三方组织类似于独立特派员,其履职过程代表了检察机关、行政部门对企业的监督和考核,相应的评价也往往会影响司法机关的最终决策。一方面,第三方组织要担任评测员,对企业合规计划是否合理、合规整改过程是否有效等进行监督、评估。另一方面,第三方组织扮演者企业的"健身教练"角色,针对企业日常业务构建合规计划、开展合规有效性监督评估。②

(三)第三方组织的意义

首先,促使监督评估与决定相分离。在第三方机制下,检察院是企业能否进入企业合规第三方机制的和企业最终获得什么样的司法待遇的决定机关。第三方组织的存在,可以避免检察院一家独揽决定进入、监督评估、审查决定等的所有职责。决定和考察相分离的制度设计,既能保证检察机关在监督考察中的主导作用,也能确保监督考察的专业性,避免出现检察机关既履行决定职能又履行考察职能③,从而达到发挥各方优势、形成多方合力的效果。

其次,促使合规更具针对性、专业性。第三方组织不是一个恒定的机关,而是由第三方机制管委会根据个案从专业人员库中抽选的。在实践中,如上海普陀区检察院主办的全国首例数据合规不起诉案例——Z网络科技公司爬取某外卖平台数据案,第三方机制管委会就针对该案涉及数据、网络安全的特性,抽选了由网信办、某知名互联网安全企业、产业促进社会组织等来组成专家小组④。而在南京市首例企业合规不起诉案——某建设公司利用非法获取的9000余名学生个人信息进行虚假纳税案中,第三方机制管

---

① 张军:《创新检察履职助力构建中国特色的企业合规制度》,载https://www.spp.gov.cn/tt/202012/t20201227_503711.shtml.
② 参见陈坚:《企业合规改革研究》,法律出版社2022年版,第228页。
③ 参见曾峥、陈伊韬:《简析最高检〈关于建立涉案企业合规第三方监督评估机制的指导意见(试行)〉》,载https://www.allbrightlaw.com/SH/CN/10475/637cb7e16acb085b.aspx,最后访问日期:2022年5月19日。
④ 这场数据合规案件听证会在"云上"召开,全国人大代表受邀在线参与,载https://m.thepaper.cn/baijiahao_18093849。

委会则考虑到涉及个人信息保护的高度专业性,抽选了在个人信息保护领域经验丰富的律师等组成第三方组织。

最后,提高企业在合法合规前提下的竞争力。依法治企是依法治国大课题中的应有之义,我国的市场经济发展时间相较于发达国家还比较短暂,但即使是在同一个时间跨度内,我国企业的平均存活年限或存活年限的中位数都还比较低。习近平总书记曾提醒青年朋友,人生的第一颗扣子一定要扣好。对于企业来讲也是这样,第三方组织能够督促广大涉罪企业积极主动改造犯罪基因,并为他们提供法治辅导,从而提高他们的健康力和竞争力,争取让更多的企业在未来成为守法合规的百年企业。

二、第三方组织工作原则

第三方组织的运行应当遵循依法依规、公开公正、客观中立、专业高效的原则。

依法依规是指第三方组织的活动应当依据国家相关法律、行政法规、部门规章以及各级第三方机制管委会制定的规范性文件。

公开公正是指第三方组织成员的选任应当公开,第三方组织成员在执行职务行为时应当主动拒绝吃请、贿赂并做出公正决定。

客观中立是指第三方组织应当以事实为依据、以法律为准绳,做到不偏不倚、保持中立立场。

专业高效是指第三方组织应当设定科学合理的讨论和决策机制以期充分发挥专成员的专业知识、专业经验,还应当积极、高效履职,不拖延时间、不浪费涉案企业经费和资源、不耗费不必要的司法和行政资源。

三、第三方组织具体工作内容

(一)前期准备工作

《实施细则》第27条规定了第三方组织在前期准备阶段的了解情况、研判问题、确定计划类型等方面的工作。①

具体来说,第三方组织的前期准备工作包括通过询问谈话、走访调查、审查资料、研究论证等了解企业涉案情况、了解相关规范、研判企业应当达到的合规标准、指导企业完善合规计划、确定合规考察期限、制定合规考察实施方案。

在了解企业涉案情况方面一般应了解企业的商业模式、组织和决策机制、内部管理情况和上下游合作伙伴情况,在此基础上针对性地了解涉罪动机、主观方面和客观方面。

在了解相关规范方面一般应了解企业所处行业可能涉及的相关罪名及其构成、法律法规、相关标准等,如果企业自身有较为完整的规范制度的还应了解企业内部的相关规范制度。

在研判企业应当达到的合规标准方面,应结合上述规范、行业惯例、通行做法以及企业所处的生命周期、内部情况和外部环境等酌情考虑企业是做全面合规还是专项合规以及合规的水平标准。

在指导企业完善合规计划方面,第三方组织成员作为企业所处领域的专家,应当充分分享自身经验、发挥专家们的智慧合力。从实践逻辑来讲,一份有效的合规计划一般应当包括行业共性合规点研判、重点罪名红线预防、分析投诉和已发案例、产品的购产销或研发运营合规制度、企业员工及决策层合规制度、培训和监测督导制度、及时更新与安全应急制度等方面。薛阿敏认为:"企业的合规计划至少应包括企业风险评估机制、有效的政策和程序、培训和沟通机制、匿名报告机制和调查程序、第三方合作伙伴管理和并购管控等内容。"② 2022 年 9 部门办公厅印发的《涉案企业合规建设、评估和审查办法(试行)》规定了涉案企业从停止违规积极配合到制订专项合规计划、明确政策导向、设置合规机构、建设合规制度等五个具体步骤,以及

---

① 第 27 条 第三方组织成立后,应当在负责办理案件的人民检察院的支持协助下,深入了解企业涉案情况,认真研判涉案企业在合规领域存在的薄弱环节和突出问题,合理确定涉案企业适用的合规计划类型,做好相关前期准备工作。

② 参见薛阿敏:《企业合规第三方监督评估机制的实践与完善》(下),载《上海法治报》2021 年 8 月 25 日。

合规管理体系所必需的合规风险评估、调查、处理、绩效考评和持续整改等制度机制,这些步骤和机制是一份完整的合规计划应当涵盖的内容。

在确定考察期限方面,由于现行法存在限制,采取对犯罪嫌疑人实施取保候审的期限(最长可达12个月),不得超过12个月。实践中各地区第三方组织根据具体案件情况一般确定了1个月到1年不等的考察期限,其中以1~3个月的考察期限居多[①]。

在制定合规考察实施方案方面,应严格依照合规计划细化落实考察指标,制订定期和不定期的检查计划,有条件的,还可以确定合规期限结束后一段时间的"回头看"工作计划。国务院国资委2018年11月颁布的《中央企业合规管理指引》,商务部等七部委2018年12月颁布的《企业境外经营合规管理指引(试行)》,2021年4月国际标准化组织颁布的ISO 37301:2021《合规管理体系要求及使用指南》都可以作为合规考察予以参考的标准。薛阿敏"指出2017年美国司法部首次发布《企业合规管理体系评估指南》,2019年4月发布了更新版,设置了12个评估主题、48项评估要素、160个评估问题,为企业进行合规建设提供了明确的指引,也为我国企业合规评估提供了借鉴。"[②]

(二)监督评估工作

监督评估是第三方组织的核心工作内容,前期所有的工作均是为正式的考察评估做准备。考察评估阶段的工作具体包括监督、评估执行合规计划情况、查收和检查执行报告、根据执行情况和合规工作需要提出整改意见或中止的意见、进行终评并出具合规考察书面报告。

在监督评估执行合规计划情况方面,第三方组织应当根据成员的领域和经验特点,从法律、商业运营等角度定期、不定期地对企业合规整改情况进行抽查并及时给出针对性的意见清单,方便企业对照意见清单尽快整改到位。《涉案企业合规建设、评估和审查办法(试行)》第3章第14条指出了

---

① 参见最高检发布的第一批和第二批企业合规改革试点典型案例。
② 参见薛阿敏:《企业合规第三方监督评估机制的实践与完善》(下),载《上海法治报》2021年8月25日。

评估的六大重点内容。① 具体来说主要包括以下六项内容:

在查收和检查执行报告方面,第三方组织应当要求企业以周或月为单位形成合规工作阶段性汇报书。第三方组织应研判汇报书的真实性、有效性和完整性并结合实地抽查情况决定通过或不通过,不通过的应当一次性说明整改意见并进行现场指导。执行报告均应当留档,以便支撑第三方组织出具的最终考察报告。

在提出整改意见或中止程序的意见方面,第三方组织应当根据企业的书面报告和实地调研获取的情况做出决定。凡是偏离合规计划、执行标准低于合规计划或是弄虚作假、企图蒙混过关的,应当视情况给予其指导、纠正并向其出具整改清单。如果企业又犯新罪或发生完全或较高程度不履行合规义务的情况,足以认定其已经不认罪认罚、无合规整改意愿、抗拒合规第三方机制的,第三方组织应当及时报告办案检察院并中止第三方监督评估程序。检察院应进行调查核实并视情况给予训诫,决定恢复或终止第三方监督评估程序并通知管委会。

在变更计划、变更合规期限方面,若第三方组织认为企业所处的法律、商业等环境或企业生产、营销等情况发生重大变化需要变更合规计划或合规期限的,可以根据企业申请决定或自主决定向检察院征求意见,第三方组织应当在考虑检察院出具的意见基础上做出变化或不变化计划、期限的决定。若变化的,企业应当依照新的合规计划、期限履行合规义务。

在最终监督评估和出具合规考察书面报告方面,第三方组织应当制定并执行适当的监督评估方案,应当出具全面、客观、专业的评估材料和有根据、有支撑的结论,应当自查是否存在可能影响履职的不当行为或者涉嫌违法犯罪的行为。

---

① (一)对涉案合规风险的有效识别、控制;(二)对违规违法行为的及时处置;(三)合规管理机构或者管理人员的合理配置;(四)合规管理制度机制建立以及人力物力的充分保障;(五)监测、举报、调查、处理机制及合规绩效评价机制的正常运行;(六)持续整改机制和合规文化已经基本形成。

四、第三方组织的启动条件、方式

第三方组织组织的启动需要满足机制条件和自身条件。机制条件是指本章"第三方监督评估机制"之"第三方监督评估机制的适用范围"所述的积极和消极条件。自身条件是指在第三方机制启动的基础上,相关专业人员经过第三方机制管委会随机抽取和社会公示正式成为第三方组织成员。第三方组织成员经过社会公示后符合法定条件和相关规定的,第三方组织即应当正式启动相关工作。

第三方组织组成人员名单应当报送负责办理案件的人民检察院备案。人民检察院或者涉案企业、个人、其他相关单位、人员对选任的第三方组织组成人员提出异议的,第三方机制管委会应当调查核实并视情况做出调整。

五、第三方组织成员的选任流程

(一)名录库基本要求

任何第三方组织成员均应当先进入第三方机制专业人员名录库。

名录库采取分级组建的形式,主要有国家、省和地市三级。经省级第三方机制管委会审核同意,有条件的县级第三方机制管委会可以组建名录库。

名录库还应当分类组建,总人数不少于五十人。人员数量、组成结构和各专业领域名额分配可以由负责组建名录库的第三方机制管委会根据工作需要自行确定,并可以结合实际进行调整。

省级以下名录库还具有执业区域限制。省级以下名录库的入库人员限定为本省(自治区、直辖市)区域内的专业人员。因专业人员数量不足未达到组建条件的,可以由省级第三方机制管委会统筹协调相邻地市联合组建名录库。

名录库采取个人入库,不得以单位、团体作为入库主体。

(二)入库人基本条件

入库人应当符合以下条件:

（1）拥护中国共产党领导，拥护我国社会主义法治；

（2）具有良好道德品行和职业操守；

（3）持有本行业执业资格证书，从事本行业工作满三年；

（4）工作业绩突出，近三年考核等次为称职以上；

（5）熟悉企业运行管理或者具备相应专业知识；

（6）近三年未受过与执业行为有关的行政处罚或者行业惩戒；

（7）无受过刑事处罚、被开除公职或者开除党籍等情形；

（8）无其他不适宜履职的情形；

（9）具备履行第三方监督评估工作的时间精力；

（10）所在单位或者所属有关组织同意其参与第三方监督评估工作。

（三）入库人综合条件

第三方机制管委会在确定拟入库人选时应当综合考虑报名人员的政治素质、执业（工作）时间、工作业绩、研究成果、表彰奖励，以及所在单位的资质条件、人员规模、所获奖励、行业影响力等情况。

（四）入库人优先条件

在上述基础条件和综合条件同等的情况下，可以优先考虑担任党代表、人大代表、政协委员、人民团体职务的人选。

（五）第三方机制管委会发布公告与报名

第三方机制管委会组织实施第三方机制专业人员选任，应当在成员单位或其所属或者主管的律师协会、注册会计师协会、注册税务师协会等有关组织的官方网站上发布公告。

公告应当载明选任名额、标准条件、报名方式、报名材料和选任工作程序等相关事项，公告期一般不少于二十个工作日。

（六）材料审核和初定人选

第三方机制管委会可以通过审查材料、走访了解、面谈测试等方式对报名人员进行审核考察，并在此基础上提出拟入库人选。

第三方机制管委会可以通过成员单位所属或者主管的有关组织了解核实拟入库人选的相关情况。

(七)公示监督和确定人选、任期

第三方机制管委会应当将拟入库人选名单及监督联系方式向社会公示,接受社会监督。公示可以通过在拟入库人选所在单位或者有关新闻媒体、网站发布公示通知等形式进行,公示期一般不少于七个工作日。

第三方机制管委会对于收到的举报材料、情况反映应当及时进行调查核实,视情提出处理意见。调查核实过程中可以根据情况与举报人、反映人沟通联系。

公示期满后无异议或者经审查异议不成立的,第三方机制管委会应当向入库人员颁发证书,并通知其所在单位或者所属有关组织。名录库人员名单应当在第三方机制管委会成员单位的官方网站上公布,供社会查询。

第三方机制管委会应当明确入库人员的任职期限,一般为二至三年。经第三方机制管委会审核,期满后可以续任。

第四节　关于第三方组织开展刑事合规实务的流程调研

一、启动审查

当刑事案件进入检察院负责的阶段,检察院即可以启动对涉嫌犯罪企业或相关自然人是否符合第三方机制适用条件的审查工作。

本章"第三方监督评估机制"之"第三方监督评估机制的适用范围"交代了适用第三方机制的积极条件和消极条件,办案检察院应当主要围绕上述条件审查是否启动第三方机制。上述条件是法定的、刚性的条件,一旦有不符合积极条件或满足消极条件的情况,即不得适用合规第三方机制。

此外,还应注意到的是,改革实践形成了检察机关自行监管和第三方监督评估两种合规考察模式,并不是所有企业合规案件的涉案企业都需要启动监督评估机制。刘艳红教授认为判断启动第三方机制的必要性,应主要从以下三个方面进行判断:"一是合规基础判断:具有较好合规基础、已经初步建立合规体系的涉案企业,在合规整改中完善合规计划的难度较低,应优先适用检察官自行监管模式。二是企业规模判断:小微企业组织结构简单、合规风险单一、业务领域固定,只需要建立最低限度的合规管理元素,应谨慎适用监督评估机制。三是犯罪原因判断:导致犯罪发生的原因错综复杂,涉及高级管理人员和实际控制人员等强势人物,或者存在业务、财务、法务等多项制度缺陷和管控漏洞的,涉案企业合规整改难度较大,应当启用监督评估机制。"[①]

[①] 崔议文:《涉案企业合规第三方监督评估机制有效运行的要点及把握》,载《人民检察》2022年第9期。

从实务的角度来看,通过对最高检发布的两批企业合规改革典型案例①进行分析,我们可以将适用第三方机制条件的一些细化表现和检察机关在此之外的考量条件归纳如下:

1. 企业规模。在两批共计 10 个典型案例中,除了张家港 S 公司、睢某某销售假冒注册商标的商品案之外,其余 9 个案例涉及的公司均为规模较大的企业。具体而言,企业的规模条件项下还涉及企业的产值、纳税额、员工人数等指标。

最高检第四检察厅负责人表示,该批典型案例既体现检察机关对涉案

---

① 经对最高检发布的两批典型案例原始资料整理成下表:

案例	涉案企业规模情况
张家港市 L 公司、张某甲等人 污染环境案	L 公司系省级高科技民营企业,年均纳税 400 余万元、企业员工 90 余名。
上海市 A 公司、B 公司、关某某 虚开增值税专用发票案	涉案企业系我国某技术领域的领军企业、上海市高新技术企业,科技实力雄厚,对地方经济发展和增进就业有很大贡献。
王某某、林某某、刘某乙 对非国家工作人员行贿案	Y 公司属于深圳市南山区拟上市的重点企业,该公司在专业音响领域处于国内领先地位,已经在开展上市前辅导。
新泰市 J 公司等建筑企业 串通投标系列案件	6 家企业常年承接全市重点工程项目,年创税均达 1000 万元以上,其中 1 家企业年创税 1 亿余元,在繁荣地方经济、城乡建设、劳动力就业等方面作出了突出贡献。
海南文昌市 S 公司、翁某某掩饰、隐瞒犯罪所得案	S 公司系高新技术民营企业,生产的产品广泛应用于航天、新能源、芯片等领域,曾荣获全国优秀民营科技企业创新奖,现有员工 80 余人,年产值 2000 余万元。
山东沂南县 Y 公司、姚某明等人串通投标案	Y 公司正处于快速发展阶段,在沂南县、沂水县空调销售市场占据较大份额。
上海 J 公司、朱某某假冒注册商标案	上海市 J 智能电器有限公司近年来先后被评定为浙江省科技型中小企业、国家高新技术企业、公司有员工 2000 余人,年纳税总额 1 亿余元。
深圳 X 公司走私普通货物案	X 股份有限公司(以下简称 X 公司)系国内水果行业的龙头企业。
X 股份有限公司(以下简称"X 公司")系国内水果行业的龙头企业。	Z 公司系外资在华企业,是当地引进的重点企业,每年依法纳税,并解决 2500 余人的就业问题,对当地经济助力很大。且 Z 公司所属集团正在积极准备上市。
张家港 S 公司、睢某某销售假冒注册商标的商品	该公司系已实际经营六年的小微民营企业,因涉嫌犯罪被立案。

合规企业的"真严管、真厚爱",又较好发挥案例本身的指导意义。该批典型案例特点突出,在普遍适用认罪认罚从宽制度的前提下,有的是对涉案企业异地适用第三方监督评估机制,有的是与"挂案"清理相结合,有的是行刑衔接推动行业治理,有的是非试点地区在法律框架内积极开展合规试点等。[①]

由此可以看出,典型案例的筛选在于其适用法律的准确性、合规的政治、法律、社会效果的良好性,而并不在于企业规模的大小。所以可以从典型案例中企业规模的相关信息分析得出,对中小规模以上的企业适用合规第三方机制更符合企业合规改革的主要制度目的。小微企业或者个体工商户等因为规模较小,完全不必启动第三方机制,若情节较轻符合不起诉或缓刑条件的,由检察院直接给出检察建议由其自行整改即可。2022年4月19日,九部门办公厅联合印发了《涉案企业合规建设、评估和审查办法(试行)》,该办法第1条也指出"针对未启动第三方机制的小微企业合规,可以由人民检察院对其提交的合规计划和整改报告进行审查"。

2. 企业人员素质和合规意愿

在最高检发布的两批典型案例中,涉案企业人员学历、素质等也常被提及,这些因素可以从客观方面支撑企业和相关人员的合规能力;此外,企业和相关人员的认罪认罚、合规整改意愿也是常被提及的因素,这从主观方面支撑了企业及相关人员的合规动机、合规认识和合规意志。如典型案例中的上海市A公司、B公司、关某某虚开增值税专用发票案就提到:"公司管理人员及员工学历普遍较高,对合规管理的接受度高、执行力强,企业合规具有可行性。"为避免篇幅累赘,此处及以下不再如上述企业规模一样列表展示,具体可参考最高检发布的两批典型案例。

3. 企业对于相关行业领域发展的重要性

有一些企业掌握了行业领域内的关键技术,如果在法律允许的范围内对其启动合规第三方机制不会影响行业内上下游企业生产,也有助于维持

[①] 孙风娟:《及时推广试点工作经验深入推进企业合规改革》,载《检察日报》2021年12月16日。

或提高相关行业领域内我国在世界上的竞争地位。这时企业的专利、商业秘密等知识产权以及研发与销售的相关材料就能成为检察机关审查是否适用合规第三方机制的重要参考因素。如在张家港市 L 公司、张某甲等人污染环境案中就提到了："L 公司司系省级高科技民营企业……部分产品突破国外垄断。如果公司及其主要经营管理人员被判刑,对国内相关技术领域将造成较大影响。"

二、合规计划审查

本章"第三方监督评估组织概述"之"第三方组织具体工作内容"阐述了第三方组织在前期准备阶段六个方面的工作内容,其中的核心就是根据相关法律法规和企业实际进行合规计划审查。

从实务角度来讲,第三方组织应当对合规计划的可行性、有效性和全面性进行审查。

1. 可行性

可行性主要从以下三个方面进行判断,一是合规计划本身是否具备前文提到的各个步骤的细化措施和识别、评估、整改及后续监测机制,逻辑是否完整、经验上是否合理;二是企业客观方面的物力、财力、人员能力是否足以满足合规计划履行之所需;三是企业及其主要负责人是否具备合乎情理、合乎逻辑的合规动机,是否对合规第三方机制的要求及法律后果了解清楚无误,是否存在强烈的合规意愿。

2. 有效性

有效性主要从以下三个方面进行判断,一是合规计划是否符合法律规范、政策、标准的要求,只有相关措施完成后可以达到相关要求的才是有效的合规;二是合规计划是否有效纠正了企业涉案问题、是否举一反三对公司治理和决策等机制程序进行了整改;三是合规计划是否建立了持续性的整改机制,是否能够有效应对回头看和企业长远的合规、健康发展。

3. 全面性

全面性主要从以下两个方面进行判断,一是风险识别是否全面,只有对企业的商业模式、经营方式、权力配置、审批流程等制度以及采购、财会、合同、生产、投资并购等环节、步骤进行全面风险识别才能避免头痛医头、脚痛医脚;二是处置、整改方案是否全面,只有从负责人承诺、组织机构、合规制度、实施细则、绩效考评、持续整改等方面着手开展合规才能避免表面功夫、虎头蛇尾。

三、监督

本章"第三方监督评估组织概述"之"第三方组织具体工作内容"阐述了第三方组织在监督评估阶段五个方面的工作内容。

第三方组织在监督评估执行合规计划情况方面,主要把握以下六个方面的内容:

(一)对涉案合规风险的有效识别、控制

涉案企业的合规风险识别是监督评估工作的首要环节,需要指导合规团队将企业目前涉嫌和以后可能涉及的罪名等进行系统梳理并根据员工岗位将相关构成要件、立案标准等红线编纂成合规手册或纳入成为员工手册的一部分。

第三方组织应当检查企业是否就本次涉嫌的犯罪对企业生产各环节所涉部门、各部门岗位做好了风险告知和合规培训,有条件的,还应当检查其是否对相关的可能涉及的罪名做到了落实到岗的合规培训。

有些地方还组织企业借助智能化的法律工具根据岗位职责、上下游关系等对企业全员进行法律风险评估,形成岗位风险清单,然后再由第三方组织专家对相关岗位可能涉及的针对性罪名进行梳理、分析。企业就能够根据风险清单进行有的放矢地合规整改工作,第三方组织也能有针对性地掌握、监督和评估企业涉刑的重点部门、重点岗位以及高概率的罪名风险。

(二)对违规违法行为的及时处置

第三方机制的前提条件之一就是认罪认罚、真诚悔过,而这一条件重要的应有之义就是涉罪主体需要立即停止违规违法行为并积极主动做好罚款缴纳、损害赔偿等工作。

具体而言,第三方组织应当敦促企业提交合规承诺书,并检查承诺书中涉及停止违法违规行为情况、内部人员处理情况、退赃退赔情况等;还应当在必要时开展驻场调研,对照合规承诺书对相关问题予以核实,如果有严重不实的应当依照程序征求检察院意见并决定中止程序。

(三)合规管理机构或者管理人员的合理配置

"虚假整改""纸面合规"是第三方机制应当重点预防、切实打击的不合法行为,而这些违法行为产生的根本原因就是企业相关负责人不重视、未确定合规负责人并保障其履职。

在实践中,第三方组织通常采取与负责人谈话或请普通员工等填写调查问卷等形式确定相关合规组织、合规管理人员是否真正到岗、是否有效履职。有些地方,还采取嵌入式、坐班式监管模式,确保企业合规整改落实到位。

(四)合规管理制度机制建立以及人力、物力的充分保障

合规管理制度是企业合规整改的主要依据,这些制度通常是企业合规团队根据相关法律规范、政策等结合企业实际形成的系列文件。但文件形成易,落实到位难。对于那些缺乏法律专业人才的中小企业来讲,外部合规团队为企业出具的合规文件通常离落实到位还存在一段距离。

对于这种情况,第三方组织通常会检查企业管理人员和专门的合规或法律事务负责人与外部团队的沟通记录、协作情况。同时,各项合规制度的实施细则、操作记录、会议记录等更是第三方组织审查、判断合规工作是否落地的重要依据。

(五)监测、举报、调查、处理机制及合规绩效评价机制的正常运行

没有牙齿的监督是无力的,第三方组织对于涉案企业的监督还应配有相应的反馈、调整和处理机制。由于合规是一个较长的过程,一时合规不代表一直合规,一时纠正不代表未来的轨道都已经纠正,所以第三方组织在监督过程中会以挂举报信箱、派员坐班等各种形式进行监测、受理涉及相关企业的举报并进行相应处理。

同时,公司违法犯罪行为的产生,其中很重要的原因是缺乏敬畏法律、

崇尚法治的价值观。一些企业盲目地追求业绩,置法律与公共利益于不顾,忽视、淡化企业法务部门的意见和影响力。因此,第三方组织还会对企业是否建立合规绩效评价机制、是否建立主要负责人牵头的合规委员会进行监督。

(六)持续整改机制和合规文化已经基本形成

合规的最终目的是改造企业和相关人员的犯罪基因,并力争通过合规提高企业竞争力和创收水平。第三方组织应当从企业架构、权力配置、决策机制、组织建设、权力制衡等多个方面考察企业是否具备了自动持续整改的机制;应当通过上下游企业访谈、员工问卷和访谈等多种渠道了解企业是否具备了一定程度的合规文化和继续学习、养成合规文化的意愿和能力。

四、评估与考核

第三方组织应当以涉案合规风险整改为重点,结合特定行业合规评估指标,制定符合涉案企业实际的评估指标体系。

评估指标的权重可以根据涉案企业类型、规模、业务范围、行业特点以及涉罪行为等因素设置,并适当提高合规管理的重点领域、薄弱环节和重要岗位等方面指标的权重。

(一)确定评估指标

评估指标是企业合规程度的度量尺,只有客观、公平、准确的尺子才能测量出企业的合规水平、突出问题和薄弱环节。

一般来说,合规评估指标一般有:(1)风险识别;(2)违规违法行为处置;(3)人员和组织机构合理配置;(4)制度建设和人力、物力保障;(5)发现-处理机制;(6)合规绩效机制;(7)持续整改机制;(8)合规文化建设。

(二)确定评估指标权重系数

评估指标的权重系数是指每一个指标在指标体系中价值的高低和相对重要的程度以及所占比例的大小量化值。在实践中,每一个个案的所处领域、犯罪严重程度都有所不同,企业内部的组织架构、经营习惯更是千差万别,因此我们不可能制定出一套放之四海皆准的指标权重系数体系。

在实践中,权重系数设置的方法主要有以下三种:(1)主观意见法,即通过向第三方组织专家征求意见,通过取平均值或中位数的方法确定指标权重;(2)历史数据法,虽然企业一般都是第一次接受合规监管,但我们可以通过对以往发生的同一领域内类似案件的指标权重体系结合本次涉案企业的不同之处进行相应比例的推演和调整予以确定;(3)层次分析法,主要是对第三方组织专家的主观判断进行表达和处理后,通过判断矩阵计算出相对权重,进行判断矩阵的一致性检验。

(三)进行最终考核

最终考核的主要成果是由第三方组织形成的书面考察报告,书面考察报告应当由第三方组织全体成员签名或盖章,其中不同意的理由也应当记录在报告内,该报告由第三方组织报送给第三方机制管委会和办案检察院。

书面考察报告一般应当包括案情简介、风险识别、风险整改工作记录、第三方组织的意见以落实情况、第三方组织的评估过程、评估结论、对企业未来的建议和回头看的安排等。

五、巡回检查

巡回检查的职责由第三方机制管委会和巡回检查小组履行。巡回检查小组的成员一般由人大代表、政协委员、人民监督员、退休法官、检察官以及会计审计等相关领域的专家学者担任。

国家层面第三方机制管委会组建的巡回检查小组负责对地方第三方机制管委会和第三方组织开展巡回检查。

地方第三方机制管委会组建的巡回检查小组负责对其选任组成的第三方组织及其成员开展巡回检查。

巡回检查小组会对进行合规整改的涉案企业实行"飞行检查",主要检查第三方监督评估组织和合规监管人的履职情况以及企业整改情况。

六、解散

第三方机制管委会和办案人民检察院收到第三方组织报送的合规考察

书面报告后,应当及时进行审查。根据当前的实践,检察院一般会针对拟作不起诉、变更强制措施等决定的涉企案件,主持召开由侦查人员、人民监督员、特约检察员、第三方监督组织代表、巡回检查小组、专业人员等参加的听证会。

第三方机制管委会和人民检察院在审查第三方组织的评估方案、评估材料和结论以及是否存在影响公正履职或涉嫌违法犯罪行为后,认为第三方组织已经完成监督评估工作的,由第三方机制管委会宣布第三方组织解散。

七、回头看

为了防止"纸面合规""一时合规",办案检察院可以在对企业或个人做出司法处理后的半年或 1 年后开展回头看工作。如在江苏某机电工程有限公司违规出借消防资质案中,该企业经过半年左右的合规考察期,成功于 2021 年 12 月获得了检察院依法做出的不起诉决定。而后,在 2022 年 5 月 6 日,办案检察院到企业进行回头看,召开了回访座谈会。[①]

回头看机制可以有效杜绝企业的侥幸心理,虽然目前大多数企业经过认罪悔罪、合规整改后都能够改造犯罪基因避免再次犯罪,但如果在检察院回头看工作中发现有再犯或涉及违法违规的,检察院则也会依法进行处理或建议行政机关处理。

---

① https://baijiahao.baidu.com/s？id＝1733221882335261897&wfr＝spider&for＝pc.

第五节　关于第三方组织开展刑事合规的效果与其意义

一、第三方组织开展刑事合规的效果

(一)促使涉案主体停止违法犯罪行为

启动涉案企业合规第三方机制的前提条件之一就是主动停止违法犯罪行为,在这一点上合规第三方机制是在认罪认罚从宽制度的基础上,对涉企犯罪采取的进一步司法处理。行为人主动停止违法犯罪行为既是刑法纠正行为人违法行为的最佳状态,也达到了尽可能减少对法益的损害并最大限度地为恢复法益做好准备的效果。

涉案企业因为看到了完成企业合规第三方机制的要求可能获得的司法优惠,所以有动力去彻底地放弃犯罪意图、完全地停止犯罪行为、积极地防止法益损害的进一步扩大。涉案企业合规第三方机制提出的这一条件,是将对犯罪分子的改造从审判以后提前到了犯罪过程中或犯罪后的时刻。

(二)填补对企业特殊预防之漏洞,改造企业犯罪基因

刑罚的目的是双重甚至多重的,但其主要在于预防,预防又包括特殊预防和一般预防。针对自然人来说,特殊预防的效果可以通过将其送进监狱接受劳动改造等来进行;然而对于企业,我们不可能也不应该将企业的所有人都送进监狱,企业本身只是法律上虚拟的组织体,也不可能将这个组织体送进监狱。

基墨(Kimmo Nuotio)指出:"传统刑法理论都是针对过去的,是针对已经犯罪的行为人这种过去的维度而言的。从这个意义上说,刑法并不直接和未来相关。"[1]但刑事合规制度极大地丰富了刑法的内涵,即刑事合规制度

---

[1] [芬兰]基墨(Kimmo Nuotio):《安全、风险与刑法》,江溯译,载梁根林主编:《当代刑法思潮论坛(第三卷):刑事政策与刑法变迁》,北京大学出版社2016年版,第297页。

填补了我们无法通过现有的刑法强制措施和刑罚像改造一个犯罪的自然人一样去改造一个犯罪的企业的漏洞,使刑法在涉企犯罪方面的特殊预防目的真正得到了实现。正如埃里克·希尔根多夫指出的:对合规措施的拓展研究则是朝着未来的。①

(三)促使涉案主体认罪悔罪、补缴退赔

刑罚特殊预防目的之实现,其根本在于行为人的主观方面发生了基于对法律的了解、认同并内化为自身思想、信念而产生的重大转变,而企业合规第三方机制正是发挥了促进这种重大转变的作用。

从量刑的角度来讲,行为人犯罪后的认罪悔罪态度和退缴退赔意愿和行为均是检察机关审查是否符合起诉条件和法院认定具体刑罚的重要情节。在企业合规第三方机制的激励下,行为人更有可能主动地、积极地争取上述量刑情节,以达到节约司法资源、弥补受害人损害、修复法益、积极自我改造的效果。

(四)为涉案主体获取司法优惠出具意见

企业合规第三方机制在某种程度上也类似于西方的辩诉交易制度、暂缓起诉制度和合规监管人制度的综合体,其在中国司法实践中对企业及相关人员来讲获得的最实际的好处即经过合规验收合格后,可以根据第三方组织出具的考察报告,向检察院申请做出不批准逮捕、不起诉、变更强制措施等决定,或申请检察院提出较轻的量刑建议等。

虽然做出上述司法优惠的决定权在检察机关,但由于针对企业是否合规、合规的程度、不良的商业模式和决策机制是否改造成功等方面的专业意见是由第三方组织在考察报告中出具的,其对于检察院做出决定或检察院依法召开听证会都具有较大影响。

(五)为企业提供咨询,促使其合规发展

对于企业和相关人员来讲,获得一定的司法优惠是一方面,而通过自己

---

① [德]埃里克·希尔根多夫:《德国刑法学:从传统到现代》,江溯、黄笑岩等译,北京大学出版社2015年版,第506页。

主动合规、第三方组织考评建议、检察院和听证会成员审查后,企业和相关人员实际上还获得了专业的法律咨询服务、企业决策与管理体制优化服务、商业模式与财务会计等方面的合规服务。

我国目前之所以将这项改革成为"企业合规改革"而非"企业刑事合规改革",其意义即在于此。从全国工商联、财政部、生态环境部、国资委、税务机关、市场监督管理机关、贸促会等的多方参与就可以看出,这是一项以涉案企业为重点和突破口帮助我国企业走合法合规经营道路并提高其合法合规竞争力的宏大改革。涉案企业虽然以不触碰刑法红线为基本底线,但在各专业组织和国家机关的监督、指导下,将能够以此为契机获得健康的发展价值观、商业模式和决策管理能力。

二、第三方组织开展刑事合规的意义

(一)采取企业自身责任论,避免转嫁与代受

黎宏教授指出,关于企业承担刑事责任的根据,现在大致有两种见解:第一种是所谓代位责任论,即将企业中从业人员即自然人的违法行为归咎于企业自身[1];第二种是企业自身责任论,这种见解的主流观点认为:企业之所以受罚,不是代人受过,而是为自己的行为承担自我责任。[2]

我国《刑法》第30条[3]规定了单位犯罪。从该条规定可以看出,我国现行法采纳的是企业自身责任论,即公司、企业等单位应当对其自身的犯罪行为承担刑事责任。但实际上企业等单位在现实生活中表现为一个组织体,其由以章程为代表的规定制度、以法定代表人为领导的各级员工、以注册资本为基础的各种资产以及企业文化、操作惯例等各种因素有机组成,由于如此复杂的组织结构和包罗万象的各种因素,很容易影响我们对究竟是员工个人犯罪还是单位犯罪的判断。

---

[1] 黎宏:《单位刑事责任论》,清华大学出版社2001年版,第150页。

[2] 参见黎宏:《企业合规不起诉:误解及纠正》,载《中国法律评论》2021年第3期,第177~188。

[3] 《刑法》第30条:"公司、企业、事业单位、机关、团体实施的危害社会的行为,法律规定为单位犯罪的,应当负刑事责任。"

企业合规改革要做的,就是要厘清员工个人犯罪和单位犯罪。一方面,对于员工个人犯罪的应当由其本人承担责任,但也不能一抓了之,而是要深入地要求那些有合规漏洞的企业担负起合规的义务,改造自身组织体内的各种犯罪因素。如果企业已经拥有了完善的合规流程、制度、文化,那么企业则不必承担责任。另一方面,对于确实构成单位犯罪的,则也可以适用企业合规第三方机制,避免对相关责任人和企业一罚了之,而是要对企业产生单位犯罪的各种人、制度、文化等因素进行改造,从而实现刑法的特殊预防目的。

(二)培养法治思维,造就百年企业

2018年冬,习近平总书记在民营企业座谈会上指出:"民营企业家要讲正气、走正道,做到聚精会神办企业、遵纪守法搞经营,在合法合规中提高企业竞争能力。"[①]

企业合规改革正是在落实"依法治企"指示的过程中,迈出的重要一步。正如陈瑞华教授所指出的:"合规不起诉改革体现了三大司法理念:一是对企业加强司法保护;二是推动企业有效治理;三是检察机关参与社会治理。"[②]首先,在对企业的司法保护方面,基于在理论上对企业自身责任论的认识和在实践中对于"不能办一个案件搞垮一个企业"的认识,国家推行企业合规改革对那些勇于自我改造并且改造结果良好的企业给予司法优惠,这让企业和相关人员意识到了只有遵纪守法才能维系企业、才能发展企业;其次,在推动企业有效治理方面,国家牵头组织第三方机制管委会和第三方组织,为企业把脉问诊,将企业的犯罪顽疾从根上去除,并为企业打造一个阳光、健康的组织体,使相关企业不但未能倒闭,反而却借此契机提高了自身在国内外的竞争力;最后,在检察机关参与社会治理方面,检察机关勇于担当,从单纯地办理案件走向积极地参与社会治理,牵头督促行政机关加强

[①] 习近平:《在民营企业座谈会上的讲话》,载http://www.gov.cn/xinwen/2018-11/01/content_5336616.htm。

[②] 陈瑞华:《企业合规不起诉改革的八大争议问题》,载《中国法律评论》2021年第4期,第1~29页。

对涉案企业的合规监管,利用检察建议等手段推动行政机关引入协商性执法方式,以合规激励的方式激发企业主动合规、真合规的巨大热情,还以检察机关自身及第三方机制管委会的法律人才资源优势为企业提供"外脑",帮助企业从"小"开始就扣好扣子、走好路子,为众多企业将来在实现中华民族伟大复兴的伟大征程中成长为一批批百年企业、跨国企业集团积淀能量。

(三)营造健康营商环境,建设市场经济

从企业竞争环境来看,如果一些企业借助于犯罪行为而在竞争中占据优势地位从而谋取不正当利益,这显然是有损于该行业领域健康竞争环境的;但如果一些企业因为员工个人犯罪或企业轻微犯罪就受到刑事处罚,从而导致企业倒闭、员工失业这显然也不利于塑造一个健康的竞争环境,甚至有可能导致某些企业采取机会主义通过引诱、蒙骗甚至陷害等手段打击其他企业。张军检察长亦指出:"开展涉案企业合规改革试点的目的是防止不当办一个案件,垮掉一个企业;更高的目标是通过办好每一个案件,积极营造法治化营商环境,促进企业规范发展。"

从市场经济的发展来看,正如陈瑞华教授所指出的:"改革开放初期监管体系不完备,大量企业野蛮生长,随着市场经济发展,又涌现出互联网金融、大数据等大量带有探索性质的高科技新兴行业。一开始行政部门监管不力,对相关企业的违法经营方式漠然视之,导致这些企业出现了结构性的违法乃至犯罪问题。"[①]因此,刑事法律规范及相关司法机关作为中国特色社会主义市场经济的上层建筑,应当积极适应我国市场经济的发展变化,针对我国刑事犯罪结构的变化,应当在涉企犯罪中落实少捕慎诉慎押刑事司法政策,综合运用经济、行政、刑事等手段。经济基础和上层建筑的良性互动才能维系和促进市场、社会和国家的健康发展,这是践行中国特色社会主义的应有之义。

---

① 陈瑞华:《企业合规不起诉改革的八大争议问题》,载《中国法律评论》2021年第4期,第1~29页。

CHAPTER

3

第三章

第三方组织开展刑事合规业务在实践中的应用

第一节　第三方组织开展刑事合规业务实务

根据《指导意见》的规定第三方组织在涉案企业合规改革中的主要任务是对涉案企业的合规承诺进行调查、评估、监督和考察。考察结果作为人民检察院依法处理案件的重要参考。那么企业如何建立有效合规管理体系，第三方组织如何对涉案企业进行检查、监督、考察、评估，笔者以第三方组织成员身份参与的涉案企业合规整改案件为例，介绍一下工作经验。

一、开展合规培训

涉案企业向检察院递交合规整改承诺后，人民检察院商请本地区的第三方机制管委会启动第三方机制，第三方机制管委会根据案件具体情况以及涉案企业类型，从专业人员名录库中分类随机抽取人员组成第三方组织（以下简称第三方组织、合规评估小组），并向社会公示。第三方组织成员根据涉案企业实际情况，可以由合规管理专家、会计师、律师、税务师、企业管理方面的专家及工商联相关人员等组成，负责人通常由合规管理专家担任，统筹涉案企业合规整改进度，明确第三方组织工作纪律要求，带领第三方组织完成检查、评估、考察、监督等工作。第三方组织开展工作之初，首先需要进行合规管理培训，明确第三方组织纪律、工作流程、工作方法等要求。

（一）明确第三方组织纪律要求，防止组织成员工作中的利益冲突及触犯相关法律法规

合规评估小组成立后的第一次工作会议上，组长需要向各位组员明确纪律要求，在工作过程中应遵循遵纪守法，勤勉尽责，客观中立原则，不得泄露履职过程中知悉的国家秘密、商业秘密和个人隐私，不得利用履职便利，索取、收受贿赂或者非法侵占涉案企业、个人的财物，不得利用履职便利，干

扰涉案企业正常生产经营活动。第三方组织组成人员系律师、注册会计师、税务师(注册税务师)等中介组织人员的,在履行第三方监督评估职责期间不得违反规定接受可能有利益关系的业务;在履行第三方监督评估职责结束后一年以内,上述人员及其所在中介组织不得接受涉案企业、个人或者其他有利益关系的单位、人员的业务[①]。以上纪律及履职要求,第三方组织也将传达给涉案企业,并告知第三方组织违反工作纪律时涉案企业的反馈渠道,以此确保涉案企业知晓第三方组织的纪律要求,并监督第三方组织成员严格落实。

(二)充分发挥第三方组织专长,群策群力为涉案企业合规管理体系的监督、评估发挥自身专业优势

第三方小组成员来自不同业务领域,各有专长,在组长带领下,各个组员之间充分沟通,就案件情况发表各自看法,并根据各自专长,进行针对性的工作分工。如就笔者参与的案件而言,在开展工作之初,工商联的专家就《指导意见》等文件进行政策解读,刑事业务律师介绍合规自查流程,合规管理专家就合规计划制定、执行、监督与评估的框架进行讲解。实现优势互补、平等参与,充分调动每位成员的工作积极性的效果。

(三)初步分析涉罪行为成因

第三方组织成员针对企业的涉罪行为,开展研讨分析,查找犯罪成因,并结合企业的行业类型、规模、产品特点等情况识别企业存在的主要合规风险,为下一步指导企业开展合规整改工作奠定基础;同时,根据最高人民检察院发布的企业合规典型案例,对同类型的案例进行研读,学习合规整改经验,避免监督、评估工作流于形式。

(四)制订详细工作计划与规范工作流程,确保程序合规

第三方组织开展工作后,需要组员共同制定详细的监督、评估工作计划,并将工作计划提交相关检察院,经检察院同意后,第三方组织按照计划开展工作;同时,就监督评估工作计划,第三方组织也需要与涉案企业进行

[①] 参见《指导意见》第17条。

沟通,确保企业能够理解工作计划的内容,并按照计划安排本企业的合规整改工作。在这个过程中,第三方组织成员需要在组长的领导下,建言献策、密切配合,完成计划的制定与各方沟通协调工作。

以笔者参与的适用第三方机制的案件为例,向诸位介绍我们制定的工作方案。企业合规工作流程分为以下三个阶段:前期准备阶段、中期考察、监督工作阶段、后期工作验收阶段。具体流程如下:

1. 前期准备阶段工作(见表1、图1)

表1 前期准备阶段工作

	序号	工作内容	参与方	文件	备注
前期准备阶段	1	检察院审查第三方机制适用条件,征询企业、个人意见	检察院		承诺书 申请书
	2	启动第三方机制	检察院 第三方机制管委会		
	3	分析企业基本情况,企业涉案基本情况,企业停止犯罪行为,认罪认罚,处置责任人,采取补救措施	企业	合规自查报告	自查报告: 1. 企业详细情况 2. 企业涉案经过(时间、参与次数、涉及人员、每次收益、有无风险提示) 3. 涉案过程、参与决策过程(有无人员提出反对意见) 4. 所涉相关责任人 5. 原因分析 6. 如何配合整改 7. 追责情况说明
	4	全面梳理面临的合规风险	企业	合规风险清单	1. 风险识别的程序 2. 合规风险识别与评估 3. 合规风险识别底稿 4. 合规分类与排序的合理性 5. 合规风险的应对措施

续表

序号	工作内容	参与方	文件	备注
5	制定合规计划	企业	合规计划书	1. 完整性与全面性 2. 可执行性 3. 实施效果可考核性
6	企业成立合规领导小组，提交《合规计划》、《承诺书》、《自查报告》等材料	检察院、第三方组织企业	1.《合规计划》 2.《承诺书》 3.《自查报告》	提交材料是否完整
7	审查《自查报告》《合规计划》，出具修改完善意见并确定合规期限	第三方组织（检察院）	1.《合规自查报告补充意见》 2.《合规计划修改完善意见》。	1. 自查报告事实是否清晰 2. 自查报告责任是否明确 3. 自查报告情况与检察院掌控的情况是否一致，是否存在隐瞒 4. 合规计划是否完整 5. 合规计划是否可执行 6. 合规执行效果可预见

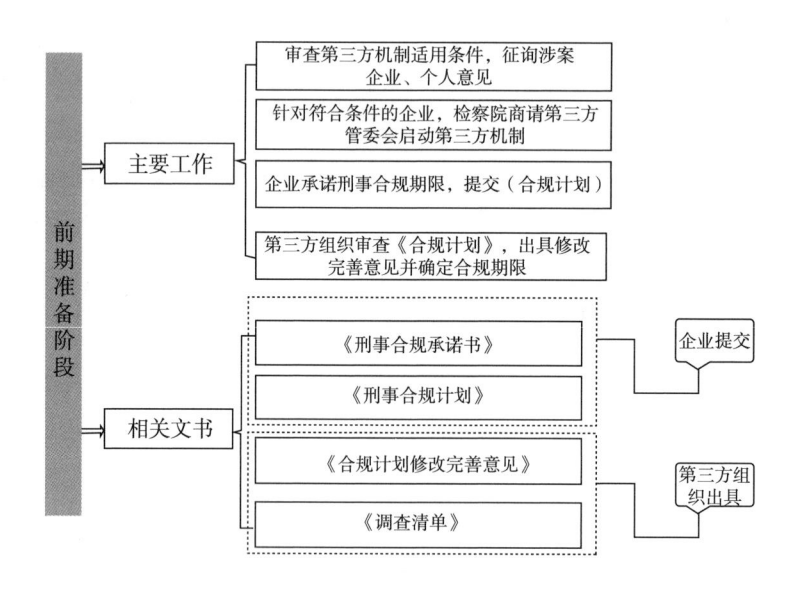

图 1　前期准备阶段

2. 中期考察、监督工作阶段

表2　中期考察、监督工作阶段

	序号	工作内容	参与方	文件	备注
中期考察、监督工作阶段	1	企业配合第三方组织进行的检查监督（方式可采用文件审阅、问卷调查、访谈调研、飞行检查、穿行测试、感知测试、模拟测试等方法）	第三方组织（企业）	1.《合规计划执行情况报告》（根据情况，不定期提交） 2.《调查问卷》 3.《检查测试记录》 4.《会议纪要》 5.《访谈笔录》 6.《合规计划修改完善意见》	审查合规计划执行进度；主要合规风险管控措施落实情况；访谈相关责任人。
	2	企业针对第三方组织提出的检查监督意见，再次进行合规完善	第三方组织（企业、管委会、检察院）	《合规计划执行情况阶段性报告》	落实进度与推进意见

3. 后期工作验收阶段

表3　后期工作验收阶段

	序号	工作内容	参与方	文件	备注
后期工作验收阶段	1	涉案企业合规考察验收会	检察院第三方组织企业		检察院及第三方组织对涉案企业合规管理体系建立、实施、运行、维护、持续改进情况进行验收。
	2	第三方组织根据对企业合规体系检查监督评估情况出具《合规考察监督评估报告》	第三方组织（第三方机制管委会、检察院）	《合规考察监督评估报告》	
	3	参考合规企业和第三方组织提交的相关材料，依法作出刑事处理决定，提出量刑建议、检察建议、检察意见等	检察院		检察院发现企业预防违法犯罪方面制度不健全、不落实，管理不完善，存在违法犯罪隐患，需要及时消除的，可以结合合规材料，向涉案企业提出检察建议。

(五)明确第三方组织监督、评估验收标准,确保实现有效监督、评估

第三方组织成立后,集中培训学习全国工商联、最高检等九部委联合发布的《涉案企业合规建设、评估和审查办法(试行)》(以下简称《办法》),根据《办法》对涉案企业提出的合规整改要求,第三方组织制定工作方案,明确工作重点,细化工作目标,确定合规管理的重点领域、薄弱环节和重要岗位,设置相应的监督、评估指标,确保对企业合规管理体系进行客观全面评价,出具真实、有效的评估结论。

(六)合规整改阶段性分析

涉案企业合规方案或合规计划制定后,根据不同阶段出现的问题或企业存在的疑惑进行分析解答,出具阶段性的合规整改意见,不断修正企业在合规体系建立、实施、运行过程中存在的偏差。如企业不注重对管理层及员工的合规培训,或是培训的效果不好,第三方组织发现后,应及时提示企业加大对合规培训的重视程度,加强在培训方面的投入力度,如人员、资金及物质方面的保障等。再如,涉案企业为医药行业,但未进行反商业贿赂专项合规,则第三方组织也应在第一时间指导企业开展针对性的合规管理活动。

(七)合规验收评估研讨

涉案企业在经过一段时间的整改后,大部分企业能够初步建立合规管理体系。第三方组织经过检测、测试、访谈后,需要对涉案企业合规整改效果进行验收,评估企业是否结合业务实践、行业特点、企业结构进行全面的合规风险诊断,是否围绕企业核心风险进行管理并提出有针对性的管控措施,主要负责人是否参与合规计划制定过程。合规计划执行是否到位,包括合规计划能否得到各个层级管理人员及员工的认可,管理层是否承诺为企业创建一种合规文化,并在内部实施。从董事会或者最高管理层到中层管理人员是否真正推进合规计划。合规计划效果是否明显。合规体系建设过程是否能够通过客观的材料予以证实。企业是否仍然存在相关风险以及如何进行改进等。

第三方组织的考察意见最终以监督评估报告的形式出具,并向第三

机制管委会、检察院提交。考察报告、涉案企业合规计划、定期书面报告等合规材料,作为检察院依法作出批准或者不批准逮捕、起诉或者不起诉以及是否变更强制措施等决定,提出量刑建议或者检察建议、检察意见的重要参考。①

(八)培训形式

第三方组织内部开展的学习交流活动及与涉案企业进行的指导沟通活动,既可以采用现场面对面会议的形式,也可以采用网络视频会议的方式,从效果上看,面对面交流更为融洽,大家畅所欲言,也不存在网络信号障碍造成的交流困难。但因第三方组织各成员工作均较为繁忙,培训也可以通过网络视频会的方式进行。

二、刑事合规调查

第三方组织接受委派,对涉案企业的合规体系建设情况进行调查、评估、监督和考察工作。其中,刑事合规调查是第三方组织开展合规改革工作的前提条件,既是合规风险识别的必经步骤,也是监督企业完善合规体系建设的重要措施。

企业的合规建设领导小组应当在全面分析研判企业合规风险的基础上,结合本行业合规建设指引,研究制定专项合规计划和内部规章制度。② 合规调查的主要目的是摸清企业情况,识别和评估企业经营管理中可能存在的各类风险。识别评估合规风险,是企业建立合规管理体系的工作基础和核心工作内容。企业建立合规管理体系的目标是对企业风险的有效管理,合规风险识别评估工作质量决定合规管理体系的整体水平。③ 第三方组织人员在企业识别的风险基础上,对企业所制定的合规计划进行指导,并监督企业执行落实。因此,调查是指导、监督企业合规整改的前提条件,是实事求是精神在刑事合规改革中的具体体现。

---

① 参见《指导意见》第 14 条。
② 参见《办法》第 4 条。
③ 参见王志乐:《合规建立有效的合规管理体系》,中国经济出版社 2016 年版,第 20 页。

(一)合规自查原因

鉴于刑事案件在侦查阶段任何人不得妨碍侦查,侦查机关也没有义务向第三方组织透露关于案情的任何信息,同时,在审查提起公诉阶段,第三方组织也没有刑事案件阅卷权。上述情况对第三方组织了解案情造成了客观障碍。然而,刑事合规不起诉制度,又需要以涉案行为为契机,查找企业管理缺陷,识别合规风险。因此,笔者以第三方组织工作人员身份参与的合规不起诉案件,第三方组织提出要求涉案企业进行全面严格内部自查,其目的是要涉案企业自己真诚的反思涉案事实、还原涉案经过、剖析决策过程、分析犯罪行为产生的根本原因,识别企业存在的合规风险,有针对性地进行合规整改。

(二)停止违法行为,认罪认罚

第三方组织在评估涉案企业合规整改情况时,首先要考虑的是,涉案企业对于违法行为的态度及处置情况。企业是否停止实施犯罪行为、企业及个人是否认罪认罚并配合执法机关的调查、是否采取了相应的补救措施、以及对相关责任人进行了适当的处置等为监督、评估重点考量因素。

为了表明企业自愿向检查机关申请合规整改并履行合规承诺,企业首先要终止实施犯罪行为,在此基础上,企业及相关责任人员要认罪认罚,有真诚的悔罪态度,用行动表明合规整改的意愿;同时,积极配合执法机关调查,鼓励员工或相关知情人员说出犯罪事实,查明真相。此外,企业应主动采取补救措施修复被损害的法益,被损害的法益可能是被破坏的社会关系、被破坏的生态环境、公共利益或者某些自然人的个人权益等,企业通过补缴税款、缴纳罚款、退赔退赃、赔偿损失等方式进行法益修复,弥补因企业过错所造成的损害后果;最后,对相关责任人员应该视情况通过追缴非法收入、撤职、解除劳动合同、限制权力等方式进行惩处,形成威慑作用,防止同类犯罪再次出现。

(三)自查报告

企业围绕与涉嫌犯罪有密切关系的内部治理结构、规章制度、流程、人员管理等方面存在的问题,进行自查,形成《自查报告》;同时,结合企业所在的行业性质、企业自身的组织结构、人员构成、产品特性等特征进行风险分析,识别出企业可能存在的其他风险,并将风险情况一并纳入《自查报告》,向第三方组织提交。

第三方组织经过审核后,出具初步审查意见,交给检察机关、第三方机制管委会及企业,企业参考初审意见对自查报告进行修改完善,进一步梳理遗漏的风险及细化违法违规行为产生的原因,完善后再次向第三方组织提交。为了考验涉案企业是否进行真诚的合规自查,第三方组织将涉案企业的自查报告提交到检察院,请求检察院审阅《自查报告》所载明的案件情况,与企业在侦查阶段提供的供述及查明的案件事实是否保持一致。如果涉案企业的自查报告所载明的案情与在侦查阶段查明的案件事实不一致,第三方组织将对该企业参加合规整改提出否决建议。如此,经过第三方组织与企业的多次沟通,《自查报告》能够达到企业及相关责任人员真诚悔罪,认罪认罚,较为准确识别出企业存在的主要风险的要求,为下一步合规计划的实施奠定基础。

涉案企业合规自查一方面是通过自我风险检视和评估,明确企业可能存在的风险及管理方面的漏洞,并有针对性的进行风险管理,为下一步合规计划的制定和实施奠定基础。另一方面,自查也是企业自我反省的过程,是企业对于自身存在的违法行为的再认识的过程,通过实事求是的自查反思可以实现标本兼治的企业治理效果。

三、刑事合规整改

(一)合规计划制定

合规计划制定和实施的过程,就是企业通过合理分配相应的人力、物资、财力资源,建立合规管理组织、制度、流程、机制,对合规风险进行预防、监控、检查、评估并持续改进的过程,是企业主动履行合规要求和合规承诺的过程。

1. 合规管理组织

企业应该设置专门的机构及人员从事合规管理及实施工作,并及时向管理层报告,保证管理层对于合规事项知晓、支持并能主动带头合规,而相关违规事项也可以在第一时间传达到管理层。

不同企业可以根据业务、规模、行业特点和自身情况进行合规机构及人员的设置。如大型企业或跨国公司往往设有专门的合规委员会,并在合规管委会下设专门的合规部,设立首席合规官,同时,由业务部门负责人担任本部门的合规负责人。再如,小型企业由于人员、资源方面的限制,可以采用成立合规小组,由法人担任合规负责人,并由法务人员兼任合规专员的合规组织方式。企业应保证合规部门及人员的独立性、权威性及能够获得充分的资源支持。

2. 合规制度建设

合规计划应涵盖企业合规的理念、方针、商业准则及专项的合规政策。合规的理念、方针及商业准则,是指企业为遵守合规义务所制定的最高行为准则,适用于最高管理层及全体员工,与公司章程一样,是企业经营活动的指导性原则、纲领性文件,也是最高管理层对于合规理念的传达和承诺。

专项合规政策是指根据企业活动、行业状况、产品、人员管理、制度缺陷等识别出来的合规风险,针对性制定的合规政策。一般而言,目前涉案企业向检察机关作出合规承诺后,检察机关给予企业的合规整改期限约为半年至一年,在如此短暂的合规期限内,企业应集中有限的资源针对违法违规行为涉及的犯罪类型制定、执行专项合规政策。如西门子公司建立的"反海外贿赂合规计划",湖南建工集团制定的"诚信合规计划"等。

3. 合规运行机制

合规计划应涵盖合规运行机制。首先,企业应将合规计划嵌入到业务流程中,并对合规计划的执行情况进行持续监控、检查并由合规负责人、合规组织定期向管理层报告。其次,建立举报机制,任何员工及合作伙伴可以电话、邮件、信件等方式对管理层及员工存在的违法违规行为进行举报,企业应确保举报人不被打击报复,对打击报复行为采取零容忍的态度,让每一位员工发现违规风险时不必担心自身的安危及职业前途,可以积极上报,使得企业能够第一时间发现违规行为并采取规避措施。再次,针对相关岗位人员开展合规培训,特别是针对企业曾出现过的违规案例进行分析、讨论,警戒管理层及员工,防止类似案件再次发生。最后,企业需对管理层及员工的合规执行情况进行考核测试,建立合规考核机制,将合规管理的落实执行情况纳入月度绩效考核、年终考核并与职级晋升相关联,实现管理层带头合规、全员关注合规、落实合规的目标。

4. 合规文化建设

合规文化是企业在合规管理上长期传承、沉淀的行为规范、思维方式和价值观念,是企业遵守法律、法规、监管规则或标准、道理以及业务流程的观念形态和行为方式[①]。企业文化是逐步形成的,需要企业管理层不断宣扬诚信守法的价值观并率先垂范,管理层的以身作则对于合规文化的培养具有积极意义。同时,培育企业文化需要通过各种方式、活动,向员工宣贯企业的价值观。

制订合规计划的过程中,企业可以根据实际情况,定期安排合规培训活动、对员工日常业务活动进行问卷调查,组织员工开展法律法规的学习活动,或者结合当地的文化活动开展弘扬传统文化等活动,形式可以多种多样,重在向广大员工传递诚信积极的人生观、价值观。在企业文化传播过程中,领导层是否履行合规承诺和是否积极践行合规要求至关重要。合规文化培训并非一朝一夕可以形成,需要企业持续不断的努力。

因此,第三方组织在检验合规计划是否有效时,需要评估企业是否建立了与自身规模、业务、行业特点相匹配的合规管理组织;是否针对合规风险建立相应的合规管理制度、流程;是否对合规运行机制进行有效设计;以及管理层是否支持建立诚信的合规文化等。针对上述问题,第三方组织可在审查企业提交的合规计划后,出具合规计划完善修改意见,提交给检察院、第三方机制管委会及企业。企业应参照第三方组织意见对合规计划进行修改完善。

---

① 参见郭凌晨、王志乐主编:《合规企业合规管理体系有效性评估》,企业管理出版社2021年版,第79页。

（二）合规计划实施

合规计划是企业对于合规管理的纸面承诺，如何在实践中实施与落实，才是合规管理体系有效与否的关键。企业需要根据已经通过第三方组织审核的合规计划，制订合规计划执行的时间表，并按照时间表的规定落实到位。在执行的过程中如果发现部分合规计划并不适用于本企业现状的，可以根据自身的实际情况对合规计划进行改进。合规计划执行的每一步都需要企业保留相关执行证明材料，并在第三方组织最终验收时予以提交。

第三方组织通过文件审阅、问卷调查、访谈调研、飞行检查、穿行测试、感知测试、模拟测试等方法对企业进行检查、监督、评估。

四、刑事合规监督

为了防止企业在合规体系建设过程中弄虚作假、"纸面合规"，第三方组织需要对合规体系实施状况进行检查、监督，并要求企业定期汇报合规计划执行情况，如检查范围涉及企业高层领导的合规承诺情况、合规组织设立情况，员工对于合规的认识理解情况，搭建的制度体系是否适用于企业及制度实施情况，举报机制是否建立、是否存在投诉以及合规培训情况等。经过检查，针对企业当前阶段存在的主要问题，提出改进意见，企业按照改进意见的要求进一步完善、落实合规计划。

第三方组织监督的方式，可以到企业进行现场考察、访谈管理层人员及不同岗位的员工，检查企业的合规建设相关文件等。检查监督的过程中，企业合规负责人、企业的主要管理层都应该积极参与，主动接受第三方组织的监督，实现真悔改、真合规，最终将合规管理体系植入企业日常经营管理之中。

五、刑事合规评估

（一）违法行为的处置情况评估

涉案企业、个人认罪认罚是企业适用合规整改的前提条件，也是有效合规整改的关键。第三方组织在对企业违法行为处置情况评估时考察企业是否终止实施犯罪行为、认罪认罚、配合执法调查、采取补救措施、及时处置责任人①等因素。

企业对违法行为的认识是进行合规整改的前提,违法行为所反映的企业在管理、人员、制度流程等方面存在的问题或缺陷,也是合规整改的重中之重。因此,第三方组织在评估企业合规整改效果,需要首先查验违法行为的处置情况。

(二)合规风险评估

第三方组织在对企业进行合规整改评估时,首先考察企业合规风险识别情况,企业是否根据所在的行业特点、类型、业务范围、人员构成、产品、服务或活动属性以及本次涉案行为所反映的风险漏洞,有针对性地识别出了企业的主要风险,是第三方组织考察的重点。

第三方组织对于企业风险评估考察的是企业所面临的主要风险,尤其是涉案行为所反映的企业风险,即该企业、行业高频风险。对于发生概率较低的风险,企业应根据发展的不同阶段采取不同的管控措施,但"好钢用在刀刃上",在刑事合规整改阶段,企业应以涉案合规风险整改为防控重点,予以人力物力及资金方面的充分保障支持。

(三)组织体系建设情况评估

合规管理要打通企业的每个环节和流程,涉及管理层、决策层、执行层等各个方面。决策层负责批准设置合规管理组织,任免合规管理负责人员。管理层负责制订合规计划,建立合规管理体系。执行层全面开展各项合规工作,认真贯彻执行公司的各项合规政策。

涉案企业应当设置与企业类型、规模、业务范围、行业特点等相适应的合规管理机构或者管理人员②。根据上述要求,合规管理组织的类型应与企业的规模相匹配,例如一个中型企业,需要建立合规管理委员会,任命合规

---

① 参见陈瑞华:《企业有效合规整改的基本思路》,载《政法论坛》2022年第1期。
② 参见《办法》第7条。

负责人,合规管理委员会由董事会设立,并向董事会汇报工作。合规管理委员会任命首席合规官主持合规管理工作。委员会下设合规管理办公室,办公室应聘用专业的合规人员负责开展具体的合规培训、考核、检查、监督等工作,推进合规管理体系建设,落实合规计划。同时,各业务部门的负责人也是本部门的合规官,负责本部门合规管理工作的开展和落实,并配合合规组织及成员的工作。公司全体成员均应遵守合规管理规定并认真贯彻执行。这样的合规管理组织体系,从纵向和横向上全面覆盖企业各个层级,贯通了企业的各个组织单元,从董事会、高级管理人员、中层管理人员到基层员工,合规义务均得到贯彻,且不同的职位符合"权、责、利"相一致原则。如果企业规模更大,如全球性的跨国企业,设立的合规组织的规模会更大,层级更多;而对于小微企业而言,根据自身能力,则可设立合规管理小组,组长由企业负责人担任,亲自负责合规管理体系建设。

此外,企业在建立合规组织过程中,应该加强对于合规专业人员的培养及选拔,实践中,企业有决心进行合规整改,也有意愿积极配合第三方组织开展合规工作,但因合规知识、能力有限,又没有专业的工作人员,因此,在合规体系建设过程中走了很多弯路,花费了大量的人力、物力资源,最终合规效果却不理想。由此可见,专业合规人员选聘也是企业开展合规建设成败的关键因素,应该予以重视。

综上,第三方组织在评估过程中,着重考核企业的合规管理组织是否建立,是否与企业的类型、规模相适应,合规管理组织的职责是否明确,是否具备开展合规管理工作的专业人员,能否独立开展合规管理工作,合规人员是否有权参与企业的经营决策,并对不合规事项行使否决权。此外,企业应保障合规管理组织和成员可获得相应的人力、物力、资金支持,以便顺利开展工作。

(四)制度体系建设情况

合规承诺和合规要求需要内化为管理制度和流程,并予以执行,因此,企业应以自身风险为导向制定合规管理制度。合规管理制度文件一般包括合规纲领性文件即合规行为准则,及依据纲领性文件精神制定的具体的合规管理规范、办法或专项指引性文件。制度体系建设情况也是第三方组织监督、评估的重点领域。

合规行为准则,是在综合衡量企业外部环境要求及内部企业文化、核心价值观等基础上制定,既要符合相关法律法规等监管规范的要求,又要符合企业战略目标、企业长期发展趋势以及社会道德的标准或要求。其性质类似于一个国家的"宪法",对企业及全体成员均具有约束力,是企业合规精神的高度浓缩和提炼。因此,合规行为准则也必然具有语言凝练、通俗易懂的特点。在内容方面,合规行为准则应反映出最高管理层对于合规率先垂范的支持态度,合规行为准则的适用范围,合规行为准则在企业制度流程文件中的地位,企业及全体员工遵守法律法规及道德要求的行为标准,对于违规行为的"零容忍"态度等。

合规管理办法,是合规行为准则在企业中的落地执行文件,规定了合规管理组织的权限范畴、人员及机构职责,对于专项风险事项的防控措施等等,是对合规行为准则的细化文件,反映企业对于重点领域风险的防控规定及具体措施。

涉案企业也可以以涉案行为所反映的风险为重点,制定专项管理制度或管理指引,防范类似犯罪行为再次发生。如涉嫌虚开发票的某医疗企业,应以财税合规作为重点,制定专项的财税合规管理制度,同时,该企业所属的医疗行业,也是商业贿赂的高发行业,因此,企业还应制定专项的反商业贿赂制度,以管控潜在的商业贿赂风险。

因此,第三方组织在评估企业制定的合规管理制度时,重点关注企业的合规行为准则是否具有权威性、通俗易懂且反应最高管理层带头合规的态度;企业是否对所识别的高风险领域进行了相应的制度设计或流程管控;所制定的专项制度、流程是否覆盖了企业的主要风险;相关制度流程是否已经落地实施而非仅是停留于纸面;合规管理是否融入制度流程之中,并对防控相关风险切实有效等问题。

(五)合规运行机制评估

在对企业合规管理运行机制的完备性进行评估时,重点要关注企业的培训、沟通机制、责任考核机制、举报查处机制及优化提升机制是否得到落实①。这些机制和措施的落实是保证企业推行的合规管理体系能够有效落实的重要途径和手段。第三方组织主要考察以下内容：

第一，培训沟通机制。合规培训可以快速的将诚信道德的合规价值观传递给全体员工，提高管理层及员工的合规意识。为此，企业需要制定年度合规培训计划，对员工进行定期培训。当新员工入职，外部的相关法律法规发生变化，企业的产品或服务发生变化，企业出现违规事件以及其他合规义务发生变化时，企业均需要开展合规培训。

培训的主体依据培训的内容及企业的客观情况，既可以是企业的专门培训部门、合规部门、外聘的专业合规培训机构，也可以是业务管理部门。

培训的内容为合规行为准则、合规管理办法的理解和宣贯以及根据受众的岗位职责所涉及的风险制定相应的培训计划，如在生产型岗位培训中，强化安全生产意识及遵守安全操作规程的重要性；而对于采购领域，则需要强调预防商业贿赂、腐败的风险，财务合规的重点是防止偷税漏税、虚开发票以及防止财务报销中的舞弊等风险。可见不同部门不同岗位，培训的内容也不尽相同，因此，培训计划的制定者，需要分析不同的需求，定制与之契合的培训计划。同时，培训的内容应避免冗长枯燥的理论介绍，尽量采用案例分析或者与被培训者工作相关的内容，增加被培训人的积极性，达到寓教于乐的目的。

培训的形式可以是面对面的沟通或者是网络视频的方式。后者的效率更高，但前者员工的参与度会更好。培训后，应对培训的效果进行测试，了解员工对于培训内容的掌握情况。相关的培训记录，如参与人员、培训内容、测试结果等需要保存。此外，培训的内容可以根据员工的反馈进一步优化更新，持续提高企业培训能力。

第二，合规沟通机制。与培训不同，合规沟通也可以理解为合规宣传，

---

① 参见郭凌晨、王志乐主编：《合规企业合规管理体系有效性评估》，企业管理出版社2021年版，第49页。

目的是希望通过润物无声的方式,让合规的理念和价值观渗透融入员工意识,进而影响员工的行为,即便在没有相关制度规定的情况下,也能指导员工做出最佳选择,从而实现真正的合规。

合规沟通分为内部沟通和外部沟通,内部沟通的方式多种多样,既可以是将合规与相关节日联系在一起开展合规活动,也可以是宣传的海报、卡片或者文化墙、读书角,还可以通过举办合规有奖问答、合规会议的方式宣传合规,传播合规理念。

外部沟通是对外传播合规理念及诚信的价值观,方式可以通过广告、网站的合规宣传活动、邮件、合规热线等,沟通的对象既可以是不特定的社会群体,也可以是供应商、投资方、客户、监管单位等等。如企业可以通过设置邮箱后缀的方式向合作伙伴传递合规理念,可以通过签订合规承诺书的方式要求合作伙伴同样遵守合规义务。公布违规举报电话,鼓励产品最终用户、合作伙伴对违规行为进行举报。企业也可以根据自身的情况,创设更多的方式增强内外部的合规沟通,保证企业持续健康发展。

第三,责任考核机制。企业不仅应该对员工的业绩进行考核,为了保证合规管理的效果,也要对合规执行情况进行考核,并将考核结果与人员的任用、升迁、绩效奖金挂钩,建立合规奖惩机制,制定合规考核标准。合规考核机制主要考核的内容包括:企业的合规管理政策遵守及执行情况;合规培训的参与情况及培训效果;是否存在违规行为;是否配合合规管理部门的工作以及具体岗位职责中关于合规的相关理解适用情况等。通过合规考核机制,可以将合规理念融入具体的岗位职责中,有效的强化合规管理效果。

第四,举报调查机制。举报机制是企业发现违法违规行为,对违规行为进行监督的重要方式,企业鼓励员工对于违法行为进行实名或匿名举报监督,同时,防止各种方式的报复行为,创造安全的举报环境。违规行为一经查实的,也应对举报人员进行适当奖励。

举报方式应公开,企业可以将举报电话、邮箱、通讯地址,在网站上进行公布或写入员工手册、张贴在办公室的出入口等处。受理举报线索的人员应该相对独立,并有义务对举报信息保密,对收到的举报线索也应尽快决定是否启动合规调查,并回复举报人。

合规调查应由相对专业的机构或人员开展,如企业内部没有专业人员,也可外聘专业调查机构,企业应保证调查人员与被调查者不存在利益冲突,能够客观中立的开展工作,调查完成后,调查人员应出具调查报告,客观陈述事实,并可在调查结束后向管理层提出合规管理优化建议、改进措施,提升企业合规管理水平。

第五,优化提升机制。任何合规管理体系建立都不是一蹴而就的,需要在企业的发展过程中,根据内外部环境、合规义务的变化而进行改进提升。如企业通过举报调查机制发现违规事件,说明企业合规管理或制度存在漏洞,则可通过查找漏洞并修改相关流程、制度的方式予以弥补。如果企业已经建立了合规管理体系,但违规事件仍多次发生,说明合规体系并未起到真正的监管作用,企业就需要重新审视合规计划的设计是否存在缺陷,或者执行不到位,根据查找出的"病因",针对性的优化合规体系。使得企业合规管理能力得到不断提升。

因此,第三方组织通过对培训沟通机制、责任考核机制、举报调查机制、优化提升机制的考察,可以评估企业合规计划的落实实施情况,判断企业对于合规计划是切实执行还是停留于纸面,上述因素是评估合规整改效果的重要指标,涉案企业应当予以重视。

(六)合规支持与保障措施评估

合规体系的有效运行,企业需要设置专门合规管理岗位并聘用合规管理人员,购置相关图书、开展合规培训活动、宣传活动、寻求外部资源支持等。这些活动都需要企业提供相应的人力、物力及资金的支持。因此,是否按照企业发展规模及合规管理的不同阶段,设置合规管理专项资金,聘请专业合规管理人员,提供相应场地、工具等合规管理的支持与保障措施,也是第三方组织在评估企业合规体系建设效果时,需要着重考察的因素。

(七)合规文化建设和持续改进机制评估

第三方组织在评估企业合规文化建设情况时,需要考察企业高层管理者的合规承诺书签订情况和是否以身作则支持合规管理体系建设;同时,考察企业是否制订了合规培训计划以及合规培训的落实情况;再者,考察企业合规宣传活动的开展情况;并对各部门管理层及普通员工进行访谈、问卷,深入了解管理层及普通员工对于合规的认识情况、合规对于业务的影响等等。第三方组织需要全面了解企业文化宣贯是否到位,开展的培训活动是否与受众的岗位相关,开展活动的频率与形式是否适度等,在全面了解企业的合规活动基础上,评估合规文化建设的效果,并指出未来合规工作的重点。

第三方组织对于企业合规体系持续改进机制的评估,主要考察持续改进机制是否已经写入相关制度并被管理层及员工所接受;合规体系建立后,企业是否存在违规事件并针对其所反映的合规风险采取制度流程上的弥补等。

综上所述,违法行为处置、合规风险识别、组织体系、制度体系建设、运行机制建立、合规文化建设、支持与保障措施、持续改进机制等内容为第三方组织开展涉案企业合规管理体系有效性评估的主要考察对象,这也是合规管理的重点内容。

第二节　刑事合规改革的案例与实践流程

一、刑事合规改革案例

（一）A 公司涉嫌买卖国家机关公文、证件、印章罪案

1. 基本案情

A 公司成立于 2013 年，是一家具备完全自主知识产权的半导体激光设备及其工艺方案提供商，取得了国家高新技术认证。2018 年，某咨询公司工作人员找到 A 公司办公室负责人李某，告知 A 公司具有高新技术企业资质，可以申请留学生指标，并且办理一个留学生落户北京，可获得 4 万元中介费。李某将情况告知公司董事长兼总经理林某后，经林某同意，A 公司在并未真正引进人才的情况下，协助中介机构办理了留学生落户，触犯了相关法律。

甲市某区检察院在办理案件过程中，经了解，A 公司发展前景良好，公司负责人也认罪认罚，对自己的涉罪行为十分悔恨。经 A 公司申请，对 A 公司适用第三方组织监督评估机制，开展合规整改，督促 A 公司作出合规承诺并开展合规建设。

2. 企业合规整改情况及处理结果

在甲市某区检察院的组织下，第三方组织（以下简称评估小组）成立，组长由涉案企业合规第三方监督评估机制专家担任，工商联负责人及北京市隆安律师事务所律师任组员，各方共同开展企业合规管理体系的建立、实施、运行、维护的检查、监督、考察、评估工作。

评估小组成立后，立即对企业如何开展合规体系建设工作进行了辅导，指导企业对违法行为进行自查自纠，出具《自查报告》，制定合规计划，传达了合规体系评估的具体要求，明确合规体系建设的时间节点。A 公司在评估小组指导下，分五个阶段完成了合规整改工作。

第一阶段，自查及制定合规计划。2021 年 11 月，启动合规整改后，A 公司管理者意识到了自身的错误,涉案人员林某用现金方式向公安机关退赔非法所得,涉案人员李某一并认罪认罚,A公司向检察机关提出了《合规申请》和《合规承诺》,也对林某的管理权限进行了限制,撤销了林某总经理的职位。同时,针对A公司存在的法律意识缺乏、疏于对合作企业的认知与监管、企业组织结构、人力资源管理滞后、财务制度流程、财务审计核查、档案管理混乱等问题,进行了梳理整顿,形成《自查报告》。此外,A公司积极开展合规管理建设,签订中高管及员工合规承诺书,加强对合规管理的认识,形成了初版《合规计划》并于2021年12月30日提交给评估小组。

第二阶段,合规计划修订。评估小组对合规计划进行审核后,肯定了企业合规整改的诚意,并提出了修改完善建议。要求A公司制定的合规计划应结合企业所在的行业涉及的相关风险情况,从建立合规管理组织、健全合规制度体系、保障合规运行机制、合规计划执行方面展开,制定符合自身特点的《合规计划》,并以时间表的形式呈现企业合规计划的执行情况,明确合规计划的阶段性成果。经过学习领悟后,A公司对合规计划进行了大幅度修订,突出重点,成立了由公司董事长任合规负责人的合规管理委员会,各个部门主管为部门的合规负责人,签订了合规负责人任命书。制定《合规管理办法》《员工合规行为准则》《人事合规管理制度》《财务税收合规管理制度》等专项制度,完善合规事项的咨询与举报途径,设置举报邮箱,拟定合规培训计划,建立了合规考核机制及违规举报追责机制,制定了《合规计划执行表》,并于2022年2月第二次提交。

第三阶段,合规计划实施。A公司针对合规计划的内容和需要完善的工作,陆续完成了《合规管理办法》《企业员工合规行为准则》并经职工代表大会的审议通过,补充完善《合作伙伴合规管理制度》《申请相关优惠政策的合规管理制度》等专项管理制度,开展合规文化建设活动、合规制度培训,按月梳理合规计划落实情况,形成《合规实施记录》并按月提交"工作月报"。

第四阶段,自我评估。A公司于2022年2月11日,在评估小组组织的会议中针对已经开展的合规计划工作进展、合规工作目前遇到的问题、合规工作今后的方向进行了归纳总结,会后进行了自我评估,形成《自我评估报告》。

第五阶段,监督、检查、评估、验收。检察院和评估小组于 2022 年 4 月 1 日针对合规计划进行线上访谈,4 月 22 日针对合规计划的执行情况进行现场走访,访谈部门负责人及员工,查验相关资料,进一步了解企业合规经营情况,并提出了逐步推进全面合规治理的要求。2022 年 6 月 15 日,甲市某区检察院对企业合规整改情况进行考察验收,评估小组出具了监督、评估报告。

3. 案件处理结果

经过考察、监督、评估,评估小组认为,A 公司及责任人员进行了真诚的反思和涉案原因分析,表现出了真整改的诚意。同时,A 公司已经深刻吸取案件教训,认真检讨,积极采取措施,纠正违法行为,限制责任人权利,自愿认罪认罚,修复受损法益。此外,通过对公司相关人员的访谈以及对大量公司文件资料的审阅,第三方组织认为 A 公司领导层已经树立合规意识,积极开展合规整改,公司已建立初步合规管理体系,设置了专门的合规组织,初步完成了合规管理制度体系搭建,并多次组织合规培训,致力于培育合规文化。因此,评估小组充分肯定 A 公司合规整改与积极落实《合规计划》的努力,认为 A 公司初步搭建了与自身特点相符合的合规管理体系,并积极认真落实。评估小组认为,A 公司建立了一个基本有效的合规管理体系,真诚履行了对检察机关的合规承诺。

甲市某区检察院听取了评估小组的考察报告后,认可评估小组的相关意见,作出了对 A 公司及相关责任人员免予起诉的案件处理结果。

(二) B 公司涉嫌虚开发票罪案

1. 基本案情

B 公司成立于 2009 年,主要从事医疗器械研发、生产及销售业务。2019 年 4 月 B 公司财务负责人王某提议通过开票解决研发及临床产生的账务问题,同年 B 公司与 C 公司签署合同,C 公司安排 B 公司提供与法人有亲属关系的身份证五张,注册五家空壳公司。随后 C 公司将五家公司营业执照、公章、企业对公账户网银等物品寄回 B 公司。由 B 公司财务人员向 C 公司提出开票申请,发票开完邮寄回 B 公司入账。涉案金额为 1300 余万元。2021

年乙县公安局经侦查后,将案件移送乙县人民检察院,检察院审查起诉过程中,了解到 B 公司 2020 年、2021 年的年收入均在 4000 万元以上,员工 100 余人,连续三年累计缴纳税款 1400 多万元,同时,B 公司也对自身犯罪行为的违法性进行了真诚反思,向乙县检察院提交了《企业合规整改申请书》《企业合规整改承诺书》,乙县检察院审核后,同意 B 公司进行合规整改。

2. 企业合规整改情况及处理结果

合规专家与北京市隆安律师事务所律师组成评估小组,对 B 公司合规管理体系建设情况进行考察、监督及评估,评估小组通过听取企业整改汇报、现场提问、现场访谈、实地考察、查阅相关资料等方式,客观中立、勤勉尽责的完成了第三方组织工作,并提交了监督、评估报告。

(1) 企业开展违法行为自查

在评估小组的指导下,B 公司经过自查,发现公司在经营管理中存在法律意识淡薄、没有专门法务人员、没有对关键岗位进行风险识别,未对合作伙伴进行合规审查、合规管理制度缺失等问题,针对存在的合规风险 B 公司制定了相应的合规整改计划。同时,B 公司对涉案人员进行了停职、解聘的处分,并主动联系税务部门提供相关资料,积极配合税务机关进行查账、补缴税款,主动申请合规整改。

(2) 制订与实施合规整改计划

合规管理组织层面,B 公司设立合规委员会,委员会由企业负责人、财务负责人以及人事行政负责人组成,其中企业负责人为合规第一责任人,担任合规委员会主任,财务负责人担任合规总监。合规委员会下设合规办公室,并配置 1 名法律合规管理人员,负责法律合规事务的培训、监督、考核等工作,推进公司合规体系的建立,落实合规计划。各部门负责人对本部门合规管理工作负责,并配合合规组织及成员的工作。

合规管理制度层面,B 公司建立了《员工合规行为准则》《企业合规管理制度》等合规专项管理制度及《财税管理制度》《合同管理制度》《反商业贿赂制度》《培训管理制度》《绩效管理制度》《投标合规管理实施细则》等制度文件。

运行机制方面及企业文化建设方面，B公司进行了合规管理培训、反商业贿赂培训，并在培训后开展问卷测试确认培训成果；同时，B公司制定《合规绩效考核管理制度》，建立了分层级分岗位分周期的综合合规考核模式，并将合规绩效考核评价结果作为职级晋升、奖金发放、绩效工资发放、年度评优等依据。此外，B公司建立了违规举报、调查和追责机制，设置了举报邮箱和电话，公司员工如在工作中发现公司存在任何不合规的现象，均可向合规办公室、合规总监进行咨询或者举报，并建立对举报人的保密措施及反打击报复的配套机制。

在合规文化建设方面，B公司开展了合规培训、反商业贿赂培训，并制定了培训计划表，逐步开展财税培训、合同管理培训等高风险领域培训，高管及员工分别签署了高管承诺及《员工合规申明》，从领导层到普通员工，做到全员合规，全员承诺。同时，对员工进行了问卷、访谈、测试，对合规的重要性进行宣贯。

(3) 案件处理结果

经过考察，评估小组充分肯定B公司合规整改与积极落实《合规计划》的努力，认为公司初步搭建了与自身特点相符合的合规体系，并积极认真落实。与此同时，建议公司继续落实与不断优化合规计划，持续努力将合规工作做细做实，实现全面合规，提升公司的核心竞争力。评估小组向检察院出具了《B公司合规整改和合规体系建设考察评估报告》

乙县检察院经过审查认可了评估小组的考察结论，作出了对B公司及相关责任人员免予起诉的决定。

二、刑事合规改革经验启示

通过参与以上案件，第三方组织人员在工作中积累了一些经验，与诸位分享。

一是充分结合成员专业特长与发挥专业民主。第三方组织在开展监督评估之前，可组织小组座谈会，结合各成员专业所长，在专业讨论基础上，充分发挥专业民主，对开展合规监督与评估流程、关注要点、团队分工等进行充分讨论和交流,就开展专业、独立判断的真监督、真评估达成共识。

二是对涉案企业开展合规整改进行专业辅导。在涉案企业启动合规整改工作时,第三方组织就介入其中,为相关企业提供了专业辅导。告知企业真悔过、真整改、真合规、真监督的评估要求;开展合规整改工作的自查流程、要点和相关要求及企业经营中法律审查要点;合规专家可就建立有效合规管理体系的四个支柱、六个步骤与合规管理有效性评估的三个维度进行详细讲解。

三是要求涉案企业撰写自查报告破解阅卷难题。根据《中华人民共和国刑事诉讼法》的规定,第三方组织无权查阅各涉嫌犯罪企业的案卷,第三方组织为有效解决这一难题,要求涉案企业就涉案事实、相关责任人员及涉嫌犯罪根本原因等进行有针对性自查,同时要求相关企业结合目前经营情况开展全面合规自查,梳理出除涉案之外的其他合规风险。为开展针对性与全面性相结合的合规整改打下基础,也便于取得标本兼治的效果。第三方组织要告知涉案企业开展合规自查是开展合规整改的前提,相关自查报告要提交检察院备案。这也给涉案企业开展实事求是的合规自查带来了压力和动力。

四是对涉案企业合规整改给予全程跟踪指导。由于涉案企业对合规整改工作的理解不深入,相关企业聘请的中介机构对合规管理理解不到位。第三方组织在监督过程中,不仅要为企业开展合规自查给予指导与监督,还要对企业制定合规计划存在的问题与改进措施给予书面意见反馈,同时抄送检察机关。

五是注重调查、监督与评估全过程可追溯性。无论进入企业进行实地考察、开展合规整改指导,还是入驻现场监督、组织线上评估、实施内部访谈,第三方组织都要进行详细的工作记录,形成会议纪要,并及时告知检察院。

六是对涉案企业合规管理体系开展个性化评估。第三方组织对涉案企业监督与评估在参考《涉案企业合规建设、评估和审查办法(试行)》《ISO 37301合规管理体系要求及使用指南》等文件同时,严格按照三个标准与四个支柱设定考察标准。其中,包括真悔过、真自查作为合规整改的前提条件,围绕是否结合自身特点量身定制的合规管理体系、能否得到有效执行、执行效果是否明显、合规承诺是否实现、合规文化是否得到培育、合规控制措施是否落地等进行全面考察,形成考察与评估报告。

七是对涉案企业做到了真监督与真评估。第三方组织在监督过程中,深入细致的对涉案企业合规整改工作进行指导,也有对涉案企业合规自查不到位、合规整改执行不力进行批评和教育。对于合规整改执行不到位,整改效果不明显的企业,第三方组织可出具建议检察院对该企业延长监督时间的考察报告,确保该企业合规整改取得明显效果后再验收。

八是第三方组织在监督过程中廉洁与勤勉履职。第三方组织在与涉案企业第一次面对面沟通时,应就将第三方组织的纪律要求向涉案企业进行了宣讲,告知涉案企业第三方组织在监督中存在与监督纪律要求相违背的行为可反映的渠道。第三方组织无论是指导、调查、监督与评估过程中,都要做到专业性与独立性,履行勤勉义务。

CHAPTER

4

第四章

关于第三方组织开展刑事合规实务在全国范围内推广的重要性与可行性

第一节 刑事合规推广的重要性

一、刑事合规和企业制度补救

在我国,企业的性质有营利和非营利之分,但本质上都是追逐经济利益的,即便是慈善性质的企业也不例外,因为只有具备一定营利能力,才能更好地开展慈善工作。因此企业自诞生之日起,骨子里就刻着追逐利益的基因。天下熙熙,皆为利来,天下攘攘,皆为利往,在利益面前,很多人都难以自控,以至于被资本裹挟,一步步走向逐利的深渊。企业的背后是一个个管理者,若管理者在企业经营过程中,在利益面前迷失自我,忘记初心,必然使企业走向违法犯罪的不归路。

我国对于企业的法律规制主要体现在《公司法》中,《公司法》更多强调的是企业章程自治,为突出体现企业的人合性,对于企业的经营方向、合规管理、人员选用、岗位职责、组织架构、内部治理结构等内部问题大多都是兜底性规定,较少有强制性的规定。这样的立法设置虽然充分保障了企业的章程自治,但是也为企业合规制度缺失、触碰法律红线埋下了隐患。很多企业正是因为缺乏严格的内控管理制度,管理者拍脑门办事,犯罪而不自治,给企业和自身带来了严重的灾难性后果。

因此,企业刑事合规的构建,将会对企业制度进行一定的补救,使得企业避免过分的人合性,更多向合规性倾斜,从而走上规范化经营的道路,这对于企业的健康发展将有着深远的推动作用。

二、刑事合规与岗位职责

任何企业内部的岗位职责设置都必须明确具体,具有可执行性,这样工作人员在开展工作时才不至于像丈二的和尚,摸不着头脑。在涉及企业犯罪的案件中,往往存在企业内部岗位职责不明晰的情形,比如有的企业一言堂,总经理可以随意插手他人工作内容,本该由人事行政人员开展的落户工作被总经理插手,致使企业出现违规办理落户,触碰刑法的情形。

当然,岗位职责具体明确,具有可执行性,这只是应然层面的要求,要转换为实然层面的表现,还需要企业建立一套人人监督,人人举报的内部制度,当有同事和上级领导插手本职工作外事务时,可向企业监事会举报,对于举报者应给予一定的奖励,鼓励其积极性。

第三方开展刑事合规工作,可以及时发现企业关于岗位职责设置中的问题,纠偏纠正,帮助企业严格划分企业各岗位职责,避免出现岗位职责混乱、工作权限越位、管理者过于专权的情形,从而使企业减少违法犯罪的可能。

三、刑事合规与组织架构

通常来讲,组织架构包括所有权意义上的股权架构和经营权层面的内部组织架构,本书提到的组织架构的仅指经营权层面的内部组织架构。刑事合规与组织架构密切相关,因为组织架构作为企业的运营流程的基本路径,决定着企业能否在合规的道路上平稳前进,如果组织架构设置科学合理,既可以有力推进企业外部业务发展,也可以有效协调企业内部沟通,反之,组织架构设置缺乏操作性、具体性,所谓的组织机构就如同空中楼阁,对企业的实质经营并无裨益。刑事合规要求企业的内部组织架构明确、具体,使企业可以正常有序运转,有些企业组织架构混乱,办事流程不明确、不畅通,出现问题,却无法落实责任归属,故管理者拍脑门办事的现象比比皆是,其做事不计后果,将企业引入违法犯罪的深渊;还有些企业人员浑水摸鱼,从中攫取不当利益,比如有的企业财务制度不健全,财务审批权限集中,不能做到公开透明,缺乏有效的监督机制,致使公款私用,虚开发票报销的行为屡禁不止。

请第三方机构开展刑事合规工作,可以帮助企业建立并完善权责明晰的组织架构,使企业可以在合法合规的架构里正常运转经营,避免出现组织架构缺失,运转功能失灵,法人人格否认继而导致违法犯罪的情形,继而推动自身健康发展。

四、刑事合规与内部治理结构

内部治理结构属于公司的所有权和经营权的协调模式,包括股东会、董事会、监事会之间的分权与制衡,该结构侧重于解决重大决策的产生问题。企业出现重大刑事犯罪问题,往往都是因为管理者的独断和专横,但凡管理者决定的事情,一般都缺少反对的声音,缺乏讨论性的环节,这样一来,更加助长了管理者我行我素的气焰,在如此环境下,因为缺乏监督机制,企业及管理者很容易触碰法律红线,走向违法犯罪的道路。通过开展第三方刑事合规工作,可以帮助企业有效优化内部治理结构,将管理者的权力锁进"制度的笼子"里,切实发挥监事会的监督作用,使企业的重大决策更加科学合理。

五、刑事合规与人员管理

企业之间的合作与竞争本质上是人才之间的合作与竞争,故人员的管理对于企业的发展至关重要,若是人员的管理出现问题,将会直接束缚企业的发展,甚至给企业带来一系列的法律问题,比如有些企业没有建立完备的人员管理制度,人员名单十分混乱,在依托本企业的资质申请人才落户指标时并未从本单位员工名单中选取,而是在利益的驱使下,为编外人员争取;再比如有些企业并建立严格的社保缴纳制度,长时间未给员工缴纳五险一金,严重违反了法律规定。

笔者认为,主要可以从人员的选聘、合规、培养等环节入手,通过健全人员管理制度,引导企业实现刑事合规。首先,在人员的选聘上,要提高对人员道德素质的要求,对于有违法犯罪前科的人员与不良品行记录的人员要慎重录用;其次,在对人员的合规管理上,要依法为本单位员工缴纳社保和住房公积金,要提供给员工健康安全的工作环境,切实地保障员工的利益;最后,在对员工的培养上,要加大对员工法律知识的宣传,提高员工的法律意识,让更多的员工学法、懂法、守法、用法,让自觉守法蔚然成风,让企业远离违法犯罪。

六、刑事合规与业务规范

业务是拉动企业快速发展的火车头,火车头在拉动列车前行时,若脱轨行驶,必将导致倾覆灾难,以此观之,企业的业务开展若不符合法律规范,也必然对企业的发展造成严重的后果。企业在开展业务活动时经常会存在违法招投标、商业贿赂等问题,也正是由于这些问题的存在,本来资质较好的企业稍有不慎便会陷入违法犯罪的泥淖。现阶段,第三方介入企业的刑事合规监督评估往往是在企业涉嫌犯罪后检察院审查起诉的阶段,具有一定的滞后性。若第三方刑事合规评估成为一项常态化的工作,积极推广第三方组织的刑事合规实务,这对于企业负责人来讲,也能有效避免因企业触碰刑法红线而使自身遭受刑法责罚;对于企业来讲,可以起到早发现,早治疗,防患于未然的作用,能够有效地为企业业务开展保驾护航。

第二节 刑事合规推广的可行性

一、刑事合规与依法治国

依法治国就是依照体现人民意志和社会发展规律的法律治理国家,而不是依照个人意志、主张治理国家,可谓"圣法之治出于理""圣人之治出于己",要求国家的政治、经济运作、社会各方面的活动通通依照法律进行,而不受任何个人意志的干预、阻碍或破坏。简言之,依法治国就是依照宪法和法律来治理国家,是中国共产党领导人民治理国家的基本方略,是发展社会主义市场经济的客观需要,也是社会文明进步的显著标志,还是国家长治久安的必要保障。依法治国,建设社会主义法治国家,是人民当家作主根本保证。

刑事合规不起诉,是检察机关全面贯彻习近平法治思想,充分发挥检察职能优势,更好推动企业依法守规经营,服务经济社会高质量发展的一项重要制度创新。经过两年试点,该项制度不断释放司法红利。办案过程中,各试点检察院准确把握改革内涵,将涉案企业合规改革与贯彻少捕慎诉慎押刑事司法政策、落实认罪认罚从宽制度有机结合,同步衔接推进涉企"挂案"清理,加强行刑衔接,确保了办案政治效果、社会效果、法律效果有机统一。

二、刑事合规与经济形势

党的十八大以来,以习近平同志为核心的党中央高度重视企业合规工作,习近平总书记多次作出重要指示,提出明确要求。当前,我国进入新发展阶段,发展内外环境发生深刻变化,贯彻新发展理念、构建新发展格局、推动高质量发展对打造市场化法治化国际化营商环境、提高企业依法合规经营水平提出了新要求。高水平对外开放持续扩大,共建"一带一路"深入推进,与此同时经济全球化遭遇逆流,企业"走出去"面临的法律合规风险不断增多,强化合规管理工作的重要性、紧迫性更加凸显。全面依法治国深入推进,《法治中国建设规划(2020—2025年)》《法治社会建设实施纲要(2020—2025年)》《法治政府建设实施纲要(2021—2025年)》相继实施,对推进依法治企、加强公司律师工作等作出战略部署。经济社会发展的新需求和全面依法治国的新要求,对企业合规提出了更高的标准和要求。新形势下,必须引导、支持企业合规管理工作,强化法律服务保障职能,推动完善企业合规管理体系,防范化解企业经营风险,促进我国经济高质量发展。

三、世界企业合规趋势

美国联邦量刑委员会于1987年制定的《联邦量刑指南》中规定:如果企业建立了有效的合规体系或者合规系统,就可以在出现刑事犯罪时,被减轻刑事处罚。美国司法部后续在该指南的基础上制定了《联邦检察官手册》,对检察官适用合规不起诉或者合规暂缓起诉的具体要求首次作出了详细规定,为该制度的域外推广奠定了实践基础。在司法上,美国检察官会根据涉嫌犯罪的企业建立合规计划的情况,来决定是否对其提起公诉;在法庭审理中,法院会根据被起诉的企业建立合规计划的情况,来决定是否对企业加以定罪,或者在完成定罪程序之后,来进一步决定是否对其减轻刑事处罚。更为重要的是,美国还确立了一种影响深远的暂缓起诉协议制度(DPA)和不起诉协议制度(NPA),对于涉嫌犯罪的企业,根据其建立合规计划的情况来决定是否达成和解协议,并通过建立考验期,责令企业缴纳高额罚款和建立或完善合规计划,以换取考验期结束后的撤销起诉。美国司法部反垄断局于2019年7月23日发布的《新合规指南:对公司合规项目的评估》则强调:对于违反《谢尔曼法》上的价格串通、投标串通、市场集中等类型的犯罪,如果公司能证明确已建立了系统性的合规制度,可以作为不予起诉的理由。可以清晰地看到,合规计划的实施与企业刑事责任从实体法与程序法层面均发生了直接的关联性,作为公司治理内容的合规计划成为影响企业刑罚裁量、刑事诉讼的法定因素。也正是在这个意义上,合规计划往往被称为"刑事合规"。

英国2013年颁布的《犯罪与法院法》也借鉴了刑事合规暂缓起诉制度,

基本上是美国暂缓起诉制度的翻版。此后,加拿大、澳大利亚、新加坡等国也宣告确立了暂缓起诉制度。

美国司法部反垄断局于2019年7月23日发布的《新合规指南:对公司合规项目的评估》则强调:对于违反《谢尔曼法》上的价格串通、投标串通、市场集中等类型的犯罪,如果公司能证明确已建立了系统性的合规制度,可以作为不予起诉的理由。可以清晰地看到,合规计划的实施与企业刑事责任从实体法与程序法层面均发生了直接的关联性,作为公司治理内容的合规计划成为影响企业刑罚裁量、刑事诉讼的法定因素。

近年来,我国在刑事诉讼制度中实施的认罪认罚从宽机制,给予了企业实施合规计划予以刑事诉讼激励机制的机遇和基础,但是现有的制度设计更多的是一种程序性制度,即便是强调检察机关精准量刑建议,终归因其从宽的幅度和范围没有实体法的关照和呼应,因此,在立法层面将实施合规计划作为单位犯罪法定从轻、减轻量刑情节之一,并在刑事诉讼程序中对合规计划配置认罪认罚从宽(减轻)、不起诉等制度法律支撑是合规计划在我国有效落地的重要前提。

四、企业效益与合规

随着中国经济的发展及营商环境的改变,在笔者接触的涉案企业试点工作中,在对企业中高管及员工访谈的过程中,有涉案企业提出,在与合作伙伴合作的过程中,对方均要求合作伙伴的企业合规,员工均对企业合规表达了强烈的拥护,增强了自身的就业安全感,并未对企业合规表示出抵触情绪,整体的营商环境更加需要企业合规,企业合规对企业来说并不是"找麻烦",而是对企业凝聚力,核心竞争力,依法治企的补强,企业合规对企业的效益是有强大帮助的。

CHAPTER

5

第五章

关于第三方组织开展刑事合规实务的建议与意见

第一节　刑事合规实务的建议

一、专家人选

(一)专家的组织与决策机制

在启动涉案企业合规第三方监督评估机制时,企业自身和第三方组织都需要组织相关领域的专家分别开展整改合规工作和监督评估工作。由于专家们来自各行各业和不同单位,他们以临时任务组的形式被组织在一起,这时候设计科学的组织和决策机制,以使专家的智慧和经验都得以发挥出来并且保证专家独立出具意见、合法合规履行监督评估任务就至关重要。

在第三方组织方面,其专家的组织机构一般应当扁平化,并采用集体决策机制。第三方组织作为企业合规改革中依法设立的第三方监督评估机构,其人员由第三方机制管委会根据案件情况从专业人员库中抽选而来。第三方组织在日常的工作活动中,应当严格依据相关政策文件进行,保持内部活动的民主性、程序性,并且接受第三方机制管委会的指导和监督。第三方组织在向企业给出咨询建议时,应当注重效率,避免"从众现象"和责任不明的情况。

在企业内部的合规小组方面,企业宜针对第三方组织指出的重点问题聘请善于解决该问题的相关行业专家,并根据企业自身能力与需求聘请擅长公司治理、公司合规的专家对企业进行全面体检。同时,企业还可以考虑以"外部借脑"的形式,向知名专家进行咨询。企业应当在内部建立起主要负责人牵头的合规小组或合规委员会,在小组和委员会中公司领导应仅负责组织和职能事项,通过运用头脑风暴法、名义小组技术、德尔菲方法、决策树方法等来综合专家意见,做出相关决策。

(二)法律行业专家

法律行业内部分工较细,以律师行业为例,根据业务类型划分主要有诉讼律师和非诉律师,前者主要帮助当事人通过诉讼等方式解决纠纷,后者主要帮助当事人开展合规、公司治理与股权设计、公司上市、资产证券化、资产并购与重组等不直接涉及纠纷解决的业务;根据法律领域又可以划分为民商事律师、刑事律师、行政律师等,工作领域分别专注于民商事、刑事和行政。

来自法律行业的律师、法务、公证员和其他单位的法律专业人员都是第三方组织的重要组成部分。涉案企业合规第三方机制中,涉案企业或相关人员基于涉嫌刑事犯罪进入该机制程序,而第三方组织中非法律行业人员或法律行业非刑事领域人员,刑事业务的专业性相对有限,因此刑事律师是第三方组织中必不可少的组成部分,其对于第三方组织开展监督评估工作和作出评估意见均发挥了重要作用。

在企业内部的合规小组方面,企业亦应当注意聘用富有经验的刑事律师参与企业内部整改合规工作。刑事律师可以对涉及企业的行为定性、犯罪预防、刑事风险隔离等方面给出较为准确识别与判断,并且帮助企业实现人员合规、自身业务合规以及上下游刑事风险传导的隔离。

(三)其他行业专家

根据企业涉及案件类型的需要,第三方组织和企业合规小组可能还需要配备来自税务、会计、证券、金融等各方面的专家,帮助企业在相关专业领域给予技术性的支持。

二、刑事合规开展流程标准化及注意事项

(一)涉案企业合规第三方监督评估机制流程

关于企业合规第三方机制的工作阶段和流程,大致可以分为为启动阶段、准备阶段、提交计划阶段、考察阶段和结果运用阶段,在不同阶段时期,检察院、第三方组织和第三方机制管委会等主体将根据流程完成如下图所述的一定工作步骤。

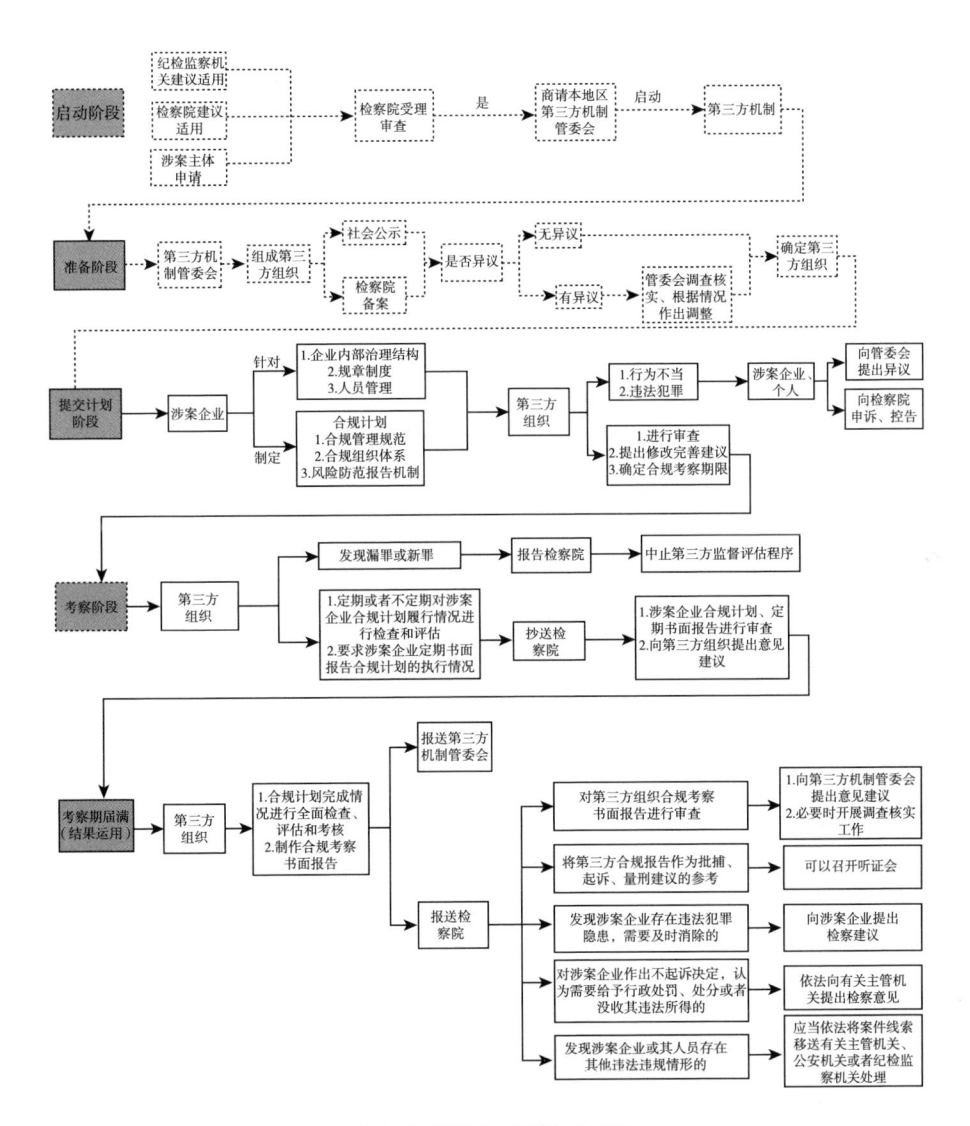

第五章 关于第三方组织开展刑事合规实务的建议与意见

企业合规第三方监督流程图

附：企业合规第三方监管机制材料清单

（第三方机制尚在试点中，各地规定有所区别，在案件办理过程中需结合各地区规定进行调整）

序号	阶段	材料
1	合规尽调阶段	1. 企业合规意向书 2. 企业合规尽调报告

续表

序号	阶段	材料
2	合规评估阶段	合规可行性评估报告
3	合规计划阶段	1. 企业合规申请书 2. 企业合规计划
4	合规整改阶段	1. 企业合规承诺书 2. 企业合规整改方案
5	合规考察阶段	1. 企业合规中期报告 2. 企业合规不定期考察报告
6	评估验收阶段	企业合规终期考察报告

（二）各阶段注意事项

从实务角度看，第三方组织、涉案企业及个人在各工作阶段需要注意的事项如下：

1. 启动阶段

第三方机制管委会在确定对涉案企业启动第三方机制后，将根据涉案具体情况从专业人员库中挑选成员，组成第三方组织，第三方组织在本阶段暂无具体工作。

对于涉案企业和个人，第三方机制能否启动，是应当认真对待的"第一关"。如果无法启动第三方机制，则企业和个人可能面临按照常规刑事诉讼程序接受检察院审查起诉、法院判决及承担相应刑罚的后果。根据对最高检发布的两批共计10件企业合规改革试点典型案例的分析，检察院除依据《指导意见》第3、4、5条规定审查企业是否满足适用第三方机制的积极条件和消极条件，还会在自由裁量权空间内考虑企业规模、企业人员素质和合规意愿、企业对于相关行业领域发展的重要性等因素，最终确定企业是否可以适用第三方机制。

2. 准备阶段

对于第三方组织来说，正式确定第三方组织介入合规第三方机制后，第三方组织应当通过实地考察、访谈、审阅案卷和企业相关材料等方式了解企业基本情况并出具初步的风险体检单或风险告知说明等,帮助企业锁定合规的重点和难点。在此阶段,第三方组织成员应当注意严格履行自身的保密义务。

对于涉案企业和个人来说,准备阶段是其与检察院和第三方机制管委会进行有效沟通、确定第三方组织成员和构成的重要阶段。涉案企业和个人可以对第三方组织成员人选提出自己的意见或建议,第三方机制管委会收到涉案当事人和其他社会公众的意见或建议后,将根据情况进行处理并最终决定负责该案件的第三方组织的具体人员构成。同时,由于第三方组织可能会接触到企业的财务信息、知识产权和商业秘密,以及具体涉案情况,为保障企业权益,涉案企业和个人可以要求与第三方组织签订保密协议或提前向检察院说明请求采取保密措施的相关情况。

3. 提交计划阶段

对于第三方组织来说,根据企业涉案情况及其自身整改意愿、整改能力,对合规计划进行审查、建议修改是履行监督评估职能的重要步骤,合规计划也将成为后续对照检查、评估企业合规完成进度的重要依据。

对于涉案企业和个人来说,虽然在申请启动第三方机制时已经提交初步合规计划,但仍需持续配合第三方组织工作,听取第三方组织的意见和建议,并对合规计划进行有效的修改和完善。

4. 考察阶段

第三方组织以及第三方机制管委会组建的巡回检查小组会定期或不定期地对涉案企业开展多种形式的检查、调研工作。第三方组织一般会依照合规计划的进度安排,要求企业在合规期内提交合规整改工作情况周报或月报,并通过对员工、上下游合作企业以及监管部门的访谈、调查问卷了解企业真实的合规情况。在此过程中,第三方组织若发现企业还有漏罪、又犯新罪、完全不进行整改或整改标准大幅度低于合规标准等情况,将报告检察院,由检察院核实确定中止第三方监督评估程序。

对于涉案企业和个人来说,考察阶段是全面落实合规计划的阶段。鉴于对"纸面合规""形式合规"的明确禁止,相关部门会对第三方组织成员的履职情况进行严格监督,因此涉案企业切不可抱有侥幸心理、企图蒙混过关。从各地开展工作的情况来看,也屡屡出现部分企业因达不到合规标准,从而导致案件回转至刑事诉讼程序,最终被依法追究刑事责任。具体来讲,企业首先应当对违法违规造成损失的事项进行弥补,恢复法益,即该补缴的补缴、该退赔的退赔、该接受处罚的及时接受处罚;其次,追责处罚应当同步进行,应当对违规责任人进行处理,不能让违规责任人继续担任企业要职,甚至成为公司合规小组、合规委员会的负责人;最后,应当从精神、制度、物质三个层面做好合规工作,通过定制度、搞培训、签承诺、树文化等多种形式将合规工作落到实处。

5. 结果运用阶段

结果运用阶段是第三方机制工作流程的最后阶段,但对于第三方组织来讲,考察并出具考察报告并不意味着工作的完全结束。第三方机制管委会和检察院一般在核查考察报告的同时,也会视情况对第三方组织履职过程中可能存在的违纪违法情况进行调查处理,在工作方面和纪律方面双重过关,第三方组织才能符合完成工作任务的标准。需要注意的是,在第三方组织解散一年以内,第三方组织成员中的律师、注册会计师、税务师(注册税务师)等中介组织人员,其本人和其所在的中介组织均不得接受涉案企业、个人或者其他有利益关系的单位、人员的业务,相关人员应当严格遵守执业限制。

对于涉案企业和个人来讲,第三方组织出具的考察报告是检察院决定采取何种司法激励或措施的重要参考依据。涉案企业和个人务必在第三方组织进行终期考察时如实、详尽地提供企业在合规整改期内开展工作的相关材料,并视情况提供未来关于犯罪预防、合规管理等工作规划,以充分证明企业达到了"改造犯罪基因,树立合规文化"的合规效果。

三、企业建立合规体系

(一)全面合规体系

全面合规体系是不同于专项合规计划,是指针对一家企业全生命周期、全业务领域、全活动过程、全员的合规。显然,这是一种理想状态下的合规模板。企业所在的市场环境是不断变化的,政府监管部门的政策和执法重点、力度也是不断变化的,甚至处于不同生命周期的企业也会面临不同的合规重点。

国资委印发的《中央企业合规管理指引(试行)》对中央企业提出的合规管理要求,在领域方面,主要包括:市场交易、安全环保、产品质量、劳动用工、财务税收、知识产权、商业伙伴;在环节方面,主要包括:制度制定环节、经营决策环节、生产运营环节;在人员方面,主要包括:管理人员、重要风险岗位人员、海外人员。

ISO 于 2021 年发布了 ISO 37301:2021《合规管理体系要求及使用指南》,我国对该指南正在进行修订并拟等同采用,该指南表明的完整合规管理体系要素包括目标、原则、领导力、治理、文化、组织及其环境等多个层次,并且还应当从建立、制定、实施、维护、评价、改进等多个环节不断完善合规体系。

在适用合规第三方机制中,一些企业在自愿且有能力的基础上搭建了标准的全面合规体系。在"企业合规监督考察制度改革的理论与实践研讨会"上,深圳市宝安区人民检察院第二检察部主任黄美华介绍了 X 集团因涉嫌水果走私启动第三方机制而搭建全面合规体系的案例:"在常规动作,也就是全面合规方面,X 集团重新搭建了标准的合规体系。一是培育合规文化,形成高层做起,全员合规,坚守底线,持续优化的集团合规理念;二是在董事会下设合规管理委员会;三是设置合规风险管理三道防线,第一道防线是各业务部门、分公司、子公司,第二道防线是合规管理委员会领导下的合规部与高级管理层领导下的内控部,第三道防线是审计委员会领导下的审计部;四是设有专职、兼职合规人员 94 人,其中专职合规人员 4 人;五是制定了一系列企业合规规章制度,如《合规管理制度》《合规手册》《合规管理委员会议事规则》等;六是严格挑选第三方公司并进行尽职调查,如要求代理报关公司三年内无任何违法违规记录,行业口碑好、排名高,有操作正规的专业团队,优先选择海关 AEO 高级认证企业,在合作之初进行合规评估,签订相应的合规协议,在海关的信用度好、公司信用良好等;七是严惩责任人,如对责任人给予严重警告处分,取消当年项目奖金等。在自选动作,也就是主动配合方面,第一,X集团主动提供验估价格参数,主动配合海关总署关税司工作,不定期提供公司进口水果的采购价格,作为海关总署出具验估价格参数的参照标准;第二,主动补缴税款,主动向海关验估科申请验估,11次主动补缴税款;第三,主动披露与ERP数据对接,这是最能取得海关监管机关信任的举措,是达到企业合规风险管理最理想的模式,X集团成为"互联网+智慧征管"ERP数据对接试点企业,公司ERP系统数据无保留的实时向海关开放,积极向海关新的监管模式靠拢;第四,主动开展交流,多次参加深圳海关关税处组织的座谈会、研讨会,沟通业务模式和贸易流程,参与行业协会调研、探讨开展定期价格审查评估与监督机制。"

(二)专项合规计划

北京大学陈瑞华教授指出:"很多企业……由于是在我国行政监管部门推动下制定的合规计划,加上大多数企业既没有受到过诸如世界银行这样的国际组织的制裁,因此,所推行的合规计划大多属于大而全的合规计划。例如有些企业的合规管理手册动辄将十余个问题确立为合规重点领域,范围涵盖公司治理和经营、安全、员工健康和公共安全、反商业贿赂和反腐败、消费者权益保护、反垄断、反不正当竞争、员工权益保护、知识产权、数据信息、国际贸易和投资、商业伙伴等多方面的合规管理问题。企业将如此众多的事项确立为合规重点领域,必然忽略那些迫在眉睫的合规风险,无法根据企业的性质、业务、规模和主要合规风险点,量身打造一套有针对性的合规计划。"[1]

从第三方机制的制度目的来讲,虽然希望企业最好能够达到全面合规的效果,但是只要企业做好专项合规,使企业的行为、文化与体制机制等都远离刑法红线,其实就已经达到了"合格"的标准。一方面,检察机关和第三方组织不会也不能强行要求企业做大而全的合规,因为这超出了刑事诉讼

---

[1] 陈瑞华:《中兴公司的专项合规计划》,载《中国律师》2020年第2期,第87~90页。

法和相关政策文件赋予其职责的范围;另一方面,企业的人力、物力、财力是有限的,其作为市场主体的主要目标是进行市场经营活动以创造社会价值、谋取利润,其有自主治理、自主经营的权利,其也将对自身行为负责。

四、企业形成合规文化

广义的合规文化包括精神层面的文化、制度层面的文化和物质层面的文化。由于制度层面和物质层面的合规文化已经在上述章节中详细讨论过,本节主要从精神层面的合规文化展开,其具体又包括企业愿景、企业使命、企业价值观、企业精神、企业道德和企业作风。

企业愿景是企业对未来的一种憧憬和期望,是企业努力经营想要达到的长期目标,体现企业的远大追求。企业合规首先要做的就是要让企业全体人员特别是领导层,树立一个正面的企业愿景。这就像一个人在走路,如果目的地是地狱,那再怎么努力也走不到天堂。

企业使命是指"企业的业务(任务)是什么",它描述了一个组织在社会中为其客户生产产品或提供服务的基本功能。一个组织的使命是其存在的原因,是企业经营管理的全部意义所在。由于社会生活中难免有些人会产生违法的需求或愿望,一些企业为了自身利益不惜铤而走险,因此,应当让企业了解可为与勿为的界限。

企业价值观是指企业对周围客观事物的是非曲直、好坏善恶的评价标准。虽然一些企业的愿景和使命都没有问题,但其在追求愿景和使命的实现道路上,却丧失了底线和原则,这就是价值观上出了问题。价值观形成后也不应当成为神像面前供品,而应当被贯彻到企业每一位员工时时刻刻的言行中去。

企业精神是企业员工所具有的共同内心态度、理想追求和思想境界。企业精神从企业日常的管理、员工活动、培训等方面养成,好的企业精神能够唤起员工的精神动力和昂扬斗志。精神状态是具有传染性的,企业精神方面的合规工作的首要任务就是培养好的企业精神,同时还担负着及时切断不良传染源,确保个别的、小规模的不良精神氛围不影响企业其他人员的职责。

企业道德是指企业依靠社会舆论、传统习惯和内心信念来维持的,以善恶评价为标准的道德原则、规范、活动的综合。道德的标准一般高于法律,所以良好的企业道德能够成为法律底线的"防火墙"。道德不具有国家强制性,也不似法律一般坚硬,具有润物细无声的特点,因此更容易让一般人接受和信服。

企业作风是企业及其员工处事待物所表现出的一贯态度或行为,是企业在长期生产经营过程中形成的独特风格。一方面,企业合规从反商业贿赂、反舞弊等方面,通过制定适当的奖惩措施,为企业全体员工营造诚实、正派的工作作风;另一方面,企业合规从采购、储存、生产、销售、售后服务等多个环节着手排查道德风险点,减少员工道德失范和作风出问题的机会。

五、企业合规常态化

(一)认识再犯、累犯的法律后果

刑法规定了累犯,具体还可分为一般累犯和特殊累犯。

根据《刑法》第65条,一般累犯是指:"被判处有期徒刑以上刑罚的犯罪分子,刑罚执行完毕或者赦免以后,在五年以内再犯应当判处有期徒刑以上刑罚之罪的,是累犯,应当从重处罚,但是过失犯罪和不满十八周岁的人犯罪的除外。"结合《指导意见》,一般累犯并不在被禁止启动第三方机制的"黑名单"之列。但《指导意见》第5条第5项还规定了其他不宜适用的情形,预留了一定的缓冲空间;根据该项规定,在实践中,检察机关在审查案件是否适用第三方机制时,亦具有一定的自由裁量权。鉴于认罪认罚从宽制度并不排斥适用于一般累犯的情形,而企业合规改革相关制度对此并没有明确限制,因此企业若构成累犯还是有很大机会成功申请启动合规第三方机制的。

根据《刑法》第66条,特殊累犯是指"危害国家安全犯罪、恐怖活动犯罪、黑社会性质的组织犯罪的犯罪分子,在刑罚执行完毕或者赦免以后,在任何时候再犯上述任一类罪的"。虽然《指导意见》第5条第4项仅指"涉嫌危害国家安全犯罪、恐怖活动犯罪的"不得适用合规第三方机制,并未明确

包括黑社会性质的组织犯罪,但是涉嫌黑社会性质的组织犯罪的企业可以满足《指导意见》第 2 项"公司、企业设立后以实施犯罪为主要活动的"这一禁止条件。从而,几乎所有的涉嫌危害国家安全罪、恐怖活动犯罪和黑社会性质的组织犯罪的初犯或累犯均不得适用合规第三方机制。这与认罪认罚从宽制度的适用情况是不同的,最高人民法院"关于检察机关开展扫黑除恶专项斗争典型案例选编(第三辑)之四:杨昊等 25 人恶势力犯罪集团案"就表明当庭认罪认罚的恶势力犯罪集团,在综合考量其犯罪事实等情况下可依法适用认罪认罚从宽制度。

(二)认识某些犯罪的特殊构成要件

刑法中有些犯罪并非实施某一特定行为就符合构成要件从而成立犯罪,而是实施行为达到一定次数、金额或严重程度等才成立犯罪。企业合规常态化一方面要强化对原来已经触碰刑法红线的行为、体制机制等进行整改并维持合规状态;另一方面也要针对那些处于潜伏状态、行政违法状态的行为予以预防,以免后续实际构成刑事犯罪。

比如,企业经常可能涉及的逃税罪,根据《刑法》第 201 条之规定,"纳税人采取欺骗、隐瞒手段进行虚假纳税申报或者不申报,逃避缴纳税款数额较大并且占应纳税额百分之十以上的"即可构成犯罪,但只要不是"五年内因逃避缴纳税款受过刑事处罚或者被税务机关给予二次以上行政处罚的"的情形,只要满足"经税务机关依法下达追缴通知后,补缴应纳税款,缴纳滞纳金,已受行政处罚的"条件就可以获得不予进行刑事处罚的待遇。

又如,组织、领导传销活动罪,其实国务院 2005 年制定的行政法规《禁止传销条例》就规定了三种形式的传销,其中拉人头和门槛费形式的传销如果严重的即可构成犯罪,具体来说这两种形式的传销的特征是:(1)表面是经营;(2)手段是收取人头费或通过商品壳的变相人头费;(3)形式是超过三级的提成返利链条结构;(4)本质就是诈骗各级代理和消费者的财物;而对于团队计酬式的传销一般不认为是犯罪而认为是行政违法行为,其具体特征是:(1)表面是经营;(2)手段是业绩提成;(3)形式的超过三级的提成返利链条结构;(4)本质是不可持续的伪劣产品病毒式营销。云集公司就曾因开展经营活动过程中存在"入门费""拉人头"和"团队计酬"等涉嫌传销行为被杭州主管部门开出958万元的巨额罚单,而后经合规整改后成功在纳斯达克上市。

针对如逃税、传销类、集资诈骗等犯罪,即使是企业通过在刑事合规期限内做做表面功夫、蒙混过关,得到司法激励以后却又开始蒙眼狂奔、卷土重来,最终结果将只能是接受法律的制裁。企业想要从根本解决问题,只有走常态化合规这条必由之路。对于有些方面,要注意对量的控制,防止次数或金额达到刑法红线;对于另外一些方面,则要注意对质的控制,行政违法类传销和刑事犯罪类传销看似差不多,实则有质的差别,其法律后果也因此而天差地别。

(三)正确应对回头看

对涉案企业开展回头看,是各地在开展企业合规改革中逐渐摸索出来的工作方法。虽然《指导意见》暂未明确设计回头看机制,但基于各地的工作惯例和回头看工作的重要性,将来有望被正式纳入第三方机制,成为合规验收阶段后的重要监督程序。企业应当以常态化合规为遵循,以真实、良好表现正确应对回头看。

从时间来看,回头看一般会在企业通过合规整改之日起半年至一年左右进行。关于回头看的方式,检察机关可能会采取暗访、侧面调查、召开座谈会等方式进行。回头看,看什么是重点,企业及相关人员经过合规整改后,企业的经营情况、企业的合规建设情况、受侵害法益的恢复情况都是办案检察院和相关主管机关非常关心的问题。在经营情况方面,企业应当从采购、研发、生产、销售、售后服务等多个环节用数据留痕、培训留痕等材料展示企业守法经营、合规经营以及积极担负社会责任的良好姿态;在企业的合规建设方面,企业应从三会治理、决策机制、执行机制、监督机制等多个层面展示企业科学、合规、有效的合规成果,并且应着重突出前期被要求整改的业务领域及其相关领域目前的状态;在受侵害法益的恢复情况方面,如果是国家税款或受害人金钱损失,一般在合规期限内就会被要求补缴退赔到位,而在如环境损害等领域则可能需要较长的生态修复期间,这就要求涉案企业真抓实干并在自身义务限度内保护好恢复的生态环境等类型的法益。

第二节 律师开展刑事合规业务的要点

一、保守客户隐私、秘密及案件相关国家秘密

首先,《刑事诉讼法》第 48 条规定:"辩护律师对在执业活动中知悉的委托人的有关情况和信息,有权予以保密。"律师参与的刑事案件如果进入合规第三方机制程序,仍然享有该条赋予的保密权利。但律师行使保密权利也有例外,即律师如果了解到委托人或他人,准备或正在实施危害国家安全、公共安全以及严重危害他人人身安全的犯罪的,仍应当将相关情况如实报告司法机关。

其次,《律师法》第 38 条[①]、《保守国家秘密法》第 9 条[②]也规定了律师的保密义务。据此,律师对于在刑事合规业务中接触到的案件侦查秘密、国家秘密、商业秘密、当事人隐私、委托人和其他人不愿泄露的有关情况和信息负有法定的保密义务,如若违反,有可能构成刑事犯罪或被行政主管部门、行业协会等采取处罚措施。

最后,在刑事合规业务中,律师为当事企业制订合规计划,一方面会接触到企业涉嫌犯罪的相关案卷、证据材料;另一方面会接触到企业的人事、财务、业务等信息。对于企业内部与办理案件无关的信息律师不应当主动接触、留存,对于已经知晓与案件无关的信息也应当对办案机关和其他第三人保密,如果与企业签有合法有效的保密协议,更应当严格遵守协议。如果律师是以第三方组织成员的身份介入刑事合规工作,也有可能在审阅合规

[①] 《律师法》第 38 条:"律师应当保守在执业活动中知悉的国家秘密、商业秘密,不得泄露当事人的隐私。律师对在执业活动中知悉的委托人和其他人不愿泄露的有关情况和信息,应当予以保密。"

[②] 《保守国家秘密法》第 9 条:"下列涉及国家安全和利益的事项,泄露后可能损害国家在政治、经济、国防、外交等领域的安全和利益的,应当确定为国家秘密:……(六)维护国家安全活动和追查刑事犯罪中的秘密事项……"

报告及其相关支撑证明材料时了解到企业或相关人员的秘密、隐私,律师亦应当遵守相关法律法规的规定,保守当事人秘密、隐私和国家秘密。

二、预防腐败与滥用职权

对于受聘为企业提供合规法律服务的律师来说,执业纪律主要规定在《刑事诉讼法》《律师法》《律师执业管理办法》等法律、规章当中。律师在开展合规工作时,应当注意做好廉洁自律工作,主动拒绝当事企业、个人提出的伪造合规材料、掩饰隐瞒犯罪所得、贿赂检察官或第三方组织成员等违法请求。

对于以第三方组织成员身份参与合规工作的律师来说,其亦应当遵循上述法律、规章。其中,《指导意见》第 17 条[①]还特别指出了第三方组织成员的廉洁自律义务。其中,尤其突出的风险就是收受贿赂、侵犯秘密,第三方组织成员如果在涉案企业的利益引诱下做出收受贿赂的行为则有可能构成非国家工作人员受贿罪,如果在竞争企业或他人的利益引诱下泄露、使用涉案企业商业秘密的则有可能构成侵犯商业秘密罪。

三、撰写合规计划的注意事项

(一)结构残缺,重心不稳

一些企业的合规计划有"头痛医头、脚痛医脚"的问题,将笔墨着重地放在了出问题的表面,比如涉嫌虚开发票类的犯罪就仅仅做税务合规,而没有布局对深层次的财务问题、公司治理问题、决策机制问题、审核监督问题等方面的风险诊断和合规整改计划。

[①] 《指导意见》第 17 条:"……第三方组织及其组成人员应当履行下列义务:(一)遵纪守法,勤勉尽责,客观中立;(二)不得泄露履职过程中知悉的国家秘密、商业秘密和个人隐私;(三)不得利用履职便利,索取、收受贿赂或者非法侵占涉案企业、个人的财物;(四)不得利用履职便利,干扰涉案企业正常生产经营活动。第三方组织组成人员系律师、注册会计师、税务师(注册税务师)等中介组织人员的,在履行第三方监督评估职责期间不得违反规定接受可能有利益关系的业务;在履行第三方监督评估职责结束后一年以内,上述人员及其所在中介组织不得接受涉案企业、个人或者其他有利益关系的单位、人员的业务……"

还有一些企业的合规计划通篇都是制度、指标和各种承诺书、自查表的模板,看不到建班子、建文化、抓落实、抓监督的具体举措。这实际就是合规"两张皮"的现象,计划里的纸面合规完全无法落实到企业的实际治理和运营中去。

一篇合格的合规计划,从结构上来说至少应当包括:行业共性合规点研判、企业重点罪名红线预防、分析投诉和已发案例、产品的购产销或研发运营等相关业务领域合规制度、企业员工手册、决策层合规与制衡制度、培训和监测督导制度、及时更新与安全应急制度等方面的内容;从质量上来讲,应当具备可行性、有效性和全面性(全面视具体情况而定,但至少应当达到完整的程度,以支撑可行性和有效性)。

(二)问题失焦,浮于表面

合规计划的首要出发点就是聚焦企业问题,但聚焦问题不仅仅是盯着企业涉案问题的表面现象这么简单。一方面,一个企业涉嫌犯罪,往往是冰冻三尺非一日之寒,常见的情况都是从小事儿做起、从微小的违法行为做起,逐步地越陷越深、问题越来越严重;另一方面,犯罪的基因是需要适宜的环境去成长的,企业的文化、企业的惯例和程序、创始人的个人喜恶、竞争环境、监管环境都可能或多或少地在企业涉嫌犯罪的过程中成为影响因子。合规计划必须首先精准锁定问题,否则目标搞错了,再去设计所谓的路径、手段都将成为空谈。

因此,合规计划的制定者应当具备穿透式思维,不仅满足于传统的侦查犯罪思维和手段,还要从企业管理的视角出发战略性地挖掘企业的不良文化、不良商业习惯,只有将毒瘤从根上拔除,才能避免浮于表面。

(三)只看当前,无长期计划

企业合规改革的本质即企业通过有效的合规整改从司法机关处换取一定的司法激励。由于我国合规第三方机制的对象既包括企业又包括自然人,且符合条件的涉企犯罪均可以被纳入机制的适用对象,应该说第三方机制下的司法激励力度和适用面都具有较大空间。为了预防一些企业企图蒙混过关或与某些司法人员勾结骗取司法激励,最高检以及第三方机制管委会已经制定了一系列措施确保企业合规落到实处。

由于现行法的限制,合规期限最长是12个月,而实践中通常以3~6个月居多。有些企业就以此为标准制定自己的合规计划,完全没有对正式合规期过后的一定时期做出安排。这种计划显然是低分的,一方面这种计划让第三方组织感受不到企业的整改决心和合规文化的形成;另一方面企业如果不能有效保持合规成果和法益修复状态的话,则可能很难通过检察机关的"回头看"。

四、撰写考察评估报告的注意事项

(一)真实性

考察评估报告是第三方组织对涉案企业的合规计划完成情况进行全面检查、评估和考核后制作的文书。考察评估报告将成为检察机关依法作出批准或者不批准逮捕、起诉或者不起诉以及是否变更强制措施等决定,提出量刑建议或者检察建议、检察意见的重要参考。

考察评估报告作为一种法律文书,应当保证其真实性。根据一般流程,在第三方组织成员开始撰写考察评估报告前,涉案企业一般会向第三方组织提交合规计划执行完成情况报告,该报告里列明了合规计划中各项任务、指标的完成情况。如果第三方组织成员在撰写考察评估报告时未对企业报告内的各项内容进行实地走访、视频核验、图片核验、会议纪要核验,就不加选择的将企业所说直接变成监督评估报告的内容,则可能构成玩忽职守行为,继而违反《指导意见》相关规定被纪律处分甚至取消第三方专业人员资格,情节严重的,还有可能构成提供虚假证明文件罪或出具证明文件重大失实罪。

保证考察评估报告的真实性,并不是要求第三方组织成员全天候、无死角地坐班监督企业的合规工作,这也不符合《指导意见》规定的工作方法和工作程序,以及企业和第三方组织成员的实际。第三方组织对涉案企业的监督工作,至少能够保证查实企业提交材料之间的相互印证情况、逻辑矛盾情况、明显不符合实际的情况,根据第三方机制管委会或相关机关的要求,如果需要实地走访调查的,应当在调查中核对企业书面材料和实际情况之间是否存在差距。

(二)科学性

如果说考察评估报告中的"考察"是要求第三方组织在合理的限度内对涉案企业合规工作做出真实性的结论,那么"评估"就是要求第三方组织成员发挥自己的专业知识和专业经验对合规工作做出科学性的结论和建议。第三方组织应当在核实企业合规材料的基础上,对企业是否锁定问题根源、是否举一反三、是否改善企业文化和价值观、以及合规工作的逻辑性、针对性、有效性出具专业意见。

科学性的另一个表现形式是,在评估企业合规情况时运用成熟的量化标准和指标体系。在这方面,各级别第三方机制管委会可以运用其平台和智力资源,针对不同行业、不同规模的企业设定由不同指标和权重构成的评价指标体系。国内部分地方已经有这方面的探索,第三方组织应当在相关评估机制和指标体系的指导下开展工作。这种评估形式可以有效预防第三方组织成员的偏倚、水平的参差,并相对确保企业间的公平。

(三)发展性

合规考察评估报告还应当注意避免"评"而不"论"的现象,即第三方组织在评的基础上,应当结合类似案例、自身经验充分论述企业可以采取的整改措施以及针对"回头看"、企业长远健康合规发展应当制定的后续计划。我国《合规管理体系指南》第4.6条指出,在发生下列情形时,宜对合规风险进行周期性再评估:(1)新的或变更的活动、产品或服务;(2)组织结构或战略转变;(3)重大的外部变化,如金融经济环境、市场条件、债务和客户关系;(4)合规义务发生改变;(5)并购;(6)不合规(即使是一个单一的不合规实践也可能构成针对情势和未遂事件的实质变化)。本章"企业合规常态化"之"正确应对回头看"也分析了企业通过合规整改后可能面临的持续合规义务和回头看检查重点。

作为第三方组织,在撰写考察评估报告时要有"扶上马,送一程"的责任感并在评估结论部分之后以"发展性"的观念为指导为企业的合规机制程序更新维护、回头看的正确应对、长远期合规重点提出宝贵意见和建议。只有这样,才能超越刑事合规,为中国特色社会主义市场经济的市场主体注入不竭的合规力量,帮助它们成长为四季常青的百年企业。

CHAPTER

6

第六章

刑事合规的前端
——商事合规

商事合规是刑事合规的前端,从合规产生的历史来看,商事合规产生的时间早于刑事合规。从企业产生刑事责任的原因来看,往往是因为企业之前的商事合规没有做好,甚至是根本没有做而导致的。企业产生单位犯罪刑事责任后,才着手做刑事合规。因此,有必要对于企业的商事合规进行深入的研究和制度建设,使企业的法律责任包括刑事责任防患于未然。

第一节 商事合规管理概述

一、商事合规的产生与发展

(一)商事合规的产生发展背景

20世纪初期,合规的出现最早可以追溯到成立于1906年的美国食品和药物管理局。该局对食品和药物安全的监管促使部分企业开始将合规视为企业运营的一部分。

20世纪30年代,合规管理最早起源于美国的银行业。20世纪30年代,自由贸易主义的盛行导致美国经济危机爆发,86000家企业破产,5500家银行倒闭。经济大萧条首次让人们认识到合规管理与风险控制的重要性,只有加强银行自身的合规管理以及对银行业的监管才能确保金融系统的稳定。

20世纪60年代,现代企业合规管理则正式出现于20世纪五六十年代的美国反垄断大潮中。当时众多美国电气设备行业的龙头企业及其高管遭遇串通抬价、瓜分市场等反垄断指控。仅1961年,就有29家公司和45名个人接受反垄断罚款。洛克菲勒、通用电气、西屋电气等垄断企业在政府强制性要求之下,被迫开始探索合规管理。

21世纪开始,随着安然公司财务造假、雷曼兄弟公司投资失利、壳牌公司欺诈股东等一系列事件的爆发,美国陆续出台了多部企业合规管理法案,进而对世界范围内的企业经营和合规管理产生了深远影响。

(二)商事合规在中国的产生与发展

提出阶段

我国较为系统的合规管理发轫于金融行业,之后逐渐推广到中央企业及境外投资经营民营企业。21世纪以来,银行业金融机构的经营活动日益综合化和国际化,业务和产品日趋复杂,建立合规管理体系逐渐成为银行业的风险管控核心方案。

2006年10月原银监会颁布了《商业银行合规风险管理指引》,在其中较早地使用了合规的概念,为商业银行合规风险的管理提出了指引。

2007年原保监会发布《保险公司合规管理办法指引》。2008年中国证券监督管理委员会发布《证券公司合规管理试行规定》。合规管理在我国金融行业率先开展起来。

案例介绍

早在2002年,中国银行就已经参考其香港特区分行的合规管理制度,改革其"法律事务部"为"法律合规部",设立了首席合规官员;2005年中国建设银行设立了合规部门;中国工商银行在2004年设立了内部控制合规部,国内各大银行纷纷进入合规管理探索阶段。

2004年,中国平安保险(集团)股份有限公司率先成立了法律与合规部门,在国内保险业内开启了合规实践探索。其后,中国人保控股公司、中国人寿保险公司、长城人寿保险公司等也先后设立了法律合规部门。我国保险行业的合规实践,开始与国际接轨。

在当前经济形势下,市场对国有企业的经营管理要求越来越高,国有企业也逐渐暴露出各种问题,因此企业的合规管理需求也越来越迫切。

2013年国家审计署公布的上一年度审计报告时指出,对53户中央骨干企业的审计调查发现,有1784项重大经济决策不合规,形成损失及潜在损失45.57亿元。

首先是法人治理结构尚不健全。53户企业中有21户未按公司法注册,仍实行总经理负责制;有45户内部层级超过4级、最多达11级,子公司不当及违规决策时有发生。

其次是会计核算不准确。一些企业为完成考核指标或少缴税款等,虚构销售或成本费用,影响会计核算的准确性,重点抽查的10户企业2011年收入不实46.65亿元、利润不实36.37亿元,还违规发放补贴、购买商业保险等5.57亿元。

另外,由于对国有企业的考核监管偏重于资产增值和收入利润等,一些企业盲目跟风投资多晶硅、风电、煤化工等项目,有的片面追求做大,投资管理不够规范;科技投入增长总体滞后于生产经营规模发展。

不仅在国内经营的企业面临合规问题,随着国际合作的增多、合规监管的加强,中国企业的不合规在国际上暴露出重大问题,迫使我国企业在加快走出去的进程中开始反思合规的重要性。同时,国家也从制度层面加强了企业合规建设。

为了更好地适应国内外经济环境的发展,2016年年初,国务院国资委同时指定中国石油、中国移动、中国中铁、招商局集团和东方电气五家中央企业为首批合规管理试点企业,开始在中央企业层面探索开展合规管理体系建设的实践经验。这五家试点企业均制定了自己的合规管理体系建设方案。中国石油制定了《诚信合规手册》,中国移动出台了《市场竞争合规手册》,中国中铁在全系统推行合规管理体系建设,并明确将合规管理纳入依法经验考核体系,招商局集团专门成立了由主要领导担任负责人的合规管理委员会,东方电气经董事长签批发布《诚信合规准则》,作为合规管理制度体系的核心。

二、商事合规的相关概念

(一)商事合规的含义

《中央企业合规管理办法》

合规,是指企业经营管理行为和员工履职行为符合国家法律法规、监管规定、行业准则和国际条约、规则,以及公司章程、相关规章制度等要求。

《中央企业合规管理指引(试行)》

合规,是指中央企业及其员工的经营管理行为符合法律法规、监管规定、行业准则和企业章程、规章制度以及国际条约、规则等要求。

《商业银行合规风险管理指引》

合规,是指商业银行的经营活动与法律、规则和准则相一致。

《企业合规概论》①

企业合规,是指企业的运营遵守相关的法律、法规、准则和规范。

第一部分:"合规"所指的主体

"合规"所指的主体是企业及其员工的经营管理行为,而不是企业及其员工自身,也不是企业及其员工的非经营管理行为。企业及其员工的经营管理行为,既包括采购行为、投资行为、营销行为,也包括人力资源管理、财务管理、信息管理等行为。这些行为均应处于法律法规、监管规定等的约束之下。

第二部分:"合规"中的"规"

"合规"中的"规"包括但不限于:

1. 国家制定的法律法规及党规,包括法律、党内法规、行政法规、司法解释、部门规章、地方性法规等;

2. 商业惯例和伦理规范,包括各行业协会颁布的成文行为准则以及各种不成文的商业习惯和伦理规范等;

3. 企业自行颁布的规章制度,包括公司章程、商业行为准则、员工行为准则等;

4. 相关外国法律法规、国际条约或国际惯例等。

第三部分:"合规"中的"合"

"合规"中的"合"是指"符合",就是要把特定的操作行为与既定的标准进行对比,"使之符合"。要达到"使之符合"的效果,必须运用管理控制。具体到企业活动中,这种管理控制包括激励、约束、监督、问责等方式。

以某公司为例

"合规"所指的主体

某公司及其全体管理者和员工的决策行为、管理公司的行为、销售行为、生产行为、人事行为、财务行为等均是合规的主体。

"合规"中的"规"

某公司包括但不限于《中华人民共和国民法典》《中华人民共和国公司法》

---

① 胡国辉:《企业合规概论》,电子工业出版社2018年版。

《中国共产党章程》《中国共产党国有企业基层组织工作条例(试行)》等。

"合规"中的"合"

某公司需要修建一所厂房,项目金额约1000万元,按照公司规定,该项目属于重大经营管理事项。该项目在决定建造前要按照公司章程的规定,必须经公司党委研究讨论后,再由董事会、高级管理层作出决定。

(二)商事合规风险的含义

《中央企业合规管理指引(试行)》

合规风险,是指中央企业及其员工因不合规行为,引发法律责任、受到相关处罚、造成经济或声誉损失以及其他负面影响的可能性。

巴塞尔银行监管委员会发布的《合规与银行内部合规部门》

合规风险,是指银行因未能遵循法律法规、监管要求、规则、自律性组织制定的有关准则,以及适用于银行自身业务活动的行为准则,而可能遭受法律制裁或监管处罚、重大财务损失或声誉损失的风险。

常见合规风险分类——根据合规义务的内容不同分为:

1. 行为不合纪律与道德规范的风险

包括但不限于:违反发布的各种纪律风险、违反社会道德风险、违反社会文明约定风险、违反社区文化风俗风险等。

例如,生产设计重大题材的产品之前没有事先向上级主管单位报批。

2. 行为不合企业合规承诺风险

包括但不限于:违反产品技术承诺风险、违反产品质量承诺风险、违反售后服务承诺风险、违反产品功能承诺风险、违反产品节能承诺风险、违反产品绿色承诺风险等。

例如,生产销售某类特殊产品时特殊材料含量有可能不达所承诺的标准。

3. 行为不合法律法规监管规定等的风险

包括但不限于:违反安全生产法风险、违反反垄断风险、违反商业法规风险、违反职业健康安全法规风险、违反环境法规风险等。

例如,生产相关产品时排放的废气废水有可能不符合生态环保部的规定。

(三) 商事合规管理的含义

《中央企业合规管理指引(试行)》

合规管理,是指以有效防控合规风险为目的,以企业和员工经营管理行为为对象,开展包括制度制定、风险识别、合规审查、风险应对、责任追究、考核评价、合规培训等有组织、有计划的管理活动。

《证券公司合规管理试行规定》

合规管理,是指证券公司制定和执行合规管理制度,建立合规管理机制,培育合规文化,防范合规风险的行为。

第一部分:"合规管理"的目标

合规管理的目标是防控合规风险,就是要使企业不要触犯各项"规"。告诉企业在具体的操作过程当中应当怎么做,具体到怎么合理地做,合规地做,合法地做。企业在运营过程中应当遵守法律法规、商业行为守则和企业伦理规范、自制规章制度等,企业及员工的行为符合所在组织的规定,就不会被处罚,不用承担负面的不良后果,这样会使企业朝着良性的方向发展,从而使企业实现组织目的。

第二部分:"合规管理"的对象

合规管理的对象是企业和员工的全部经营管理行为。

第三部分:"合规管理"的手段

包括制度制定、风险识别、审查、风险应对、责任追究、考核评价、培训等。合规管理的手段,必须综合运用,形成一个可不断测量和改进的循环过程,方可取得好的效果。

以某公司为例

1."合规管理"的目标

某公司及其全体管理者和员工在经营管理中应当保持廉洁、保证公平交易、保障生产安全、保障产品质量达标、保障国有资产增值保值等。

2."合规管理"的对象

某公司及其全体管理者和员工的决策行为、管理公司的行为、销售行为、生产行为、人事行为、财务行为等均是合规管理的对象。

3."合规管理"的手段

某公司制定了完整的企业内控手册、公司经营销售等相关制度,对重点领域的管理层及员工不定期开展了合规培训,对全公司员工发放了合规手册,公司对下属子公司定期进行绩效考核,对下属子公司的重大项目进行监督管理等。

三、商事合规管理与其他相关概念的区别

(一)合规管理与企业法务

两者的性质不同。合规管理是一个宏大的管理体系,强调持续嵌入企业的经营管理过程当中。例如,制定诚信经营守则、建立重点领域合规制度、进行员工合规培训等。企业法务侧重于通过具体案件的解决和事项的处理来维护企业的权益。又如,合同的起草、审查与修改,个案的诉讼与仲裁,员工劳动纠纷的处理等。

(二)合规管理与内部审计

合规管理解决的问题是,企业活动是否符合内外部规范。合规管理着眼于企业的现在和未来,以确保企业活动遵循所适用的内外部规范。

内部审计解决的问题是,企业活动是否达到了预期效果。内部审计着眼于企业的过去和现在,审查和评估企业内部控制体系是否充分高效。

以某公司为例

公司内部审计时发现某一年产品开发部外出访问期间的住宿费为每人每晚1200元,超出了《差旅费管理办法》规定的限额标准(每人每晚800元)400元。公司内审部门将本次违规情况记入了当年的审计报告中。

公司内部审计是针对已发生的事情进行了审查,把目前存在的问题向公司管理层提出了说明。而公司合规管理则是通过对可能发生的风险问题进行预测,并制定相应的合规管理制度,防止问题的发生。例如,为了防止因公出差的差旅费超出标准,首先制定关于因公出差的经费管理办法,其次制定差旅费支出及报销审批流程,最后落实差旅费管理的相关责任人,并明确差旅费使用不合规的后果。

(三)合规管理与纪检监察

	合规管理	纪检监察
执行主体不同	合规管理部门	纪检监察部门
规范依据不同	法律法规、企业内部规定、行业准则、商业惯例、社会道德规范等	主要依据是党的章程和党纪党规
工作对象不同	从企业领导层到普通员工,还覆盖供应商等商业伙伴	党内监督工作
工作内容不同	搭建合规体系、进行风险识别、分析和评估、抓准重点领域和关键环节	维护党的纪律、落实党的路线、方针和政策,加强党风廉政建设和反腐败工作
违规后果不同	根据所违反的具体规范和行为的严重性,可能承担民事责任、行政责任或者刑事责任,也有可能被解除劳动合同,还可能损害企业声誉而丧失交易机会等	违反党纪党规,相关部门可对违规主体进行监督、问责和处分

(四)合规管理与内控、风险管理

以某公司为例

针对公司对外投资业务:

合规管理会针对本公司的投资行为梳理需要符合的法律法规、监管规定、规章制度等,进而制定出企业规章制度。然后再依据内部规章制度开展投资行为,最后再评价投资行为有没有违规。

内部控制不仅要求投资行为要合规,还要求执行投资行为的过程中要与公司其他部门有效地配合,开展对外投资时要配置专业的人员,在完成整个的投资过程中要保证工作的效率等。

全面风险管理则是对投资行为的所有风险进行分析并制定应对风险的策略,例如分析投资是否有相应的回报,考量被投资的项目是否容易受到市场影响,还要考虑如果遇到风险将如何应对等。

四、商事合规管理的重要意义

通过"中兴通讯合规事件"阐述合规管理的重要意义

事件回顾

中兴通讯股份有限公司,是全球领先的综合通信解决方案提供商,是中国最大的通信设备上市公司,在香港特区和深圳两地上市。主要产品包括:2G/3G/4G/5G 无线基站与核心网、政企网、大数据、云计算、数据中心、手机及家庭终端、智慧城市,以及航空、铁路与城市轨道交通信号传输设备等。

2010 年 6 月 10 日,联合国就伊朗核问题通过决议,决定对伊朗展开制裁。随后美国公布对伊朗实施出口禁令,其中包括美国生产的可军民两用的零件。

2012 年,中兴通讯将一批混有美国科技公司软硬件的产品出口给了伊朗最大电信运营商,此举违反了美国对伊朗的出口禁令,遭到美国商务部的调查。

2016 年 3 月 7 日,美国商务部公布最后调查结果和意见,以违反美国出口管制法规为由将中兴通讯等中国企业列入"实体清单",对中兴采取了限制出口措施。所谓"实体清单",其实就是一份"黑名单",禁止任何美国公司向中兴通讯出口任何技术、软件或设备。这意味着中兴的大部分供应链将被彻底切断,因此中兴通讯在 AH 两市的股票遭遇停牌。

2016 年 4 月 5 日,中兴通讯与美国达成部分调解协议后,中兴通讯股票复牌。

2017 年 3 月 8 日,中兴通讯认罚,向美国政府支付共计 11.92 亿美元,是美国出口限制历史上最大金额的罚款,中兴通讯还进行了内控整改,解雇公司 CEO 在内的四位高管。

2018 年 4 月 16 日,美国商务部启动对中兴通讯为期 7 年的出口禁令,美国公司将被禁止向中兴通讯出售零部件、货物、软件和技术,此禁令将直到 2025 年 3 月 13 日解除。

2018 年 4 月 17 日,中兴通讯 AH 两市股票停牌,公司业务暂停近三个月,主营业务无法开展。2018年财报显示,中兴通讯净利润亏损达69.84亿元,同比下降252.88%。

2018年6月中兴通讯与美国商务部的工业与安全局(BIS)达成第二次和解,中兴通讯将支付合计14亿美元的民事罚款,包括一次性支付10亿美元的罚款,以及向BIS批准的美国银行托管账户支付4亿美元罚款(相当于保证金),确保在十年的监察期内符合美国的合规要求。除此之外,中兴通讯还应当:(1)更换本公司及中兴康讯的全部董事会成员,并设立特别审计/合规委员会。(2)与有违规行为的高层领导或负有责任的管理层或高级职员解除合同。(3)自费聘任一名独立特别合规协调员,负责协调、监察、评估和汇报中兴通讯及其全球子公司或关联企业在监察期内的合规情况。因此,中兴通讯实际向美国政府支付22.9亿美元罚金,创下美国BIS部门罚金的历史最高纪录。

2022年3月23日,美国法院裁定,中兴通讯5年监管期正式结束。这意味着美国司法部对中兴通讯将结束五年合规观察期,也意味着美方派驻中兴内部的监察人员可以撤离中兴。此消息一出,中兴通讯A股瞬间涨停,港股直线拉涨50%。至此,始于2012年的中兴通讯非法出口事件终于告一段落。

中兴事件的启示:企业合规管理具有重要意义

(1)合规管理是企业稳健经营运行的内在要求,也是防范违规风险的基本前提,是每一个公司都必须要管理的一部分,也是保障自身利益的有力武器。中心通讯因出口行为合规性问题没有得到足够重视,而引发了出口制裁事件,导致公司股票两次停牌,主营业务一度暂停,严重影响了企业的稳健经营,企业的利润严重亏损,公司和股民的切身利益受到了重大伤害。

(2)合规管理可以防止决策失误,通过合规管理约束高层领导人员的相关行为能够最大限度地减少决策失误而带来的经营风险。中兴通讯的管理层最初合规意识淡薄,中兴通讯在被调查期间不但未采取必要的出口管制合规管理手段,配合调查,反而竭尽所能、想方设法对美国出口管制的有关规定进行规避,导致中兴公司在2017年第一次被处罚并开始重建合规计划。

(3)合规管理是规范员工行为的有效手段,通过建构科学的企业合规文化以及合规体系,有利于让员工养成合规化的习惯,避免违规风险。中兴通讯的合规管理体系存在重大缺陷,销售部门的权力过大,早在2012年美国商务部即已对中兴通讯非法出口展开调查,2013年在美国商务部持续调查的情况下,中兴通讯仍然与伊朗保持交易。此外,2016年年初在事态严峻的情况下,中兴通讯依然没有意识到问题的严重性,公司进行销毁、删除出口交易材料。由此可见,中兴通讯事件的相关员工缺乏有效的合规管理制度约束,风险防控意识淡薄。

(4)合规管理是开展国际化经营的必然要求,跨国公司在全球化发展中面临着复杂的国际环境,中国企业应以合规经营的确定性应对外部环境的不确定性,才能实现稳健经营。中兴通讯事件发生之时,正是我国企业合规管理起步之时,当时大多数企业的合规意识较为淡薄,而国外的企业合规管理已经发展得较为成熟,相比之下,我国的跨国公司在进行国际化经营时暴露了合规管理的缺陷,蒙受了巨大的损失,这对我国企业的合规管理提出了更为严格的要求。

第二节　商事合规管理体系的构建

一、商事合规管理体系的构成要素

合规管理运行 {
- 合规制度建设
- 合规风险预警
- 合规决策
- 合规审查
- 合规协同
}

(一)合规制度建设

1. 合规制度建设之：合规制度层级说明

第一层级　基本制度　01
第二层级　管理办法　02
第三层级　实施细则　03

例如,某集团有限公司将制度文件分为三个层级

层级	层级名级	层级说明	举例
第一层级	基本制度	对应指导性制度,如公司章程或某项业务的全局性制度等	√企业章程 √董事会议事规则
第二层级	管理办法	对应某一业务活动的规定和管理办法,包括对开展工作的方式、方法和行为标准做出规定	√员工招聘制度 √全面风险管理办法 √采购管理规定等
第三层级	实施细则	对应实施细则或操作手册。这是对实际操作层面的具体指导,是对所要采取措施和行为的详细解释	√报销凭证填写细则 √招聘面试实施细则 √OA 系统操作手册等

2. 合规制度建设之:如何制定合规制度

制定方法:5W1H

1. What:要做什么事?

2. Why:为什么要做此事?

3. Who:谁(部门、岗位等)去做?

4. When:什么时候(包括具体条件、时间、频次等)做?

5. Where:在哪里(什么场景、什么环节)做?

6. How to do:具体怎么做(方法和步骤,达到什么程度等)?

案例分享:某集团有限公司诚信合规管理手册(2019年版)——第二层级:管理办法

第一部分　关于本手册

一、目的意义——Why

坚持全面依法依规治企是集团公司"四个坚持"兴企方略的重要内容之一,是建设世界一流公司的重要基础。……旨在强化全员合规意识,引领和推动公司各企业及全体员工依法合规、重信守诺、精细严谨地开展工作,……

二、制定依据——What

集团公司始终把依法合规、诚信经营摆到企业改革发展的突出位置,建立了以《×××全面依法依规治企强化管理的意见》(以下简称《意见》)等纲领性文件为引领,……——第一层级:基本制度

《手册》按照"坚持高线、坚守底线"的原则,突出问题导向,根据我国现行法律法规,并结合联合国反腐败公约、世界银行《诚信合规指南》等国际规则的有关要求,聚焦重点业务领域及可能引发重大民事、行政责任和刑事责任的风险行为,划出企业和员工开展业务、行权履职不可触碰和逾越的底线、红线,教育引导员工知敬畏、存戒惧、守底线,严格践行合规要求,坚决抵制违规行为,努力实现人人合规、事事合规。

三、适用范围——Who & Where

《手册》适用于公司及全资子公司、分公司及所属机构(以下统称公司)。

公司控股子公司依法依章程,通过企业内部决策程序执行《手册》规定。公司鼓励和建议参股公司执行《手册》规定。

《手册》适用与公司、控股子公司签订劳动合同的人员,包括委派到参股公司或者其他单位工作的人员(以下统称为员工)。

对于代表公司或以公司名义工作或与公司合作的第三方,与之联络的公司员工应确保这些第三方了解《手册》要求,同意遵守诚信合规要求并作出承诺。发现这些第三方没有遵守诚信合规承诺时,应采取行动,甚至终止合作。

四、注意事项——What

《手册》以正向引导与负面清单相结合方式,列举了公司治理和经营,安全、环保、员工健康和公共安全,反商业贿赂和反腐败,消费者权益保护,反对垄断和不正当竞争,财税和资产,社会责任与员工权益,知识产权和数据信息,国际贸易和投资及商业伙伴等10个重点领域,普遍适用的原则性、概括性的80种基本行为规范。

(二)合规风险预警

1. 合规风险预警之:风险指标示例

一级指标	二级指标	三级指标
市场风险	市场竞争风险	
	客户信用风险	
运营风险	采购风险	
	产品和质量风险	
	销售风险	销售收入增长率等
	安全生产风险	事故隐患整改率等
财务风险	资产管理风险	
	盈利能力风险	
法律风险	法律纠纷风险	

2. 合规风险预警之:风险指标示例

风险类别	预警指标	预警阈值		
		绿色	黄色	红色
投资风险	回收款按期支付率	≥80%	<80%且≥50%	<50%
安全生产风险	事故隐患整改率	=100%	<100%且≥90%	<90%
运营风险	营业收入增长率	>10%	≤10%且≥3%	<3%
财务风险	带息负债占总资产比率	<25%	≥25%且≤50%	>50%
工程项目风险	成本预算超额比率	<10%	≥10%且≤20%	>20%

3. 合规风险预警之:警级与报警机制示例

状态	含义	警级	是否采取报警行动
红色	表示指标已超过风险值,相关指标已经严重偏离正常水平或是已经发生风险事件,需要立刻组织风险排查小组,采取紧急措施应对风险,风险处理情况也需及时上报企业管理层	越过红线	报警,需立即采取行动
黄色	表示某些预警指标已经偏离正常水平,相关部门应该根据其性质、趋势、偏离程度和风险承受度确定所要采取的应对措施,并对风险处理情况进行跟踪	警示	需关注或采取措施
绿色	表示指标处于低风险或无风险区间,说明各项指标处于正常水平,重大风险发生可能性小,只需保持持续监测即可	正常	无需报警,继续监测

(三) 合规决策

1. 合规决策之:国家相关规定

2010年6月5日,中共中央办公厅、国务院办公厅颁布《关于进一步推进国有企业贯彻落实"三重一大"决策制度的意见》(以下简称《意见》),为切实加强国有企业反腐倡廉建设,推动其真正科学高效规范岗位职能权限,促进完善合规管理,中央对国有企业提出严格落实重大决策、重要人事任免、重大项目安排和大额度资金运作决策制度要求,凡属"三重一大"事项,必须由领导班子集体作出决定。《意见》的出台,进一步推进了国有企业"三重一大"决策制度的贯彻落实,明确了"三重一大"事项的主要范围和决策基本程序,成为目前国有企业组织、领导、决策的重要依据。

2. 合规决策之:重大决策机制建设示例

"三重一大"具体内容

(1)重大决策事项主要包括:

①贯彻落实党的路线、方针、政策、法律法规以及上级重要决策、重要工作部署、重要指示的意见和措施等事项;

②企业政治、经济、文化、社会、生态建设等方面的重要事项;需提交职工代表大会审议的重要事项;

③重大突发事件、灾难、公共危机、公共安全事件处置等事项;

④企业发展方向,经营方针及中、长期发展规划和经营方式重大调整等事项;

⑤年度生产经营计划、年度财务计划、产品价格的制定,从事高风险经营开发等事项;

⑥资产处置和产权变更,企业大额度资金的使用、管理;

⑦公司内部机构设置、职能调整等事项;

⑧职工工资、奖金、福利、社会保险分配的调整,职工就业、下岗、安置、培训、救助、社会保障、劳动合同签订和解除;职工住房、医疗卫生、文化教育、基础设施建设等事项;

⑨企业须向上级请示、报告的重大事项。

(2)重要人事任免事项主要包括:

①公司高层管理人员的任免;

②公司中层管理人员的任免;

③公司重要岗位负责人的任免;

④公司其他重要人事的任免。

(3)重大项目安排事项主要包括:

①公司计划投资金额超过50万元的经营性项目;

②公司计划投资金额超过20万元的非经营性项目;

③公司利用自有资产与他人合作的项目。

(4)大额度资金运作事项主要包括：

①企业年度财务计划作出重大调整；

②企业计划外资金单项累计支出10万元以上的,捐赠、赞助、赔偿、信访处理等单项累计支出金额5万元以上的；

③企业年度内给职工发放奖励、奖金、慰问金等单人累计金额5万元以上的。

3. 合规机制决策流程

(1)确定决策议题

①需经公司党委会议讨论研究的事项,会前应由有关部门向公司党委汇报。公司党委负责人事先与部门主要负责人充分沟通,了解情况并听取意见,并将有关情况向公司党委委员通报。公司党委参与决策的重大问题,一般由公司党委主要负责人确定会议议题。

②需经项目班子办公会议审议的议题,一般由项目公司总经理安排有关职能部门事先以书面形式提出申请(附件1：领导班子办公会议题审批表),最后由项目公司总经理决定上会议题；各部门提交议题,报项目公司分管领导签批,经综合办公室汇总后报项目公司总经理审批。

(2)准备材料

决策事项应当提前告知所有参与决策人员,并为所有参与决策人员提供相关材料。除重要人事任免材料外,有关决策材料在不泄露商业秘密的前提下,在会议召开前根据不同决策形式的时限要求送达参会人员阅研。

(四)合规审查

1. 合规审查之：合规审查依据

	外部规范	内部合规规范
1	国际条约、国际规范、国际组织的会议	企业与第三方间的合同或协议
2	国内外的法律法规、党纪党规、部门规章规范性文件等	企业所在行业的自律性规则

续表

	外部规范	内部合规规范
3	交易习惯与道德规范	企业选择承诺的非强制性国家标准、行业标准、企业标准
4	行政许可与授权	

2. 合规审查之：合规审查的对象和范围

(1) 全面合规审查：审查企业经营管理的各个方面。

例如，对企业内部制度进行审查，除了审查该制度是否符合外部的监管规范，还要审查该制度是否符合企业内部规则制度，还要审查该制度与企业内部的其他规章制度是否协调一致，是否存在矛盾或者功能重叠。

(2) 重点领域合规审查：结合企业自身情况和《中央企业合规管理指引》中提到的重点领域进行审查。

例如，公司治理、合同管理、财务和税收、反贿赂和反垄断、劳动人事、知识产权、供应链管理等。

(3) 热点领域合规审查：结合当下的经营环境确定热点领域进行审查。

例如，金融、医疗、保险行业需要更加侧重于行业监管规则的合规性审查，上市公司对于是否遵守证监会的监管规则会格外重视。

(4) 重大事项合规审查：国资委要求的重大合规事项。

例如，"三重一大"，即：重大决策、重要人事任免、重大项目安排、大额度资金运作。

(5) 专业性合规审查：审查对象是具有专业性的内容。

例如，安全环保、信息安全、质量保证等专业领域。

3. 合规审查之：审查部门及审查职责

第一道防线：各业务部门。

企业各个业务部门应当在本部门领域内和职责范围内开展全面合规审查，确保本部门经营管理活动的合规性。

第二道防线：合规管理牵头部门。

在各个业务部门完成内部自查后,应当由合规管理牵头部门组织开展日常合规工作的安排和审查。

第三道防线:纪检监察机构和审计、巡视等部门。

纪检监察机构和审计、巡视等部门在职权范围内履行监督、检查、提出建议等职责。

(五)合规协同

1. 合规部门与业务部门通力协作

(1)业务部门对本部门的合规风险进行识别,并及时向合规部门提交。

(2)合规部门应当综合业务主管部门的合规风险进行分析,对不同业务领域的合规风险进行综合分析评估,发布风险预警。

(3)业务主管部门应当根据风险预警,严格落实风控措施。

2. 合规部门与监督部门分工协作

(1)合规部门与审计部门分工协作。

①审计部门对企业的经营管理进行审计,合规部门也要定期接受审计部门的检查。

②合规部门向审计部门提供合规检查的方向和重点,审计部门应当考虑合规部门的建议。

③审计部门在审计过程中收集到的的合规风险信息,应当抄送给合规部门。

(2)合规部门与监察部门分工协作,互相通报违规调查情况。

3. 企业与监管机构的协调

(1)企业应当积极了解监管机构对企业合规的预期,制定符合监管机构要求的合规制度。

(2)企业应当积极与监管机构配合调查,积极回应质疑,维护企业诚信形象。

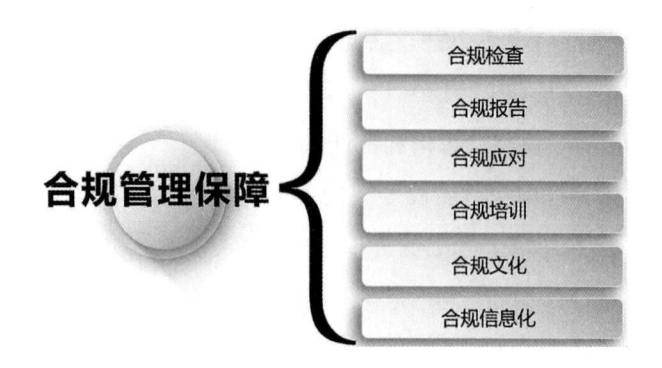

合规管理保障
- 合规检查
- 合规报告
- 合规应对
- 合规培训
- 合规文化
- 合规信息化

（六）合规检查

1. 含义

合规检查是一种事中或者事后管控手段，其目的是检查合规制度的执行情况，然后根据发现的合规风险或者合规问题进行提示或应对。

2. 牵头部门

合规管理部门。

3. 检查内容

各部门遵循法律法规及规则制度的情况、合规管理机制实际运行的有效性、违规事件的整改情况等。

4. 检查类型

常规检查：根据年度合规工作计划开展全面合规检查或者某些例行合规检查。

专项检查：根据企业经营管理工作的需要，按照年度合规工作计划对某项特定业务或者重点领域进行专题性合规检查。

5. 检查方式

现场检查：到被检查单位进行实地检查。

非现场检查：要求被检查单位（或部门）报送各种资料、从被检查单位（或部门）调阅业务档案、运用合规管理信息系统等工具远程检查。

（七）合规报告

1. 合规报告之一：年度合规报告

《中央企业合规管理指引（试行）》规定，负责人组织合规管理牵头部门起草年度合规报告,并报企业董事会审批。

企业年度合规报告一般包括以下内容:

(1)合规管理状况概述;

(2)合规政策的制订、评估和修订;

(3)合规负责人和合规管理部门的情况;

(4)重要业务活动的合规情况;

(5)合规评估和监测机制的运行;

(6)存在的主要合规风险及应对措施;

(7)重大违规事件及其处理;

(8)合规培训情况;

(9)合规管理存在的问题和改进措施;

(10)其他。

2.合规报告之:年度合规报告示例

20××年××保险股份有限公司××分公司合规管理年度报告

根据总、分公司下发的《关于评估20××年度合规自查工作的通知》等文件要求,××分公司积极开展20××年度合规自查评估工作。本次合规自查评估工作由人事行政部牵头,各机构、各部门全员参与,自查工作落实至每个业务条线及管理部门。下面将有关情况汇报如下:

一、合规管理工作概况

××分公司内部成立了合规领导小组,由总经理刘××总任组长,各部门负责人为成员的领导小组,负责日常合规管理、培训、宣传等工作,管理制度执行总、分公司的有关管理规定,结合当地实际情况并结合工作实际制定了《××分公司风险事件管理办法实施细则》《××分公司内勤员工百分管理制度》等,基本可以满足日常管理工作的需求。业务流程方面严格执行总公司的相关流程要求。

二、重要业务活动的合规情况

在业务活动自查方面,一是发现个别个险客户在电话回访时表示权益不清，现已经要求个险部组织业务人员集中学习投保规则，加强产品学习，严格按照有关规定进行保单利益演示，防止类似情况的再次发生；二是个别课件存在扩大产品收益或片面强调保险收益的现象，现已经催促培训讲师修改其课件内容，并要求在以后的讲课中及课件中不得出现类似情况。

银保方面有电话回访成功率偏低、保单回执回销情况不及时等情况。银保部组织内外勤人员召开会议，商定了整改措施：

(1) 让客户经理提前同客户打电话沟通，及时了解客户购买保险时的动态，就客户不明确的事项做出详尽的解释，并同客户预约回访时间；

(2) 对营业部经理、客户经理就回执回销要求进行宣导，定期通报回销情况，及时同业务渠道的县域主管进行沟通，要求网点主动联系客户，补齐资料及时回销；

(3) 组织银保部经理和客户经理对产品进行学习，要求对客户讲清楚保险收益的不确定性，以及明确银保产品不得与银行存款和银行理财产品混淆。银保部经理和客户经理现场签订承诺书，承诺不会发生违反公司规定的情况。

三、合规培训情况

20××年度我们花费了大量精力对内勤员工进行相关法律法规知识培训，取得了良好效果。20××年共组织4次大的培训会议，参与人数200余人次。××分公司始终把合规经营作为基本的管理要求，利用早会、培训班等多种形式，向内外勤员工强调合规经营的重要性，灌输合规管理理念。

总体来说，××分公司各项工作绝大多数方面符合法律法规及总、分公司相关规定要求。虽然在工作中出现少量不规范问题，通过本次自查也及时得到了纠正，没有出现重大的违规风险。但是我们也认识到，随着××中支业务的不断发展，各项工作环节中出现不合规风险的可能性随之增大。我们只有加大宣传培训力度，组织员工学习相关管理规定，提高专业技术能力，做好思想意识及职业技能方面的准备，才能最大限度地避免违规风险，为××分公司业务健康发展奠定良好基础。

××保险股份有限公司××分公司

二○××年××月××日

(八)合规应对

合规应对之:相关含义内容

(1)合规应对含义

合规应对,是指公司或者公司人员出现违规行为,已经或者可能受到行政机关、司法部门等监管时,采取各种应对措施,以达到平稳处理,控制风险的目的。很多企业在出现合规风险,或者公关危机时,会委托专业人员如法务、律师等开展合规监管应对工作。

(2)合规应对步骤

首先,要对违规行为进行深入调查,了解违规事实发生经过,有关规则和法律规定,对违规行为性质进行分析,并预判可能产生的法律后果;其次,对外发布与合规监管有关的信息,受到监管的情况,公司的态度,违规事实的处理情况;最后,配合监管部门的调查工作,根据监管部门的要求进行整改,并做好相关处罚和处理的应对准备。

(3)合规监管应对的目的

是在企业发生违规行为时,减少对企业造成的损害,将损失降到最低,而不是逃避监管和处罚;同时,惩戒相关责任人员,纠正违规行为,以达到企业合规经营的长期目标。

(九)合规培训

合规培训之:相关含义内容

合规培训目标:企业合规培训的目标是加强全体员工对企业合规的基本认识,帮助员工理解和掌握自己的合规义务,提高员工的合规意识及遵纪守法的自觉性,这是实现全员合规的基础。企业合规培训的有效性也是企业合规管理评估的重要内容。

合规培训的基本内容有:(1)基本的法律知识和能力;(2)基本的管理学知识和能力;(3)基础的经济学知识和能力;(4)对企业业务的基本了解。

合规培训的主要方式包括:线下课堂培训、线上培训、企业宣传、发放合规手册、合规操作指引等,在员工大会上进行合规宣示,在部门例会和晨会上宣示,员工签署合规承诺书,开展有奖问卷调查、专题座谈等。

(十)合规文化

企业合规文化是企业合规管理体系的重要组成部分,是企业合规管理的基石,是企业文化的重要组成部分。包括:

(1)合规理念,如合规从领导做起、全员主动合规、合规创造价值、合规企业生存的技术等;

(2)合规价值观,如诚信与正直、诚实守信、依法合规等;

(3)合规行为,如与外部监管部门有效互动、合规培训、制定和发放合规手册、签订合规承诺、合规激励与违规惩处等。

合规文化之:案例分享

××银行合规文化建设方案

为进一步增强合规经营意识,培育良好的内控合规文化,提高风险管理能力,推动案件专项治理工作,确保我行改革与发展的顺利推进,根据××银监分局制定的《××市银行业建设"合规文化年"活动实施方案》,结合我行正开展的合规文化教育活动,制定本实施细则:

一、指导原则

开展建设"合规文化年"活动,是当前银行规范操作行为、遏制违纪违规问题和防范案件发生,加强合规管理,全面防范风险,提升经营管理水平的需要。活动要以"教育入脑、内控优先、问责从严"为主题,坚持"监管机构跟踪督导,银行业协会积极配合,银行业机构组织落实"原则,建设良好合规经营文化,构建牢固的案件防线。

二、活动目标

合规文化建设是银行业金融机构实施风险为本管理重要载体,是风险内控管理的重要抓手。要通过开展"合规文化年"建设活动,进一步端正经营指导思想,增强合规经营意识,控制风险,稳健经营。

三、组织领导

建设"合规文化年"活动在全行各部门、网点和全体员工中进行。活动时间自××年××月开始,至年底结束。××支行成立建设"合规文化年"

活动领导小组,由林××同志任组长,章××同志任副组长,程××、张××、周××、高××、为成员,领导小组下设办公室,办公室由郑×××负责,主要负责活动的组织协调工作。

四、主要内容

一是开展典型案例分析。通过开展典型案例讲座对员工开展防范操作风险警示教育,促进员工树立"内控管理无小事"观念。认真分析和吸取各类案件的教训,警钟长鸣,举一反三,从管理体制和管理制度方面寻找案件发生的深层原因,结合本行业务发展状况,分析研究本部门、本网点合规风险管理系统及流程。

二是开展监管法规、内部规章制度学习。学习内容主要包括:(1)《银行业监督管理法》《中国人民银行法》《商业银行法》及其他商业银行监管法规文件;(2)《中国农业银行领导干部道德风险防范指引》《中国农业银行防范案件工作指引》《中国农业银行查办案件工作指引》;(3)与员工岗位相关的业务管理办法与规章制度。通过学习,使员工时刻铭记和恪守自己必须遵守的基本行为准则。银行业协会将通过组织知识竞赛或从业人员资格考试,请各位员工认真做好准备。

(十一)合规信息化

1. 合规信息化之:某生产企业的合规信息化系统建设案例分享

互联网、大数据、云计算、办公自动化和智能化的飞速发展,使得管理信息系统成为企业管理不可或缺的重要工具。企业通过合规管理体系信息化建设,可以推动企业管理的全面信息化变革,减少人为操作失误和干预,提高管理效率,节约管理成本,实现管理公平,促进企业管理的全面现代化提升。

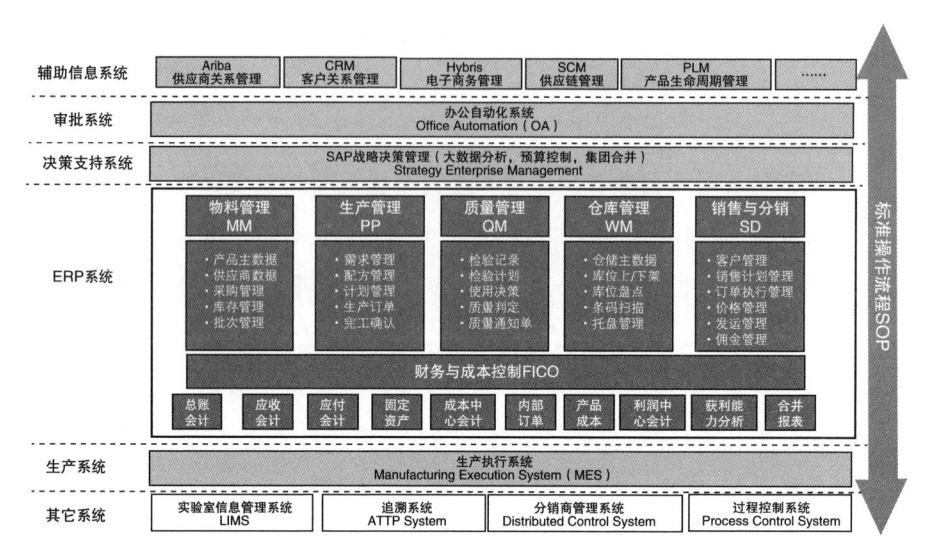

2. 合规信息化之：某生产企业的合规信息化系统建设案例分享

辅助信息系统	Ariba 供应商关系管理	CRM 客户关系管理	Hybris 电子商务管理	SCM 供应链管理	PLM 产品生命周期管理	……	
审批系统	办公自动化系统 Office Automation（OA）						标 准 操 作 流 程 SOP
决策支持系统	SAP战略决策管理（大数据分析、预算控制、集团合并） Strategy Enterprise Management					
ERP系统	物料管理 MM ·产品主数据 ·供应商数据 ·采购管理 ·库存管理 ·批次管理	生产管理 PP ·需求管理 ·配方管理 ·计划管理 ·生产订单 ·完工确认	质量管理 QM ·检验记录 ·检验计划 ·使用决策 ·质量判定 ·质量通知单	仓库管理 WM ·仓储主数据 ·库位上下架 ·库位盘点 ·条码扫描 ·托盘管理	销售与分销 SD ·客户管理 ·销售计划管理 ·订单执行管理 ·价格管理 ·发运管理 ·佣金管理		
	财务与成本控制FICO					
	总账会计	应收会计	应付会计	固定资产	成本中心会计	内部订单	产品成本	利润中心会计	获利能力分析	合并报表
生产系统	生产执行系统 Manufacturing Execution System（MES）					
其它系统	实验室信息管理系统 LIMS	追溯系统 ATTP System	分销商管理系统 Distributed Control System	过程控制系统 Process Control System			

二、商事合规组织的成员

（一）治理机构和最高管理者

通常一个企业应当有独立的合规治理机构，如果没有单独设立，其合规组织的一般构成要求适用于该企业的最高管理层。

治理机构和最高管理者的职能作用：

（1）发挥领导作用，确立和坚持组织愿景、价值观，确保合规制度的制定以及合规目标的实现；

（2）发挥合规治理作用，确保合规职能部门的运行顺利进行，不受其他干扰或者压力；

（3）注重培育合规文化，通过带领和表率作用，将合规文化渗入到企业各个环节。

（二）合规职能部门

是企业中专门负责合规管理的职能部门。当前，我国中央企业普遍没有设立独立的合规职能部门，大部分中央企业将合规管理职能交由法律事务部门处理。合规职能部门需要负责的具体事宜：

（1）识别合规义务，将合规义务转化为可执行的方针、程序和过程；

（2）为员工组织合规培训；

（3）识别合规风险，并管理与第三方有关的合规风险，如供应商、代理商、分销商和承包商等；

（4）定期对合规管理体系进行评审；

（5）定期形成合规报告；

（6）确保合规管理体系的建立、实施和维护。

（三）管理层

包括以 CEO/总经理为首的企业高层管理者和合规负责人。管理层在合规组织体系中起到承上启下的作用：

（1）治理机构和最高管理者主要负责重大事项决策，通过监督来控制合规管理体系；执行层则具体从事相应决策；中间环节的组织架构搭建、战略规划制定、合规制度审批、合规决策意见，以及领导牵头部门工作等责任均由管理层承担。

（2）管理层还就合规工作向治理机构和最高管理者负责，受治理机构和最高管理者监督。

（四）员工

公司所有员工都应履行合规义务、确保了解自己的合规责任并有效地执行。所有员工的合规职责有：

（1）履行与其职位和职务有关的的合规义务；

（2）按照要求参加合规培训；

（3）报告合规疑虑、问题和缺陷。

三、商事合规组织的常见形式

(一)集中式

集中式示例见图1：

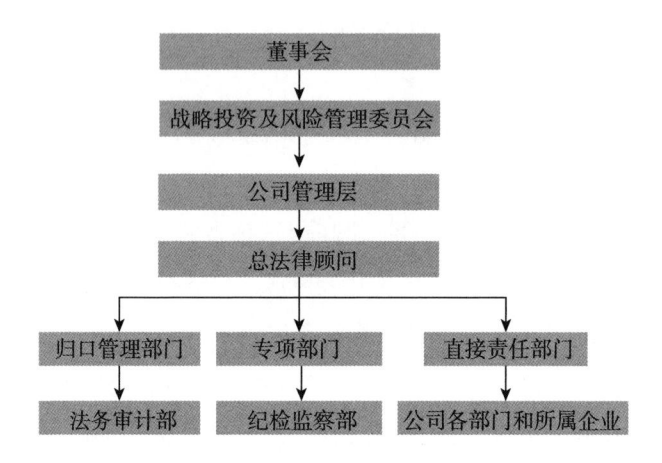

```
                    董事会
                      │
            战略投资及风险管理委员会
                      │
                   公司管理层
                      │
                   总法律顾问
          ┌───────────┼───────────┐
      归口管理部门   专项部门    直接责任部门
        法务审计部   纪检监察部  公司各部门和所属企业
```

图1　东方电气集团合规管理的组织架构

(二)发散式

发散式示例见图2：

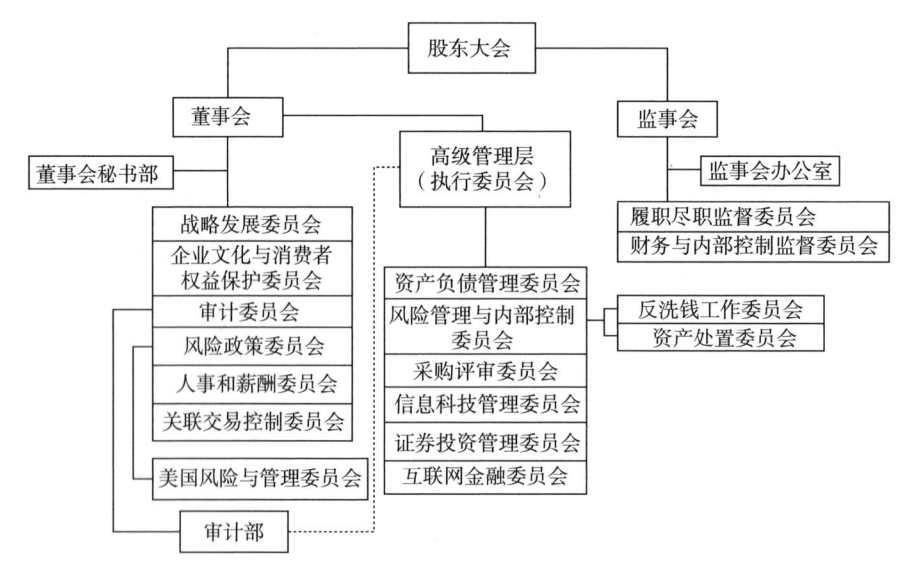

图2　中国工商银行合规管理的组织架构

四、商事合规组织的搭建规则

(一) 建立合适架构

(1) 了解并分析组织既有的管理架构;

(2) 明确角色和职责,以确定组织管理的内部结构和层次结构;

(3) 了解每个部门有多少员工、具体有哪些职能,以及如何最好地分配员工和其他资源。

(二) 确立管辖范围

根据不同的岗位职能作用,可以将合规管理组织结构划分为三个层次:

(1) 规划控制层,是公司合规管理体系的最高负责机构。从公司利益出发,对整个合规管理团队实行统一指导和综合管理,制定合规管理的目标方针和政策,审阅报告和决议,统领全公司合规管理工作。在实践中,一般体现为在董事会中设立合规委员会。

(2) 组织实施层,主要由与合规管理相关的职能管理部门组成,如财务、法律、审计、人力资源等部门。负责合规分目标的制定、拟定和选择合规计划的实施方案、步骤和程序,按部门分配资源,协调下级活动,以及评价组织合规活动成果和制订纠正偏离合规目标的措施等,以保证公司合规管理职能的有效协同。

(3) 执行操作层,负责合规管理的日常工作。按照规定的合规计划和程序,协调合规团队基层员工的各项工作,完成各项计划和任务。

(三) 厘清合规职责

《中央企业合规管理办法》中对企业各个部门和职位的合规管理职责进行了详细的描述(见表1)。

表1　各部门和职位的合规管理指责

党委(党组)	(一)发挥把方向、管大局、促落实的领导作用,推动合规要求在本企业得到严格遵循和落实,不断提升依法合规经营管理水平。 (二)应当严格遵守党内法规制度,企业党建工作机构在党委(党组)领导下,按照有关规定履行相应职责,推动相关党内法规制度有效贯彻落实。
董事会	(一)审议批准合规管理基本制度、体系建设方案和年度报告等。 (二)研究决定合规管理重大事项。 (三)推动完善合规管理体系并对其有效性进行评价。 (四)决定合规管理部门设置及职责。
经理层	(一)拟订合规管理体系建设方案,经董事会批准后组织实施。 (二)拟订合规管理基本制度,批准年度计划等,组织制定合规管理具体制度。 (三)组织应对重大合规风险事件。 (四)指导监督各部门和所属单位合规管理工作。
主要负责人	作为推进法治建设第一责任人,应当切实履行依法合规经营管理重要组织者、推动者和实践者的职责,积极推进合规管理各项工作。
合规委员会	统筹协调合规管理工作,定期召开会议,研究解决重点难点问题。
首席合规官	对企业主要负责人负责,领导合规管理部门组织开展相关工作,指导所属单位加强合规管理。
业务及职能部门	(一)建立健全本部门业务合规管理制度和流程,开展合规风险识别评估,编制风险清单和应对预案。 (二)定期梳理重点岗位合规风险,将合规要求纳入岗位职责。 (三)负责本部门经营管理行为的合规审查。 (四)及时报告合规风险,组织或者配合开展应对处置。 (五)组织或者配合开展违规问题调查和整改。
合规管理部门	(一)组织起草合规管理基本制度、具体制度、年度计划和工作报告等。 (二)负责规章制度、经济合同、重大决策合规审查。 (三)组织开展合规风险识别、预警和应对处置,根据董事会授权开展合规管理体系有效性评价。 (四)受理职责范围内的违规举报,提出分类处置意见,组织或者参与对违规行为的调查。 (五)组织或者协助业务及职能部门开展合规培训,受理合规咨询,推进合规管理信息化建设。

续表

纪检监察机构和审计、巡视巡察、监督追责等部门	依据有关规定,在职权范围内对合规要求落实情况进行监督,对违规行为进行调查,按照规定开展责任追究。

五、商事合规管理的重点领域

(一)公司治理

1. 公司治理之案例解析:某地人寿公司存在的公司治理问题

2017年10月11日,保监会在官网发布5份监管函,对包括某地人寿(全称"某地人寿保险股份有限公司")在内的5家寿险公司"三会一层"(股东大会、董事会、监事及高级管理层)运作、内部管控、关联交易等方面所存在诸多问题公开质询并提出监管要求。正因如此,某地人寿等5家寿险公司与关联方的部分关联交易被保监会紧急叫停。

保监会在下发的监管函中指出某地人寿存在"三会一层"运作以及内部管控两方面的问题。作为惩罚,保监会提出,自该监管函下发之日起6个月内,禁止某地人寿直接或间接与关联方开展提供借款等交易。

保监会明确指出,在"三会一层"运作方面,某地人寿在股东大会、董事会以及经营管理层三方面的运作管理均存在不规范行为。

其中,股东大会运作方面,监管函显示,某地人寿2016年共召开11次股东大会,其中有9次会议未按照规定时间提前通知;部分股东大会会议缺少会议记录;2016年第10次临时股东大会通过修改公司章程的决议后,其未在10个工作日内报保监会核准。

而在董事会层面,某地人寿被监管层查出独立董事占比不足,未在第一届董事会任期满前3个月按要求启动换届工作,董事会成员及审计委员会成员中缺乏法律方面的专业人士,董事会定期会议未提前10天通过文件和邮件形式向保监会报送会议通知等7个问题。

与此同时,某地人寿的内部管控存在的关联交易管理、内部审计、公司章程、激励与考核等方面的不规范行为也随之曝光。

监管函披露,某地人寿资金运用关联交易比例不合规,关联方档案不完整,管理不规范,关联交易未识别未报告。

针对上述问题,某地人寿在监管函公布的第二日紧急成立整改小组。"2017年2月至4月,保监会对保险全行业进行了公司治理现场评估。"12日下午,珠江人寿相关负责人在接受经济导报记者采访时表示,在接到监管函后,公司董事长翟××在10月12日上午召集了经营班子以及各相关部门负责人参加的会议,大家认真学习研究了监管函的内容,逐一对照检查。

据某地人寿上述负责人介绍,公司已经开始整改,目前已经完成了股东大会、董事会、经营管理层、激励与考核、公司章程五大方面的绝大部分整改工作。珠江人寿方面表示,余下问题,将在保监会规定的时间内全部整改完毕。

2. 公司治理之案例启示:公司治理中存在的问题和解决办法

(1)公司治理中存在的问题

①公司决策成本增大。在非上市公司层面,为了在股东会层面就决策事项达成一致,股东之间需要很多的沟通和协调,这时,如果公司章程就决策事项的表决机制约定不合理不完善,将会增加决策的复杂性。

②股东对经营层的监督被弱化。尤其在小股东占多数的公司里表现尤为明显。小股东"搭便车"心理显著,缺乏对公司决策和公司高层管理人员进行监督的积极性,用脚投票的成本收益比行使监督管理权来得更加直接有效。

③所有权和控制权出现分离。股东完成出资后不再拥有出资财产的所有权,出资财产实际掌控在管理层手里,如果股东不兼任管理职务的话,公司将由股东控制变为管理层控制,并且随着股权分散度的提高,股东参与公司事务的积极性会下降。一旦管理层未能勤勉尽责,公司随时面临被管理层采取的机会主义行为掠夺和控制的风险。

④公司治理制衡机制失效,大股东侵害公司权益,中小股东权益难以得到有效保护,如一些银行保险机构的风险事件就暴露出股东缺位和越位等问题。

⑤公司治理效率偏低,存在内部人控制。有的金融机构内控意识不强,

风险管理不到位。

⑥监事会缺乏有效的监督功能。

(2) 如何有效合规地进行公司治理

①有效治理:统筹好治理制衡与公司效率

公司治理的基本理念是通过制衡达到所有者对经营者的有效控制,但制衡不当会影响经营效率,因此所有者必须在有效制衡的同时强调提升经营效率。统筹好治理制衡与公司效率是公司治理研究的重要问题。

②有序治理:协调好股东与利益相关者的关系

公司治理的重要内容是企业控制权的安排,企业控制权的安排决定着公司治理的目标,良好的公司治理既能较好地满足股东权益,也能较好地保障利益相关方的利益,达到治理的有序与和谐。

③有为治理:处理好激励与约束的关系

关于公司治理中的激励约束机制研究,主要可分为三个方向:一是薪酬等激励制度,二是监管、法规等外部约束机制,三是考核、监督等内部约束机制。激励机制方面的研究主要讨论如何实现对管理层的充分激励。

④规范"三会一层"体系的运作,提高履职质效。

加强对董事会成员的遴选和专业培训,提升集体决策能力。保障董事会成员尤其是独立董事的自主决策权力。完善对董事的追责和容错机制,鼓励董事积极履职。监事会依法承担监督职能。

(二) 合同管理

1. 合同管理之案例解析:某大型能源集团公司合同管理专项审计

D公司作为大型能源企业集团,正处在快速成长和发展时期,每年的生产运营、投资和建设需要签订大量的经济合同,开展合同管理内部控制审计具有重要意义。为有效识别近年来D公司合同管理中存在的主要风险,充分揭示合同管理中存在的问题,审计内控部开展了合同管理内部控制专项审计。审计范围为D公司所属发电、煤炭、铝业、新能源板块5家单位,主要包括购销、服务、工程等方面的经济合同。审计的内容包括合同管理制度、合同签约程序、合同条款及内容、合同履行情况、合同档案管理等。该审计项目在实施过程中,首先了解合同管理的基本情况,其次了解合同管理内部控制情况,最后通过对合同招投标、谈判、会审等程序的合规性、合同签署的合法性、合同的执行和履约情况、合同归档管理实施符合性测试,基本掌握了 D 公司各单位合同管理流程和现状,发现了一些内控缺陷和合同管理中的不足,提出了审计意见和建议,涉及的问题各单位都能认真整改落实,达到了审计的目的。审计中采用符合测试和实质性测试方法,对各被审计单位提供的有关制度和合同文本及相关资料进行了审核和查阅,就具体抽查的合同情况与有关人员进行了交流。在审计的内容上,根据各单位的特点,把审计重点放在工程项目、物资采购、服务等重大合同方面。现场审计结束后,就审计发现的问题和被审计单位进行了充分的沟通。

2. 合同管理之案例启示:国有企业合同管理规范流程建立

合同管理是全过程、全系统、动态的过程。全过程是指从商谈、草拟、签订、生效、履约、完成合同的一系列流程。全系统是指凡是涉及合同条款的各个部门都应当统一有机管理,将合同管理视为企业经营生产的重要任务。动态就是注重履约过程中内外部情况的变化,尤其是要掌握对己方不利的变化,对合同进行及时的修改、变更、中止或终止。

合同管理的流程:

(1)合同准备。合同签订前的管理重点在于批准权限。根据合同金额、标的的重要程度等因素,企业合同管理制度规定不同层次的领导可以拥有相应合同的批准权限。

(2)合同谈判、订立与审查。在文本起草工作中,工作人员应就双方商定的全部条款、签订合同的各个环节,包括整个履约过程可能出现的种种情况,都进行充分的估计,并预先采取对策。

合同文本初步形成后,应当提交项目经理办公会审查,重大合同必须由项目管理委员会集体审查。文本通过审查后,再报业务部门复审,法律事务部门应当在此环节起到审核把关的作用。

对于重大合同文本、招(投)标文件的起草,项目部应组织专门会议商讨,并征求财务部门和法律顾问的意见。合同文本应尽量使用成熟的合同范本。合同中术语、特有词汇、重要概念,应当设立专门条款解释。双方当事人对数量、质量、履行期限和方式等有特殊要求的,应当在合同中予以特别明确。合同条款一般应当具备以下要素:

①当事人名称、法定地址、法定代表人姓名、职务;

②标的名称、型号、规格等;

③数量和质量,包括验收标准和方式;

④价款或者酬金及付款时间、方式;

⑤履行的期限、地点和方式;

⑥违约责任;

⑦合同争议的解决方式;

⑧合同订立的时间、地点;

⑨正副本份数和分配方式;

⑩合同生效的时间和条件;

⑪附件名称;

⑫签约地点、日期;

⑬签约各方开户银行及账号;

⑭签约各方合同专用章和法定代表人(负责人)或委托代理人签章。

(3)合同的签署。合同一经审查并修改完毕,由法定代表人或法定代表人授权的人向印章管理部门申请加盖企业合同专用章。合同原件应当由承办人按照企业的档案管理规定按时归档。

(4)合同履行。合同履行可能周期较长且环节复杂,可能遇到多种难以预见的情况。合同项目组要定期组织召开会议,综合评价分析各项合同的履行情况,围绕高效履行合同义务、行使合同权利来组织生产,确保履约水平。

(5)合同变更。在合同履行过程中,不可避免地会遇到来自内外部的新情况、新问题,抑或是起初被遗漏的事项被重新提起,抑或是原来约定的事项发生变化。这些都需要合同双方及时变更协议,必要时也可以以会谈纪要的方式经双方共同签字确认。

(6)合同的保存。企业签署的合同文本除了及时报送对口业务部门备案外,均应交由项目部业务对口部门负责人集中保管留存,并向财务部门提交一份原件作为付款依据。其他任何人不得保管任何已经签署生效的合同文本,以避免有关人员违规操作或出现其他不良现象给项目部和企业带来的被动局面。因此,合同必须有专人保管,企业领导和其他业务人员如需调阅合同,阅后必领及时交还合同保管人,不能以任何借口留存。

(7)合同争议的处理。对于合同纠纷,各方应当首先采用协商、调解的方式解决,如果能达成一致,则应当订立书面协议;如果无法达成一致,则可以依合同约定诉诸仲裁或诉讼。当发生重大合同纠纷时,应当及时通知企业的法律部门和风控部门,并及时收集相关证据,提出争议处理方案,向企业分管领导报告。

(8)追责机制。合同纠纷处理完毕后,企业应对整个事件过程作出评估和总结,在根据成因分清责任后对负有责任的相关人员追究责任,企业对外承担法律责任,而负有责任的相关人员应最终对企业的损失承担责任;构成犯罪的,企业应将其移交司法机关追究刑事责任。对于不合格的业务人员或法务人员要及时撤换,或对其进行离职培训。

3. 合同管理之案例启示:注意一些特别合同行为及条款

(1)表见代理

表见代理,是指虽无代理权但表面上有足以使人相信为有代理权而须由本人负授权之责的代理。

规避风险措施:

为了避免企业员工或者熟识的第三方构成表见代理给自身造成损失,被代理方应当注意以下方面:建立严格的图章使用制度,不轻易将公章、合同专用章或空白合同书交给他人;授权委托书应当注意写明授权的范围及期限,避免使用诸如"一般代理""全权代理"等模糊字眼;在代理权消灭后应当及时收回委托并通知交易相对方。

站在交易相对方的立场,为了避免被代理人以无权代理为理由否认已经存在的合同关系,应当注意以下两点:留存可以证明代理人具有代理权外观的证据,如企业原名片、工作邮件等;买卖合同情形下,送货单最好可以加盖被代理人公章、仓库签收章或者由合同中指定的人签收。

（2）违约责任条款

应当充分利用定金和违约金条款。实践中往往很难准确、快速认定违约造成的实际损失，采用违约金和定金条款可以给受损害方提供一个相对明确的寻求救济的范围。《民法典》第五百八十六条规定，定金的数额由当事人约定，但不得超过主合同标的额的20%。至于违约金的数额，法律并没有严格的规定，一般由当事人自愿商定。

（3）格式条款

格式条款是在经济活动中为了达到快捷、大量交易的目的，当事人一方预先拟定的合同条款。这些条款的拟定完全由当事人一方为之，另一方不参与。我国《民法典》合同编为了平衡合同关系中强弱不对等的情况，从保护弱者利益出发，在《合同法》（已失效）原有基础上强化了对接受格式条款一方的保护。

①格式条款应当公平地确认当事人之间的权利义务。由于格式条款是一方在未与另一方协商的情况下单方拟定的合同条款，因此法律格外注意不能由条款的拟定方将权利全留给自己，把义务和责任全"推给"对方。

②由于格式条款是由一方拟定，另一方往往对格式条款的内容细节注意不够或是理解不完全。因此拟定格式条款的一方应当采取合理的方式提请对方注意对其不利的条款。在对方要求就这些条款的含义进行说明时，提供格式条款的一方有义务清楚说明，以便相对人决定是否接受该条款。

（三）财务和税收

1. 财务和税收之案例解析：天津某医疗器械公司涉嫌虚开发票罪被不起诉案件

2019年，天津某知名医疗器械有限公司通过北京某信息技术有限公司的帮助，在湖南省某企业园成立了园区企业管理咨询有限公司，由北京某信息技术有限公司代为管理园区公司的税控盘和发票章。该医疗器械公司制作了虚假的企业策划服务合同、咨询服务合同、企业形象策划合同等，申请从园区企业管理咨询有限公司向自己开具增值税普通发票，并且通过园区企业管理有限公司银行账户进行资金回流,共计人民币1715.71万元。该医疗器械公司得到税票后,记入企业成本,降低企业利润,从而少缴纳了企业所得税及相关附加税款。

2020年,该医疗器械公司财务主管兰某和王某被靖州县公安局传唤到岸,二人如实供述了自己的犯罪事实。2022年,天津某医疗器械公司进行合规整改,后在税务机关补缴所有税款,并通过合规整改评估。

2022年6月,靖州苗族侗族自治县人民检察院认为:天津某医疗器械有限公司、直接责任人兰某某和王某某,具有如实供述自己的犯罪事实、认罪认罚、初犯、主观恶性较小,补缴了所有税款、对企业进行合规整改并通过评估的情节,犯罪情节轻微,依法不需要判处刑法,决定对上述主体不起诉。

2. 财务和税收之案例启示:刑事合规不起诉的概念及适用背景

(1)刑事合规不起诉制度的概念

检察机关对于办理的涉及企业的刑事案件,在依法作出不批准逮捕、不起诉决定或者根据认罪认罚从宽制度提出轻缓量刑建议等的同时,针对企业涉嫌具体犯罪,结合办案实际,督促涉案企业作出合规承诺并积极整改落实,促进企业合规守法经营,减少和预防企业犯罪。

(2)适用背景

司法实践中如果对涉案企业、涉案企业负责人,一抓了之,一诉了之,很有可能涉案企业就此垮掉,员工下岗,雪上加霜,企业多年积累,付之流水,不利于经济持续健康发展。

2020年最高检试点,对准备不逮捕不起诉的涉案企业,先落实合规整改,保企业保就业,从源头上治理,但为了杜绝虚假合规,纸面合规,保证合规整改落地执行,监督真合规,《指导意见》规定,如果企业、企业负责人涉嫌刑事犯罪,可通过合规整改,诚心悔罪,认真整改,由第三方调查、评估、监督和考察真合规后,出具评估报告,考察结果作为人民检察院依法处理案件的重要参考,以此作出不批捕、不起诉决定或者根据认罪认罚制度提出轻缓量刑的建议。

3. 财务和税收之案例启示：企业财务税收所涉及的风险

(1)财务记账合规,严禁编制虚假财务会计报告。

企业财务记账,应当按照合法有效的凭证记账。伪造、变造甚至隐匿会计凭证,不按要求设置会计账簿、私设账簿甚至做假账,都是单位负责人和会计从业人员不可触碰的合规底线。

(2)会计资料保管合规,严防毁损、散失和泄密。

会计凭证、会计账簿和财务报告等,应当按照管理制度立卷、归档、保管、查阅和销毁,企业和员工不得私自处理会计资料。

(3)企业印章管理合规,使用流程严格按照规定进行。

企业各种印章的权限不一,并可直接带来一定法律后果,在保管印章和加盖印章时都要十分注意。应实行印章专人保管、负责人印章与财务专用章分管的制度,并严格执行保管人交接制度。因工作需要使用各类印章,需要提前办理审批及登记手续。

(4)报税不及时或者报税不准确导致企业税务风险。

企业应当不断加强对税收政策的学习,保持与税务机关的良好沟通,紧跟国家的税收政策。

(四)反贿赂、反垄断等

1. 反贿赂之案例解析：Y公司业务员收受商业贿赂案件

Y公司是H公司的音响设备供货商。Y公司业务员王某某,为了在H公司音响设备选型中获得照顾,向H公司采购员刘某甲陆续支付好处费25万元,并在刘某甲的暗示下向H公司技术总监陈某行贿24万余元。由王某某通过公司采购流程与A公司签订采购合同,将资金转入至A公司账户,A公司将相关费用扣除后,将剩余的资金转入至陈某指定的账户中。Y公司副总裁刘某乙、财务总监林某某,对相关款项进行审核后,王某某从公司领取行贿款项实施行贿。

2019年10月,H公司向深圳市公安局南山分局报案,王某某、林某某、刘某乙及刘某甲、陈某相继到案。2020年3月,深圳市公安局南山分局以王某某、林某某、刘某乙涉嫌对非国家工作人员行贿罪,刘某甲、陈某涉嫌非国家工作人员受贿罪向深圳市南山区检察院移送审查起诉。

2020年4月,检察机关对王某某依据《刑事诉讼法》第177条第2款作出不起诉决定,对林某某、刘某乙依据刑事诉讼法第177条第1款作出不起诉决定,以陈某、刘某甲涉嫌非国家工作人员受贿罪向深圳市南山区法院提起公诉。同月,深圳市南山区法院以非国家工作人员受贿罪判处被告人刘某甲有期徒刑6个月,判处被告人陈某拘役5个月。法院判决后,检察机关于2020年7月与Y公司签署合规监管协议,协助企业开展合规建设。

2. 反贿赂之案例启示:企业反商业贿赂是企业合规的红线

检察机关在司法办案过程中了解到,Y公司属于深圳市南山区拟上市的重点企业,该公司在专业音响领域处于国内领先地位,已经在开展上市前辅导,但本案暴露出Y公司在制度建设和日常管理中存在较大漏洞。检察机关与Y公司签署合规监管协议后,围绕与商业贿赂犯罪有密切联系的企业内部治理结构、规章制度、人员管理等方面存在的问题,制定可行的合规管理规范,构建有效的合规组织体系,健全合规风险防范报告机制,弥补企业制度建设和监督管理漏洞,防止再次发生相同或者类似的违法犯罪。Y公司对内部架构和人员进行了重整,着手制定企业内部反舞弊和防止商业贿赂指引等一系列规章制度,增加企业合规的专门人员。检察机关通过回访Y公司合规建设情况,针对企业可能涉及的知识产权等合规问题进一步提出指导意见,推动企业查漏补缺并重启了上市申报程序。

本案中,检察机关积极推动企业合规与依法适用不起诉相结合。依法对涉案企业负责人作出不起诉决定,不是简单一放了之,而是通过对企业提出整改意见,推动企业合规建设,进行合规考察等后续工作,让涉案企业既为违法犯罪付出代价,又吸取教训建立健全防范再犯的合规制度,维护正常经济秩序。

3. 反垄断之案例解析:阿里巴巴涉嫌垄断市场案件

2021年4月10日,市场监管总局依法作出行政处罚决定,责令阿里巴巴集团停止违法行为,并处以其2019年中国境内销售额4557.12亿元4%的罚款,合计182.28亿元。同时,按照行政处罚法坚持处罚与教育相结合的原则,向阿里巴巴集团发出《行政指导书》,要求其围绕严格落实平台企业主体责任、加强内控合规管理、维护公平竞争、保护平台内商家和消费者合法权益等方面进行全面整改,并连续三年向市场监管总局提交自查合规报告。

2015年,京东起诉阿里巴巴滥用"市场支配地位":要求合作品牌不得参与京东的"6·18""双11"活动,甚至不得在京东开设店铺。

2019年,拼多多、唯品会提出申请,以第三人身份加入诉讼。

2020年12月,市场监管总局依据反垄断法对阿里巴巴集团控股有限公司(以下简称阿里巴巴集团)在中国境内网络零售平台服务市场滥用市场支配地位行为立案调查。

经查,阿里巴巴集团在中国境内网络零售平台服务市场具有支配地位。自2015年以来,阿里巴巴集团滥用该市场支配地位,对平台内商家提出"二选一"要求,禁止平台内商家在其他竞争性平台开店或参加促销活动,并借助市场力量、平台规则和数据、算法等技术手段,采取多种奖惩措施保障"二选一"要求执行,维持、增强自身市场力量,获取不正当竞争优势。

调查表明,阿里巴巴集团实施"二选一"行为排除、限制了中国境内网络零售平台服务市场的竞争,妨碍了商品服务和资源要素自由流通,影响了平台经济创新发展,侵害了平台内商家的合法权益,损害了消费者利益,构成《反垄断法》第17条第1款第4项禁止"没有正当理由,限定交易相对人只能与其进行交易"的滥用市场支配地位行为。

根据《反垄断法》第47条、第49条规定,综合考虑阿里巴巴集团违法行为的性质、程度和持续时间等因素,2021年4月10日,市场监管总局依法作出行政处罚决定,责令阿里巴巴集团停止违法行为,并处以其2019年中国境内销售额4557.12亿元4%的罚款,计182.28亿元。同时,按照《行政处罚法》坚持处罚与教育相结合的原则,向阿里巴巴集团发出《行政指导书》,要求其围绕严格落实平台企业主体责任、加强内控合规管理、维护公平竞争、保护平台内商家和消费者合法权益等方面进行全面整改,并连续三年向市场监管总局提交自查合规报告。

4. 反垄断之案例启示:反垄断是企业合规管理的要求

(1)阿里巴巴集团明知有合规义务需要遵循,但仍未遵循,体现出内部控制的不足。

(2)缺乏对市场交易领域的合规管理管理。反垄断、反不正当竞争是市场交易领域的合规要求,然而阿里巴巴集团未能将此作为合规管理的重点领域进行重点管理。

(3)阿里巴巴集团内部管理机制不健全,内部环境是企业实施内部控制的基础,一般包括治理结构、机构设置、权责分配以及企业文化等。阿里巴巴集团作为一家成熟的企业,其应当具有合理的、科学的治理结构、机构设置、权责分配以及企业文化,然而滥用市场支配地位进行垄断行为却仍然发生,体现出阿里巴巴集团内部管理机制不健全。

(4)阿里巴巴集团的企业内部合规管理体系未有效运行。企业内部合规管理体系主要包括:一是企业内部组织架构的设计和建立;二是企业合规文化的构建。阿里巴巴集团作为知名企业,其应有运营良好的企业内部合规管理体系,然而滥用市场支配地位进行垄断的存在,体现出企业内部合规管理体系未有效运行。

(5)阿里巴巴集团的合规重点未能紧跟社会发展。在 2010 年至 2017 年期间,阿里巴巴合规重点工作是"打假";到 2017 年之后,阿里巴巴加强了与政府合作,包括与国务院标准化行政主管部门合作积极推进标准化战略,与各地市场监督管理局加强企业诚信建设。但是,打假仍然是阿里巴巴合规的主要任务。阿里巴巴将合规重点放在"打假"上,导致其在反不正当竞争、反垄断等方面的合规工作未能紧跟社会形势。

(五)劳动人事

劳动人事之案例启示:特殊岗位的人事任免需要特别关注

1. 关于"公司高管向董事会辞任是否产生解除劳动合同的法律效力"之分析

实践中,因高级管理人员解聘而导致的劳动争议层出不穷,究其根本则在于公司和高级管理人员对公司(董事会)根据《公司法》规定解聘高级管理人员是否发生《劳动合同法》下解除劳动关系效力存在争议,公司往往认为完成了《公司法》下的解聘即代表着双方劳动关系也一并解除,而高管一方则主张其根据《公司法》被解除的仅是高级管理人员资格而不影响其劳动关系的继续履行。

对于这种由公司或董事会一方发起的针对高级管理人员的解聘(免职),《公司法》仅规定"董事会决定聘任或者解聘公司经理及其报酬事项,并根据经理的提名决定聘任或者解聘公司副经理、财务负责人及其报酬事项",而并未对董事会任免高级管理人员的条件进行限制,实际上属于一种"无因解聘",也即这种解聘只要经过董事会的有效决议即具有合法性,而不以触发特定事由为前提。与之相对的是,《劳动合同法》关于解除包括高级管理人员在内的劳动者劳动关系的"有因解除"限制,也即只有符合《劳动合同法》规定的情形才能解除或者终止劳动关系。

2.关于"公司高管向董事会辞任是否产生解除劳动合同的法律效力"之分析

实践中,因高级管理人员解聘而导致的劳动争议层出不穷,究其根本则在于公司和高级管理人员对公司(董事会)根据《公司法》规定解聘高级管理人员是否发生《劳动合同法》下解除劳动关系效力存在争议,公司往往认为完成了《公司法》下的解聘即代表着双方劳动关系也一并解除,而高管一方则主张其根据《公司法》被解除的仅是高级管理人员资格而不影响其劳动关系的继续履行。

因此,基于《公司法》和《劳动合同法》对于高级管理人员解聘和解除劳动关系之间"无因性"和"有因性"的区别,一般认为,公司或董事会根据《公司法》规定以决议形式对高级管理人员作出的解聘决定不能直接发生解除劳动关系效力,公司还需再根据《劳动合同法》规定情形通知被免职的高管解除劳动关系或与后者协商解除劳动关系。

(六)采购管理

1.采购管理之案例解析:某燃气公司采购流程不合规案例

A公司为某城市燃气公司,2020年1月承接了当地政府的重点项目——

芙蓉大道快速路改造项目,其中涉及天然气中压、次高压管道改迁工程,政府要求于2020年4月15日前完成施工。根据工程设计,需要采购"高频直缝焊接钢管D630×9.5L245"(三层挤压聚乙烯加强级防腐),数量为920米。

2月3日A公司向其上级公司统一采购平台B公司申请紧急采购直缝钢管,B公司于2月13日共向4家供应商询比价,其中3家供应商因交付周期无法满足、起订量不满足未报价,只有供应商C公司报价,但报价管材为螺旋焊管。为保证工期进度,2月14日A公司变更工程设计,同意采购供应商C公司的螺旋焊管。在需求沟通过程中,管材标准、技术参数、交付周期均为线下确认、无数据留痕。

3月15日管材到货,A公司在供应商C公司未提供特种设备制造监督检验证书的情况下直接施工使用。供应商C公司于4月22日补充提供该证书,4月23日管道铺设完毕,当地市场监督局到工程现场检查,提出检验证书有造假嫌疑,要求停工;后供应商C公司于4月30日、5月27日两次提供证书,经鉴定均为造假证书,后当地市场监督局对此事件启动立案调查。7月17日A公司委托三方监测机构对剩余4根钢管进行焊缝无损检测,检测结果为3根质量不合格。

【事件造成的后果】

(1)因缺少特种设备制造监督检验证书;

(2)该项目未达到验收标准;A公司计划重新铺设,预计将造成直接经济损失约350万元;

(3)政府承诺工程验收合格后给予A公司的2000万元财政补贴,成为未定事项;

(4)此质量事件被政府有关部门立案查处,给A公司在当地的品牌信誉度造成极大的负面影响,严重影响燃气业务在该城市的燃气业务运营与拓展,间接损失巨大。

2. 采购管理之案例启示:某燃气公司采购流程合规整改

第一步:了解需求。

对于A公司而言,目前最迫切的需求是要厘清事件责任,溯源导致管材不合格却仍被验收入库的原因,是内部采购流程的偏差,还是员工个人的违规行为,及时发现和堵塞管理漏洞,如涉及人员违规,由相关部门开展调查处理。

同时积极与供应商 C 开展沟通,就产品质量问题、双方责任界定以及损失的赔偿进行协商,如有必要,及时启动诉讼程序来维护自身权益。

关注品牌美誉度的维系,及时与政府监管部门沟通,降低此次事件对项目的负面影响,采取积极措施,采购新的管材并重新开展铺设,尽快将工程项目交付并完成验收,争取政府谅解,为后期业务运营与拓展争取机会和支持。

第二步:合规义务、合规风险识别。

在本次质量事件中,涉及以下几个关键点:

(1)供应商 C 公司生产的管材质量不符合国家标准要求,那该厂家是如何通过资质审查和厂验环节进行到供应商库,并成为 A 公司的固定管材供应商,是否存在采购人员未严格履行核验职责?

(2)供应商 C 公司提供伪造的质量检验证书是严重违规甚至违法行为,其背后的原因是什么?对 A 公司造成了巨大的经济损失和负面影响,应当如何进行追偿以最大限度地保护公司权益?

(3)供应商 C 公司生产的管材在交付时并没有提供相关的检验证书,A 公司的接收人员按照公司的采购流程与制度要求,为何没有进行质量检测,并要求其提供检验证书就验收入库并用于重点项目的施工铺设,最终导致巨大的经济损失?

(4)供应商 C 公司进入供应商库已有几年时间,提供给其他项目的管材是否同样存在质量问题?

(5)对 A 公司而言,如何通过该事件,复盘和重新梳理采购制度流程,包括供应商准入、采购招投标、验收、供应商评价等各个环节,避免类似事件的再次发生。

第三步:实施解决方案。

关注点:依据本公司情况实施解决方案,与相关方进行谈判,化解矛盾,处置相关责任人。

（1）经过与供应商C公司进行多轮次沟通包括发函，未取得有效进展，C公司辩称：①检验证书造假行为是业务人员个人行为，不代表公司行为，已经将其开除；②认为造成工程无法验收责任不在C公司，而是因为A公司对证书造假一事是知情的，但是仍然施工和通气运营；③对检测结果不认可，检测的时候没有邀请C公司参与，另外检测的是剩下的四根管，其中三根不合格，不代表下面铺设的管道不合格。需要重新进行三方检测；④要求根据合同尽快支付剩余货款。对此，法务部门介入，对于C公司员工伪造检验证书的行为，视为C公司的公司行为，即便开除造假员工也不能减除其对A公司应承担的法律责任；同时邀请第三方权威监测机构，在各方在场的情况下，对管道质量进行重新检测，如谈判未果则及时启动诉讼程序进行维权，加强证据材料的收集与整理。

（2）因资质造假被拉黑。2020年2月19日，鉴于C公司提交的"质量管理体系认证证书""环境管理体系认证证书""职业健康安全管理体系认证证书""CNSA证书"均为假证。2月20日被列入黑名单并在A公司的上级公司统一的采购平台公示，以后A公司所在的企业集团下属的企业均不得再与C公司开展采购业务。

（3）系统梳理，供应商C公司所供货产品的质量问题。3~4月，审计部门和仓储部门开展清查，陆续发现C公司供应其他几家公司的防腐钢管也均存在质量问题，协同财务部门暂停合同尾款的支付，待谈判与诉讼事宜。

（4）针对A公司的验收人员可能存在的违规操作或者利益输送行为，以及相关公司管理人员的管理责任，由审计检查部门接入开展调查，依具体的事实与情节给予相应的处理。

第四步：合规制度/指引制定：人员职责（分工）、风险管理和应对、考核、评价、奖惩、信息反馈及处理。

关注点：结合公司现有合规管理体系——组织机构、职责分工、运行和监督机制设计该领域的合规管理制度、指引及流程，具体内容如下：

（1）负责集团物资统一采购的平台B公司梳理出需要建立和完善的采

购规则49项,其中包括:《供应商认证管理规则》《质量问题处理规则》《采购员工违纪行为处罚管理规定》《物资盘点差异及闲置报废物资》等。

(2)强化合规和法务赋能,对供应商准入、质量事件处理、资金支付等高风险业务进行全过程监督。完成对重要岗位人员合规诫勉谈话和采购领域核心风险识别与评估,编制公司风险地图,及时预警合规风险。

(3)针对存在风险隐患的重点供应商由采购人员协同外部律所资源开展合规尽调,对供应商资质状况、产品质量、履约能力、内部管理情况、违规被行政处罚等各个方面开展全面尽调,并跟进尽调情况对供应商开展综合评价,对有严重风险隐患的供应商提前示警,将风险防控关口前移。

(七)知识产权合规

随着全球科技飞速发展,知识产权成为国际经贸和企业竞争的焦点,国务院《"十三五"国家知识产权保护和运用规划》指出,目前国家经济发展已进入速度变化、结构优化、动力转换的新常态,知识产权作为激发民族创新精神、鼓励全社会创造性劳动的重要保障,已被提升到实现科技强国的战略高度,这也预示着我国正从知识产权大国向知识产权强国迈进。因此,做好企业知识产权合规管理成为提升企业竞争力的关键手段。

知识产权合规是指企业应加强对专利、商标等知识产权和商业秘密的保护,积极主动做好知识产权确权与维权工作,依法合规实施许可、转让,同时做好知识产权使用的管理,防范知识产权侵权风险。《企业知识产权合规标准指引(试行)》第2条规定,企业知识产权合规风险管理的目标是实现对知识产权合规风险的有效识别和管理,确保公司管理和各项经营活动的合法合规,推动企业全面加强知识产权合规管理,提升依法合规经营管理水平,保障企业持续健康发展。

比如,国家知识产权局的"蓝天行动",标志着中国专利申请从高数量向高质量的转变,由于专利审查尺度以及专利授权预期的转变,企业的专利申请、专利布局等都因此产生了深远的影响。并且,由此也提示企业近年来在专利申请中尤其要注意"非正常申请""低质量申请"等风险,以防对企业层面的专利布局产生连带影响。又如,深圳某知识产权代理机构被美国专利商标局(USPTO)处罚,其所代理的一万余件商标全部作废。

知识产权合规之案例解析:专利诉讼法律风险

1. 权属风险

专利权/专利申请权:从申请阶段注意做好权属约定,合规+法务+知产部门应介入合同审核。与上下游合作方的采购/供应合同中,尤其注意各方合作项目进程中所作出的技术改进的专利申请权权属。

职务发明:劳动合同、保密制度、离职员工竞业限制,合规+人力+法务+知产部门应介入。对于新入职员工一年内作出的、与其在原单位承担的本职工作或者原单位分配的任务有关的发明创造,其权属存在巨大的潜在风险。此外,对于离职员工的竞业限制属于专利法和劳动法交叉领域,既要注意防范企业的技术成果被他人不当利用,又要注意保障离职员工的正当劳动权益。

委托开发/合作开发:委托其他机构开发、与其他机构合作开发项目,做好权属约定,合规+法务+知产+业务部门应介入合同审核、项目开发,注意保存好研发档案、沟通记录。与技术合作方的委托开发/合作开发合同中对专利的权属作出明确约定,尤其注意各方合作项目进程中所作出的技术改进的专利申请权权属。

2. 被侵权风险

专利监控:是否有人提起公众意见、专利无效;与知识产权申请与维护制度衔接,定期核实企业专利权的有效性,防止因程序问题导致失权。

对标公司业务监控:对标公司的业务动向、新上市产品(及时公证保全、侵权比对、鉴定)。

对标公司专利申请监控:对标公司的专利申请技术方案,是否与我司在先申请雷同。

专利行政执法、专利侵权诉讼:大致流程为固定证据、侵权比对、确定管辖、委托代理机构。在固定证据环节,要注意取证的合法性,防止证据不被采纳甚至侵犯他人合法权益(如隐私权),切勿作伪证以防构成刑事犯罪。在侵权比对环节,注意证据保全、鉴定、勘验等环节的连贯性,做好多个预案,防止技术特征不相同不等同从而不侵权。在确定管辖阶段,由于知识产权诉讼尤其专利诉讼的特殊性,要注意从标的额、法院级别、专属管辖等方面确定是否有管辖权,尤其要注意网购取证中的管辖连接点如何确定;此外,针对同一被告在多地起诉多款型号产品的,还要注意是否构成重复起诉。在委托代理机构环节,在法律服务供应商入库、选择、招投标环节均要注意与反腐败合规联系起来,此外,要注意委托权限,防止发生超越权限的情形。

3. 侵权风险

战略目标确定前:做好专利分析、专利导航、专利预警工作,确定市场空白点、可实施性;切勿盲目进行战略专项或产品立项,以防侵犯他人在先专利权,或重复投入造成资源浪费。

具体项目立项前:确定对标公司,做好专利 FTO 风险排查。

上市筹备期:①做好专利 FTO 风险排查;②再度确定知识产权权属及其流转过程;③提前进行专利布局,构建护城河、储备弹药。

资本市场近年来越发重视企业是否存在商标、专利、核心技术等的重大权属纠纷,很多拥有巨大发展潜力的企业因知识产权纠纷而折戟于 IPO 进程。

第三节　商事合规管理相关法律法规汇总(部分)

一、全国性法律法规、党内法规、规范性文件(部分)

1.《中华人民共和国民法典》

2.《中华人民共和国刑法》

3.《中华人民共和国公司法》

4.《中华人民共和国企业国有资产法》

5.《中华人民共和国反不正当竞争法》

6.《中华人民共和国反垄断法》

7.《中国共产党纪律处分条例》

8.《关于深化国有企业改革的指导意见》(中共中央、国务院　2015年8月24日)

9.《关于进一步推进国有企业贯彻落实"三重一大"决策制度的意见》(中共中央办公厅、国务院办公厅　2010年7月15日)

二、部门规章及规范性文件(部分)

1.《中央企业合规管理指引(试行)》(国务院国有资产监督管理委员会　2018年11月2日)

2.《中央企业合规管理系列指南》主要包括:《反商业贿赂》《反垄断(经营者集中)》《商业秘密保护》《反垄断(垄断协议、滥用市场支配地位)》《PPP》《个人信息保护》《商业伙伴》《劳动用工》《出口管制》《法人人格否定视域下国有企业母子公司管控》《世界银行制裁》等(国务院国有资产监督管理委员会　2022年)。

3. ISO 37301∶2021《合规管理体系要求及使用指南》

4.《企业境外经营合规管理指引》(发展改革委、外交部、商务部、人民银行、国资委、外汇局、全国工商联 2018年12月26日)

5.《中央企业全面风险管理指引》(国务院国有资产监督管理委员会 2006年6月6日)

6.《关于禁止商业贿赂行为的暂行规定》(国家工商行政管理局 1996年11月15日)

7.《企业境外反垄断合规指引》(市场监督管理总局 2021年11月15日)

8.《中央企业合规管理办法》(国务院国有资产监督管理委员会 2022年8月23日)

三、地方性法律法规(部分)

1. 北京市国资委《市管企业合规管理工作实施方案》
2. 关于印发《上海市国资委监管企业合规管理指引(试行)》的通知
3. 关于印发《嘉定区区属企业合规管理指引(试行)》的通知
4. 关于印发《重庆市市属国有企业合规管理指引(试行)》的通知
5. 重庆市市属国有企业合规管理指引(试行)
6. 重庆市市属国有企业境外经营合规管理指引(试行)
7. 省属企业合规管理指引(试行)
8. 山东省国资委关于印发《省属企业合规管理指引》的通知
9. 内蒙古《关于建立企业合规管理体系的指导意见》
10. 关于印发《广东省省属企业合规管理指引(试行)》的通知
11. 关于印发《青岛市国资委监管企业合规管理指引(试行)》的通知
12. 广州市国资委关于印发《广州市市属企业合规管理指引(试行)》的通知
13. 苏州市市属国有企业合规管理指引(试行)
14. 云南省国资委关于印发《云南省省属企业合规管理指引(试行)》的通知

15. 天津市国资委关于印发《天津市国资委监管企业合规管理指引(试行)》的通知

16. 贵州省国资委关于印发《贵州省国资委监管企业合规经营管理指引》的通知

17. 福州市国资委关于印发《所出资企业合规管理指引(试行)》的通知

18. 佛山市市属国有企业合规管理指引(试行)

19. 浙江省国资委关于印发《浙江省省属企业合规管理指引(试行)》的通知

20. 关于印发《安徽省省属企业合规管理指引(试行)》的通知

21. 湖北省出资企业合规管理指引(试行)

22. 河南省国资委关于印发《河南省省管企业合规管理指引》的通知

23. 威海市市属国有企业合规管理指引

24. 徐州市国资委关于印发《市属企业合规管理指引(试行)》的通知

25. 四川省省属企业合规管理指引(试行)

26. 成都市属国有企业合规管理指引

27. 梅州市市属企业合规管理指引(试行)

28. 关于印发《福建省国资监管责任约谈工作规则》的通知

29. 浙江省市场监督管理局关于印发《浙江省平台企业竞争合规指引》的通告

CHAPTER

7

第七章

刑事合规不起诉最高检试点北京西检首案首例、湖南某地先行试点案例文书模板及成果展示

以笔者参与的适用第三方机制的案件为例,企业合规工作流程分为以下三个阶段:前期准备阶段,中期考察、监督工作阶段,后期工作验收阶段,涉及的文书、相关制度包括但不限于《合规整改承诺书》《合规整改申请书》《自查报告》《合规计划》《自我评估报告》《合规自查报告补充意见》《合规计划修改完善意见》《合规计划执行情况报告》《检查测试记录》《会议纪要》《访谈笔录》《合规计划修改完善意见》《合规计划执行情况阶段性报告》《合规考察监督评估报告》等。笔者参与的北京市首案首例首批不起诉试点案例和湖南省先行试点案例的涉案企业,均通过合规整改,获得检察院的《不起诉决定书》。

现将文书模板摘录如下,分享给广大读者与法律共同体成员。

一、《合规整改承诺书》

××××××有限公司(下称本企业)自愿接受××××××人民检察院指定涉案企业合规第三方监督评估管理委员会选任的第三方监督评估组织的调查、评价、监督和考察,并在此承诺如下:

一、本企业立即停止违法行为,自愿认罪认罚,积极退赃退赔。

二、本企业积极开展涉案情况全面自查,全面还原事实,做到真诚悔改。

三、本企业承诺全面梳理企业合规风险,制定有效合规计划。

包括完善内部治理结构、规章制度、人员管理制度,制定与本企业相适应的合规管理规范,构建有效的合规组织体系,健全合规风险防范报告机制,弥补企业制度建设和监督管理漏洞,防止再次发生相同或者类似的违法犯罪。通过积极开展合规整改,全面落实合规计划,建立诚信合规文化。

四、本企业自愿接受检察院指定涉案企业合规第三方监督评估管理委员会选任的第三方监督评估组织的调查、评价、监督和考察,全面给予积极配合。

五、本企业承诺加强合规管理,抓好生产,持续稳健经营,为客户、为社会做出贡献。

承诺人:×××××有限公司

年　月　日

二、《企业合规整改申请书》

致:××××××人民检察院

申请人:××××××××有限公司

申请事项:请求对申请人依法进行企业合规整改。

××××××××有限公司涉嫌虚开发票罪,已由×××××公安局侦查终结,移送审查起诉。作为涉案企业,申请人及其实际控制人/法人×××、监事×××十分后悔,自愿认罪认罚。侦查阶段,申请人××××××有限公司已立即停止违法行为,且承诺随时配合司法机关和行政机关全额补缴税款,公司自成立至今,依法缴纳社会保险费及税款,系合法、持续经营的市场主体,能够正常生产经营,并且自愿适用涉案企业合规第三方监督评估机制。

参照最高检《关于建立涉案企业合规第三方监督评估机制的指导意见(试行)》等相关规定,申请人符合企业合规整改的相关条件,为预防再次违法犯罪,促进企业合规经营,挽救企业自身命运,在此特向检察机关自愿申请企业合规整改,接受监督评估,诚盼准予。

此致

××××检察院

申请人:

年 月 日

三、《自查报告》

×××××× 有限公司

××区人民检察院:

我公司收到贵院"涉案企业开展合规建设通知"后,针对公司管理问题与漏洞开展了自查整改工作,并在"企业合规第三方监督评估机制"小组的指导下,针对企业法定代表人××××××及经办人××在××××××××××××一事存在的不合规行为,结合该案件反映出的企业内部管理的突出问题和薄弱环节,进一步梳理整顿,开展更深入的自查自纠工作,并且目前正在逐步开展企业合规建设,现将自查自纠整改情况及后续整改计划情况汇报如下:

1. 法律意识缺乏

问题梳理:

企业管理者与员工缺少法律法规学习与政策培训,在日常工作中习惯于用老思维、老方法解决问题,法治观念弱,缺少依法办事的理念。管理人员对具体的法律问题判断有误,在当前经济转轨以及社会转型的发展阶段中缺少思辨能力,不能正确理解国家的政策法规,未能充分意识到国家高新

第七章 刑事合规不起诉最高检试点北京西检首案首例、湖南某地先行试点案例文书模板及成果展示

技术企业引进国外留学人才落户优惠政策的目的是支持高新技术企业引进人才,促进企业发展,这不应成为企业获取利益的工具,没有从真正意义上领悟政策的真正含义,从而导致触犯国家法律法规。

整改情况:

本次事件的发生,让公司所有人员感到震惊,同时也为我们敲响了警钟,从未想过涉及刑事案件的事情会发生在我们身上,一直以来我们都认为偷盗抢劫,杀人放火,涉黑涉毒等问题才是刑事犯罪,而企业正常经营,不偷税漏税,不搞欺诈就是合法经营了,可见我们对法律法规的理解是多么欠缺。这次事件让我们充分意识到法律知识的缺乏会给企业发展及个人生活带来什么样的灾难,不懂法,不学法是多么的可怕,加强法律学习,深刻认识到加强合法合规的建设是多么重要。

目前,我们已经购买了相关法律法规书籍,逐渐开始法律知识的自我学习,聘请了专业律师,为企业做法律培训,给员工讲授法律知识,对公司内部人员进行法制宣传、教育和培训,提高全体员工的法律意识和法制观念,聘请了常年法律顾问,针对目前企业经营进行深度的法律风险梳理并予以纠正,建立长期有效开展政策法规的学习计划,避免和减少今后经营过程中的违法风险。

2. 疏于对合作企业的认知与监管

问题梳理:

事件起源于××在2015年与为公司提供××××××的咨询服务公司(××××××)的办事人员×××结识,在服务费的谈价过程中,××向×××阐述公司在创业期,希望能给予更多优惠,×××也很帮忙,在价格上给了很高的折扣,且在后续的服务中无论是电话咨询还是整理材料,都能做到有问必答,尽心尽力,并没有因收费低而降低服务质量,减轻了不少××工作中的压力,××感觉×××敬业,做事很认真,也专业,因此将后续公司的相关业务也交给她所在的公司,随着业务往来的增多,在与×××交往过程中逐渐熟悉,也有了更多的信任。但这些因素也导致在2018年初×××主动找到××,说高新技术企业可以申请留学生指标,并且落户一个留学

生还可以给××万元的中介费后,××并没有首先考虑和检查这件事是否合规合法,而是认为×××办事挺靠谱的,不会有事,万一遇到合适的人,还能解决公司用人短缺的问题,给企业带来好处还能还×××人情,完全没有考虑此事会给公司带来的负面影响。

从上述事件过程了解中可以看出,公司在与第三方合作的过程中疏于管理,在合作方选择时没有审慎调研,对于合作的内容没有进行完善的合规审查。在合作过程中掺杂个人主观因素,忽视了此为企业间的合作而非个人行为。在合作交往过程中受"人情观念"及社会"潜规则"影响,在这种"无意识"的环境中,放松了法律法规的风险防范,导致不法人员钻了空子。

整改情况:

因本案发生于2018年,当时公司的组织结构并不健全,但在后期的两次融资时,针对新的股东要求和收购协议,已经对类似问题有了明确要求与改善,公司关于重大事项决策(涉及合同、交易金额×××万元以上),涉及财税、审计、法务等重要的第三方合作伙伴选择需经过董事会审议。建立健全企业各部门业务审批流程工作也正在开展中。

3. 企业组织结构问题

问题梳理:

公司自成立以来,××××××既是企业实际控制股东、法人代表,又是公司董事长和总经理,因而造成企业决策过程中权力过于集中,又因其主观上更多关注技术研发与市场,忽视了企业内部控制和企业风险防范,且决策过程缺少监督。故而在本次事件中仅凭××的口头汇报,在缺少对事件的全面了解及法律风险评估的前提下便草率的做出决定,事后又未对此事予以重视,忽视管理责任,给企业造成了风险隐患。

整改情况:

公司在新的股东引入后已经完成了新的组织结构基础搭建,并逐步完善企业内部管理制度,目前××××××已不再身兼多职,仅担任公司董事长,分解了管理权限,建立经理办公会例会制度,针对公司经营过程中的重要事项,由经理办公会讨论决定,做到管理透明,决策透明。加强了监督监管机制,建立企业员工投诉及保护机制,让企业员工参与到依法治司的行动中。职工监事有权将投诉事项提交董事会、监事会审议,必要的时候可以提交股东会审议,充分体现职工监事在发展中的重要意义。通过本次的第三方监督机构的辅导,在制定合规计划的学习与实践中,我们还是意识到有很多欠缺,我们将在后期的合规计划中逐步完善,建立更加完善的管理制度和流程。

4.人力资源管理滞后问题

(1)主管人员不够专业

问题梳理:

企业创业初期大部分人员均为熟人介绍,公司人数又不多,没有人力资源管理部门及岗位,对人才的招聘、培训、岗位职责及员工档案疏于管理,没有流程。相关人事工作由××兼管,××本身并没有人力资源的专业经验,对于人力资源管理的相关政策法规缺少深度认知,因而在本次事件中缺少了风险预警与防范。

整改情况:

针对调整专业人员上岗问题,企业在×××年6月刚完成融资,公司整体人员结构陆续在调整,虽然××的工作暂时尚未调整,公司已要求她通过此次事件吸取教训,加强学习,提高在人力资源工作中的风险防范,遇到问题及时向相关专业人员咨询,杜绝类似事件发生,以及防范新的问题和风险。建立健全公司招聘、录用流程与审核机制。

目前公司的招聘录用流程已经经过全面梳理,先由各部门根据组织架构、人员编制、业务模块、实际工作量提出人力资源需求,报人力资源负责人汇总,报总经理审批。再由人力资源负责人根据审批文件指定招聘计划,在公司内部和外部发布招聘信息,招聘人员对应聘人员的资料进行筛选,初步筛选后,用人部门对应聘人员进行相关考核,最后由公司根据考核成绩做出录用决策,发出录用通知。在此过程中,公司还将严格审核拟录用人员的学历证书、资质证书等背景信息,按公司需求招聘录用,坚决杜绝收取录用中介费的情况再次发生。

(2)人力资源制度不健全

问题梳理：

没有建立完善的岗位职责与考勤制度，全凭员工自觉，虽有考勤记录但基本如同虚设，对于兼职人员更是疏于管理，涉及本案人员×某，虽为公司完成了部分工作，但工作过程中仅限于××与其的聊天记录，没有明确的岗位任务，工作记录。

整改情况：

公司已完成主要岗位职责的制定及工作流程、汇报机制并在逐步建立绩效考评等制度，虽然目前还未能解决一人多岗的问题，但已明确工作职责，后续会根据企业发展情况进一步完善。针对考勤制度管理，由于人员外出频繁，工作地点不固定等现状，正在计划甄选微信、钉钉等网络考勤方案，拟定外出人员应定期向主管领导汇报工作地点及工作内容，主管领导应为员工安排工作内容与工作目标，以此作为员工工作考勤情况的参考。

(3)社保、薪酬、个税的审核

问题梳理：

由于近几年政府针对劳工报酬、社保缴纳及个人所得税的管理加大了管理与宣传力度，公司对这部分的工作也重点关注了，所以在自审过程中目前尚未发现不合规情况，所有员工均按规定缴纳五险一金及代扣代缴个税。

整改情况：

虽然从目前自检中尚未发现问题，我们也需要吸取本次教训，加大政策法规的学习力度与咨询工作，以发现是否有因对政策理解偏差而造成的隐患，及时排查与纠正。

(4)针对本次案件类型情况自查

问题梳理：

除本次涉案的两名员工，公司自××××年高新认证以来，至今未有过类似的人员入职。且也未有正常流程的引进落户招聘。

整改情况：

加强法律法规学习,通过培训提高员工的专业素质,正确解读理解国家政策,遇到问题要多向有关部门咨询,确保合规办事,领会国家高新企业引进人才落户优惠政策的精神,杜绝类似事件发生。

5.财务制度流程及财务审计核查

整改情况：

通过本次事件,公司管理者也意识到了这种情况的违规行为的错误,签订认罪认罚承诺书。加强财务管理制度与控制流程,分解了财务审批权限,逐步实现预算制管理,支出收入明确,设计内审机制,加强部门、管理者之间的相互监督,公开透明,尽可能避免股东个人与公司资金往来,建立独立规范的财务制度。在落实每年度会计师事务所审计的同时,加强内部财务审计及编制财务会计报告。

6.档案管理混乱问题

问题梳理：

公司的档案管理混乱,往来业务联系大多使用微信或电话,没有存档与汇报机制,针对公章管理、重要业务往来信息存档,人事档案管理、合同档案等管理均存在漏洞。关于本事件如××陈述,与第三方的往来信息均在微信中,且与第三方的往来相关文件未存档,因目前无法查询微信记录,导致公司无法获取第一手资料进行过程更深度的梳理。

整改情况：

逐步完善公司管理制度,加强档案管理,目前正在逐步完善档案管理建设,整理之前欠缺的重要文件归档备份,要求重要工作需通过邮件沟通,对各类重要档案资料进行分类、立目、归档等工作,确保档案分类清晰、立目规范、归档及时准确;一律采取纸质档案和电子档案保管同步的方式,确保档案查阅快捷、准确。因工作需要,公司的其他人员需借阅档案时,由借阅人填写借阅申请表,经过档案负责人审核并签字批准后,方可借阅。借阅人应于规定期限内归还。如有其他人借阅同一档案时,应变更借阅登记,不得私自授受。会计档案一律不准外借。内部调阅应经财务负责人同意。外单位因特殊需要,查阅有关会计档案时,应持正式公文,并经公司领导同意。查阅会计档案时不得将档案带出公司;如需摘抄、复印,应经财务负责人同意方可办理,以此确保各类档案保管的规范有序和完整准确,提高档案资料查阅、使用效率。避免再次发生本次主要交易文件及明细流失的问题。

建立公章使用管理流程。公司公章由公司总经理指定专人负责管理,并掌握使用。使用公章一律登记,要由经办人签字。以公司名义上报、外送、下发的文件、资料、报表等,经负责人审阅批准后方可加盖公章并严格登记手续。企业公章不外借,主管人不在时由总经理指定人代管,双方做好交接手续。公司员工因取款、取物、挂失等需要单位开介绍信,由负责人签字批准并严格登记手续。任何人不得以任何借口要求在空白书面上加盖公章。凡私盖公章或利用公章舞弊者,一经发现给予严厉惩处。

建立公司合同审核的管理流程。部门负责起草职责范围内合同,参与合同谈判,组织会签;公司聘请的律师负责审核合同涉及的法律风险;财务部负责审核合同的付款、开票纳税等相关财务有关条款,总经理负责审核合同的商务条款,确认等签合同与审批合同的一致性及最后确认,以规范公司合同签订,履行付款程序,并最大限度地避免风险。

7. 后续整改计划

通过这次问题梳理自审自查的过程,深感公司员工法治教育缺失,法律意识薄弱,同时也充分意识到企业管理上存在的诸多问题与风险。今后我们会加强对公司高管的政治思想教育,树立正确的法制道德观点,吸取此次惨痛教训,通过系统学习培训,增强管理人员的意识形态,从正确角度理解政治形势、政策法规,提高观察和认识问题的鉴别与决策能力,相互监督、相互制约,杜绝违规行为,确立依法治司的理念。

我们非常感谢检查机关给予的本次《企业合规第三方监督评估机制》的过程参与和学习机会,希望我们能在"督查小组"的帮助与指引下,更好更有效的逐步完成企业合规的建设。我们会积极配合监督小组的工作,克服企业人员较少,部门不健全的困难,认真学习相关制度法规,不断探索实践,克服中小企业在企业合规建设中的困难,将合规计划落在实处。

加强企业合规文化建设,在努力钻研技术提高企业经济效益的同时,通过宣传学习,树立依法治司的企业文化,营造稳定和谐的工作环境,为企业未来发展奠定更稳固的基础,使公司得以持续稳定发展,为构建"科技强国、制造强国"作出更多贡献。

附件1 《公司历史沿革》(略)

附件2 《社保缴费证明》(略)

附件3 《员工名册》(略)

××××××有限公司
法人代表:
2021年12月30日

四、《承诺书》

本企业已经进行了严格的全面合规风险自查,除本案外,所发现的全部问题在《自查报告》中已经如实陈述,不存在其他违法违规行为。

特此承诺!

承诺企业(盖章):
日期:2022年 月 日

五、《×××有限公司合规计划的补充修订》

在第三方监督评估组织提出的完善建议的精心指导下,×××有限公司(以下简称"公司")组织相关负责人认真研读了第三方组织提供的关于《合规计划》的完善意见,结合违规原因,进一步审视了公司组织架构、管理制度、运行机制、企业文化等方面存在的漏洞及不足,同时,结合企业所在的行业涉及的相关风险情况,进一步完善和制定符合自身特点的《合规计划》。

附录一 《×××有限公司合规管理办法》

附录二 《人事合规管理制度》

附录三 《财务税收合规管理制度》

附录一 《×××有限公司合规管理办法》

第一章 概　述

第一条　×××有限公司(以下简称"公司")合规管理办法(以下简称"本管理办法")根据《中华人民共和国公司法》、《中华人民共和国民法典》等国家法律、法规以及公司相关规章制度制定。

第二条　本管理办法制定的目的是让公司全体员工了解并遵守与业务相关的主要法律、法规和公司规章制度要求,以确保公司和员工行为的合法合规。

第三条　本管理办法应与公司其他规章制度和业务流程等规定一并阅读,以全面了解公司对各项业务和活动的合规要求。

第四条　公司员工应该认识到任何的违法、违规行为都可能给公司造成损害,任何违反本管理办法条款的行为都是违规行为,违规者将因此受到公司的纪律处分,严重者甚至可能承担相关民事或刑事法律责任。因此,公司员工应该认真阅读本管理办法,了解并遵守与所从事业务相关的法律、法规和公司规章制度要求。

第五条　若员工违反或感觉到可能违反了本管理办法的规定,应立即通知直接主管和合规管理委员会。

第六条　本管理办法内容根据法律法规和公司规章的颁布、修改而定期更新。

第七条　合规管理委员会负责对公司每一位新入职员工进行本管理办法的培训。

第八条　新入职员工应在入职时签署《企业员工行为准则》承诺书。

第九条　本管理办法为保密性文件,未经公司书面同意,不得将本管理办法的任何内容透露给公司以外的任何人。

第十条　合规管理委员会组成:公司经理办公会(公司董事长、总经理及副总经理组成)为负责部门,综合行政部为牵头实施部门,员工监事为合规督察部门。

第十一条　请仔细阅读本管理办法,如有任何疑问,请与合规管理委员会联系。

第二章　合规责任

第十二条　全体员工职责

(一)所有员工应确认其收到本合规管理办法,完全了解并遵守公司的各项制度和流程。如果对合规职责和制度有不明之处,员工应咨询其直接主管或合规管理委员会。

(二)员工有义务向其直接主管和合规管理委员会报告所获知的违规事件。

(三)若员工履行职责与遵守合规制度产生矛盾时,员工应立即报告其直接主管和合规管理员会,由其采取适当的措施。

第十三条　合规管理委员会职责

(一)在公司范围内营造"诚信、合规、稳健、创新"的理念。

(二)制定和颁布公司各项制度和流程,并负责其有效实施。

(三)审核批准合规计划实施预算并负责其有效实施。

(四)对公司各项合规活动提供及时、有效的咨询和培训。

(五)关注公司员工的合规与风险意识,促进公司内部风险控制水平的提高及合规文化的形成。

第十四条　部门负责人合规职责

(一)督促本部门员工遵守现行有效的制度和流程,并根据业务发展的需要,及时更新现有的或制定新的制度和流程;

(二)加强本部门员工的合规意识,并进行日常检查和培训;

(三)发现违反法律法规、公司制度和业务流程的行为时,及时采取必要的措施,并向合规管理委员会报告。

第十五条　合规督察部门职责

(一)接受并处理合规投诉;

(二)检查公司各职能部门执行内部控制制度的情况,发现公司运作中

有违法违规行为的,应当及时予以制止,重大问题应当报告管理层、董事会、及相关主管机构;

(三)对公司运作的合法性、合规性进行监察;

(四)调查公司内部的违规事件,协助监管部门调查处理相关事项。

第三章 管理与监督

第十六条 适用于本公司的主要法律、行政法规、部门规章和规范性文件包括:

(一)法律:《中华人民共和国公司法》《中华人民共和国民法典》;

(二)部门规章:《人事合规管理制度》《财务税收合规管理制度》《合作伙伴合规管理制度》《申请相关优惠政策的合规管理制度》。

第十七条 员工任职资格管理

(一)担任公司高级管理人员(董事长、总经理、副总经理)的员工,须经公司董事会批准,经核准任职资格后方可就任。

(二)专业的从业人员须具备从业资格或持有相关证书。

(三)根据有关规定,公司的管理人员应当定期接受合规培训,提高合规意识。每年接受合规培训的时间不得少于10小时。

第四章 商业行为规范

第十八条 公司员工应严格遵守《合作伙伴合规管理制度》,严格按照《合作伙伴合规管理制度》的要求规范日常行为。

第十九条 不正当交易,是指公司及员工在公司运作中,违反法律法规及有关规定,损害公司、合法权益,损害其他经营者的合法权益,扰乱社会经济秩序的行为。

第二十条 商业贿赂,是指公司及员工在公司运作中,违反法律法规的有关规定,采用在帐外暗中给予对方单位或者个人财物或者利益,以获得交易机会或有利交易条件,或者在帐外暗中接受对方单位或个人给予的财物或者其他利益,以给予对方单位或者个人交易机会或有利交易条件的不正当竞争行为。

第五章 宣 传 推 介

第二十一条 公司宣传推介材料所使用的语言表述应当准确清晰,应当特别注意:在缺乏足够证据支持的情况下,不得使用"业绩稳健"、"业绩优良"、"名列前茅"、"位居前列"、"首只"、"最大"、"最好"、"最强"、"唯一"等表述。

第六章 保 密 制 度

第二十二条 除依据法律法规、主管机关、司法机关的要求必须进行的披露外,本公司员工未经公司事先书面同意,不得向任何第三方泄露有关公司尚未公开的业务、产品、技术、客户信息或任何公司的机密,且应当在任何时候尽全力阻止对上述保密信息的公布或披露。

第二十三条 在聘用期间或离职之后,员工不可以试图盗取本公司有关的商务和客户的机密信息、商业秘密、技术。

第二十四条 劳动合同终止后,员工必须立即归还关于上述任何机密信息之任何文件或财物的正本或副本。员工必须记住在本公司任职期间所撰写的任何与本职工作相关的文件的版权,将视为本公司所有。

第七章 欺 诈 行 为

第二十五条 欺诈是指为获取不公平利益或好处而故意进行的欺骗行为。分为内部欺诈(员工所为)与外部欺诈(员工以外的主体所为)两种情况,主要表现形式包括但不限于以下情况:

(一)内部欺诈:

1. 员工在入职时向公司提供的个人资料存在虚假或隐瞒;
2. 员工在职期间未向公司披露或未如实披露其有义务披露的信息;
3. 员工在报销时未如实填报支出或提供虚假发票。

(二)外部欺诈:

1. 与公司的客户以他人名义从事与公司业务相关的交易；

2. 经营过程中故意隐瞒事实欺骗客户；

3. 与公司有经济往来的机构或个人提供虚假发票。

第二十六条 欺诈行为会对公司的信誉带来损害，因此公司鼓励员工对欺诈行为保持警觉，发现可疑情况及时报告。对于欺诈行为或可疑行为进行防止、监督和报告是每个员工的义务。

第二十七条 报告路径为：可向报告人的直接主管和合规管理委员会报告，或直接投诉。

第二十八条 对于已发现并确认的欺诈行为，公司会采取坚决果断措施进行处理，必要时采取法律手段。

第八章　反不正当交易和商业贿赂

第二十九条 商业贿赂是不正当交易的一种，指经营者以排斥竞争对手为目的，为使自己在销售或购买商品或提供服务等业务活动中获得利益，而采取的向交易相对人及其职员或其代理人提供或许诺提供某种利益，从而实现交易的不正当竞争行为。

第三十条 商业贿赂的常用手段主要表现为"回扣"，即经营者暗中从账外向交易对方或其他影响交易行为的单位或个人秘密支付钱财或给予其他好处的行为。

回扣的表现形式一般有三种：

（一）现金回扣，即卖方从买方付款中扣除一定比例或固定数额，在账外返还给对方；

（二）实物回扣，如给付对方高档家用电器等名贵物品；

（三）提供其他报酬或服务，如为对方提供异地旅游等。

第三十一条 公司禁止任何员工在代表本公司从事业务行为时，采取不正当的手段（如向客户提供贿赂或个人利益）以达到目的。公司禁止员工在从事公司业务活动时索取有关利益，不得直接或间接收受任何可能使接受者严重违反其职责的礼物或报酬。

第三十二条　对于不确定的事项,公司鼓励员工及时向直接主管或合规管理委员会咨询。得到答复后,再作处置。

第九章　异常情况报告和差错处理

第三十三条　公司鼓励员工及时向公司报告工作中所出现的各种异常事件,且不论该异常事件是否能在短时间内得到解决,均需在发生当日告知直接主管和合规管理委员会。

第三十四条　公司鼓励员工及时并坦诚地向公司报告工作中所出现的各种主客观错误,且不论该差错是否会给公司带来损失,能否在短时间内得到纠正,均需在发生当日告知直接主管和合规管理委员会。

第三十五条　填写异常情况/差错报告表应明确说明具体内容、发生原因和已造成或可能造成的损失。

第三十六条　对发生的异常和差错情形,按下述原则进行处理和纠正:

(一)出现异常情况或发生差错后,员工须会同直接主管尽快设法对该异常情况给予妥善处理或对该差错进行纠正,并随时通报处理进展。

(二)合规管理委员会在收到异常情况或差错报告后,应协助有关部门尽快妥善处理和解决问题,或对已经进行处理的结果发表意见。

(三)异常情况处理完毕后,相关业务部门应视情况对部门业务制度和流程进行完善,必要时向公司管理层呈报业务制度或流程的修订意见。

(四)异常情况/差错报告表由合规管理委员会归档管理,并定期(至少每季度一次)对当期的异常情况/差错报告处理情况进行跟踪了解。

第十章　资料档案保管

第三十七条　公司必须真实、全面、及时记载每一笔业务,正确进行会计核算和业务记录,建立完整的会计、统计和各种业务资料档案,并妥善保管,确保原始记录、合同、各种信息资料、数据的真实完整。其中会计账册、人事档案、公章使用记录、技术档案等重要档案资料应保留5年以上。

第三十八条　公司的资料档案属于公司财产,公司员工负有保密义务,不得在未经授权使用的范围内持有、使用、披露该信息。员工离职后,也不得利用该资料档案为自己或其他个人、机构谋取利益。否则,公司有权追究其法律责任。

第十一章 附 则

第三十九条 本管理办法由合规管理委员会根据相关法规和公司制度、规范等变化情况进行完善和修订。

第四十条 本办法在公司正式发文后统一执行。

附录二 《人事合规管理制度》

合规管理制度在公司内部需要员工来遵守,通过员工来贯彻,最终也应体现在员工的各项业绩水平评估上。因此,人事相关的合规管理制度在员工入职、人才引进、离职整个周期内都显得至关重要。合理的人事合规制度必然会更好地辅助其他各项合规管理制度在公司内部落实,同时也直接关系到合规文化在公司内部的培养和提升。人事相关的合规制度一般而言,应当协同服务于整体合规制度设立的目标,体现在招聘、培训、绩效考核和人事管理等各方面。

一、招聘

公司应采用适当的方式把合规行为准则及公司其他合规政策中的合规要求纳入员工招聘流程中。公司在制定招聘相关的合规制度时,需要全面考虑如下相关问题:

1. 对潜在雇员应聘的职位进行分析,确认其职位合规风险的高低,并设置不同程度的合规审查要求。对于高级别的管理岗位,一般合规要求会高于普通员工岗位,以体现管理层以身作则地践行合规的承诺。

2. 对所有入职员工,签署《入职承诺书》,确认应聘信息的真实、无误,绝无欺诈成分。如发现负面信息,则应与部门主管讨论是否继续办理入职流程并采取相应措施。

3.严格执行公司人事管理流程(附件《人事管理流程图》),按照年度招聘计划、审批流程办理招聘、面试、入职、转正直至离职的全周期工作。

二、人才引进

1.在人才引进落户时,严格审核员工提供的个人资料,保证资料真实,符合人才引进相关管理规定。如发现瑕疵立即停止并通报相关部门。

2.人才引进办理专人负责,报合规管理委员会复核后方可办理申报。

3.人才引进相关文件资料,归档管理备查。

三、合规制度与沟通

以人事部门为引导,建立企业合规管理培训计划。定期组织法制培训,公司制度培训,切实加强员工合规培训教育和考核激励,不断提升员工素质,组织员工认真履行合规岗位职责,充分发挥人力资源效能。

加强全体员工对企业合规的基本认识,帮助员工理解和掌握自己的合规义务,提高员工的合规意识及遵纪守法的自觉性,进行控制持续优化。

1.设置合规负责人

部门主管为本部门合规负责人。

(1)将合规政策内容纳入新员工入职材料中。入职材料中包括员工手册,合规行为准则,合规承诺书等。

(2)人事部门收回员工签字的承诺,其已完全阅读且理解合规政策的确认信和保密协议/竞业限制协议的原件后,将这些材料存入相关员工的个人档案中。

2.新员工合规培训

人事部门应组织新入职的员工参加新员工合规培训。在培训会上,宣讲企业合规文化。确保每位新入职员工都能全面了解公司的合规政策和要求。且相应的培训记录(包括时间、地点、新员工名单等)均应妥善保存。

四、违规行为的处理

人事部门按照公司合规管理规定,在员工手册中纳入针对违反企业合规行为准则或其他合规政策的处理方式和奖惩措施。

附录三 《财务税收合规管理制度》

财务税收合规管理制度

财务是公司经营活动的记录、量化和呈现,能够反映公司经营的状况、战略意图,以及未来价值,是公司对内、对外沟通的通用语言。对于中小企业来说,财税合规不仅仅是外部要求,更是企业发展的内部要求,企业发展必然经历逐步走向规范的过程,而财税问题将是企业规范最关键的一步。财税合规可以规范企业行为、降低企业税收、提高经营效益、规避风险、实现人、事、资源的效益最大化,提高企业竞争能力,稳健发展。

完善财务管理制度

1.完善和落实财务岗位责任制。根据业务的需要,合理设置财务岗位,配备业务素质高,工作能力强的财务人员;各岗位之间明确工作范围和操作权限。从防范风险的角度出发,认真落实好授权、密码的管理制度。

2.严格财务收支的审查。审查财务收支的范围、审批程序必须符合有关财务制度规定;审批的手续齐全、完备;审查票据的真实性和合规性。

3.严格对财务开支执行效果的审查,根据签订的合同,财务部门要配合业务部门对财务开支事项的真实性进行核查。

4.加强财务的检查。检查岗位责任制度落实情况,各项业务的处理情况,及时了解存在的问题。

5.财务核算上账、账款、账实、账据、账表相符,促进财务工作质量和管理水平不断提高。

6.提高财务人员队伍的业务素质。坚持以人为本,抓好财务人员队伍建设。针对制度和业务的不断创新,及时组织财务人员开展业务培训工作。

第七章　刑事合规不起诉最高检试点北京西检首案首例、湖南某地先行试点案例文书模板及成果展示

涉税业务合规

1. 切实加强税收政策研究学习。依法纳税，确保企业经济业务做到"四流合一"即发票流、资金流、合同流、货物流统一相对应。结合企业实际情况规范执行，提高税法遵从度，同时充分享受国家各项税收优惠政策。

2. 严格规范税务管理行为。严格遵守国家有关税收政策，规范管理企业各项涉税业务，及时准确申报纳税。明确企业涉税操作岗位，不断夯实税务管理基础工作，进一步加强对发票等税前扣除凭证真实性、合法性的审核，按税收征管要求留存备查相关资料，企业涉税档案专人管理。

3. 规范增值税及其附加税纳税行为。准确判定销售额，及时履行纳税义务。销售收入确认完整、及时，进项税额按规定转出，保证增值税及其附加税申报的及时性、准确性。

4. 规范所得税纳税行为。全面梳理纳税调整事项，在企业所得税纳税调整方面应调整尽调，如不合规票据、业务招待费、已计提未支付补充医疗保险、离退休人员费用等按规定进行纳税调整。规范各项费用列支要求，从源头上减少纳税调整事项，在年度企业所得税汇算清缴时全面准确梳理并严格按税收政策有关规定进行纳税调整，做到合规申报企业所得税。

5. 规范个人所得税纳税行为。认真学习个税新政策，规范代扣代缴个人所得税。

工资核算与支付合规

1. 明确工资总额的列支范围。有关劳动保险和职工福利方面的各项费用；有关离休、退休、退职人员待遇的各项支出；劳动保护的各项支出；稿费、讲课费及其他专门工作报酬；出差伙食补助费、误餐补助、调动工作的旅费和安家费；对购买本企业股票和债券的职工所支付的股息（包括股金分红）和利息；解除劳动合同时由企业支付的医疗补助费、生活补助费等不得在工资总额中列支。

2.明确工资性支出税前扣除的规定。根据《国家税务总局关于企业工资薪金和职工福利费等支出税前扣除问题的公告》的规定,企业年度汇算清缴结束前向员工实际支付的已预提汇缴年度工资薪金,准予在汇缴年度按规定扣除。

3.正确核算员工各种工资性收入,正确提交个税明细申报数据,依法依规确定员工个人社保缴纳基数。

4.通过银行发放工资,实名转账至员工个人账户,避免现金发放。

企业资金与大股东及个人资金的关联合规

1.企业账户和个人账户之间的往来交易,按照监管部门的要求合规操作,减少税务风险,做到"账实合一""企银清晰"。

2.公司的控股股东、实际控制人、董事、监事、高级管理人员不得利用其关联关系损害公司利益。

3.向股东关联方拆借资金事项,必须经公司董事会或股东会表决,与该拆借有利益关系、关联关系的一方股东或其委派的董事须回避表决。

费用支出管理合规

1.完善费用报销管理制度和采购支出管理制度。

2.合理性是费用管理的基本要求。每一项费用与对应的经济业务和公司营运相匹配,做到真实、节省、合理。

3.合规性是费用管理的必然要求。结合公司的经营理念和目标,对费用开支进行规范化管理,施行预算管理,在成本控制的前提下,"专业的人干专业的事"。如运输必须由正规的运输公司承运,购买运输保险,装卸有专业的人员等。

4.合法性是费用管理的强制要求。合理性、合规性是公司经营管理的内在要求,合法性则是国家对企业的强制要求。合法性主要是税法和会计制度的规定。合法性的基本要求是取得真实规范的发票,特别规定的取得合同或协议、开支证明。税法规定企业所有开支都可以进行账务处理,但不符合规定的就要进行税收调整。

资金管理合规

1. 健全企业资金管理内部控制制度,确保企业资金安全。明确资金安全管理责任部门与个人的岗位职责。从企业管理者到一线员工,都肩负起公司资金安全风险防范的责任,建立举报专用邮箱,监督员负责稽核上报处理。

2. 科学合理的设置岗位,对于资金支付与审核、会计与出纳等不能兼容的岗位,设置做到相互分离,既相互牵制又相互支撑。对于关键岗位,进行轮岗或定期互换设置,避免长期由一人负责,避免由于权利过度集中而导致滥用权力的现象发生。

3. 建立明确的资金审批流程。严格的资金支付授权审批,明确资金授权批准层级的人员、审批的资金额度、资金支付审批的流程、责任,保证审批资金的合规支出,确保每一笔资金支付的安全,将资金安全风险降到最低。

4. 合规管理纳入年度绩效考核。

综上所述,企业要做到财税合规管理,必须遵守会计制度和税收的相关法律法规。财税合规是企业管理合规的关键环节,对企业合规有着非常重要的影响。不断学习,持续优化的财税合规管理才能为企业的持续、稳定发展保驾护航。

六、《停止违规行为承诺》

高度重视,加强内控,谨防再犯

认真进行反思,正确认识本次事件中暴露的问题,全面检查公司在加强内控、案件防范工作中的薄弱环节和各类违规操作等突出问题,通过深刻反省我们在思想、工作上存在的差距和问题,并有针对性地提出改进措施,有效防患,坚决杜绝同类事件再次发生。

积极追责赔偿

为了认真落实公司开展的"刑事合规"专项整治活动的有关部署和要求,按照公司相关的制度、原则,在业务学习、法律意识、敬业精神、工作能力等方面进行剖析,找出了存在的问题,涉案款项已退赔相关部门。对相关人员在员工招聘落户操作中严重的失职行为给予了严肃的批评,进行严重警告、责令涉事人员进行书面检讨和深刻反省、扣发涉事人员2021年的绩效,并明确提出了整改提高的目标,确定了今后努力的方向。

尊崇法治、敬畏法律、了解法律、掌握法律

深刻汲取教训,不断加强企业员工的法律学习,牢固树立科学发展观和正确法律观,进一步端正企业经营的指导思想,严格按照国家法律法规的要求,正确处理好发展与管理、业务拓展与风险防范,追求效益与服从规则制约等关系,做到发展不以违规为代价,行为不受急功近利思想支配,经营成绩不靠弄虚作假获得。

建立以事实为依据,以法律为准绳的法律观念,体现在自查整改的实践中,贯穿于经营管理的全过程,落实到制度执行和业务操作的各个环节;进一步加强学习,不断积累法律知识,尽快掌握更多的国家法律体系要求,努力提高管理者的理论水平和综合素质。

充分认识加强内控管理,落实合规责任

充分认识加强内控管理,明确合规整改的紧迫性、严峻性和重要性。全面落实法律合规方面的领导责任制,深刻反思公司组织架构、管理制度、运行机制及企业文化等方面存在的问题和不足,牢固树立加强内控管理,积极防范案件和安全经营意识,正确处理好局部与全局工作的关系,业务经营与防范案件的关系,一般工作与重点工作的关系,坚持以加强内控制度建设和内控管理,切实改进工作作风,不断增强执行力。

重点推进合规整改的落实工作。改善公司的各项制度和业务流程,分

解管理权限,建立经理办公会例会制度,针对公司经营过程中的重要事项,由经理办公会讨论决定,做到管理透明,决策透明。加强监督监管机制,建立企业员工投诉及保护机制,让企业员工参与到公司依法治理的行动中,职工监事有权将投诉事项提交董事会、监事会审议,必要的时候可以提交股东会审议,充分体现职工监事在发展中的重要意义。让全体员工都要意识到,理论认识只是前提,认真抓好落实,不断加强自律监管工作,完善公司内控体系建设,才是目的和成果。

求真务实、开拓创新、解放思想、实事求是、与时俱进

在今后的经营管理工作中,一是对待工作要重实际、干实事、求实效,不搞形式主义,不摆花架子。二是要创造性地工作,大胆地投身到工作实践中去,在工作中绝不墨守成规、故步自封,从实际出发,不断地钻研学习刑事合规的相关知识,提出新思想、新方案,拿出新举措,为公司的发展多做贡献。三是牢固树立加强合规管理、内控管理,积极防范案件和安全经营意识,正确处理好局部与全局工作的关系,业务经营与防范风险的关系,一般工作与重点工作的关系,坚持以加强内控制度建设合规管理为手段,切实改进工作作风,不断增强执行力。

合 规 承 诺

合规管理是企业核心的风险管理活动,是企业发展过程中必须遵循国家法律、法规、条例以及相关地方、行业、企业标准和合规行为准则的活动。建立健全企业制度体系、强化制度约束、提高制度执行力、实现风险管控,使得企业能够主动识别各类风险,及时采取有效措施,避免违规事故、事件发生,让企业在合规管理框架之内实现良性发展。

我们承诺在未来的发展中将企业合规作为企业发展的战略目标,同时也将合规价值观融入企业文化中,并切实转化为全体员工的行动,也就是"内化于心,外化于行"。逐渐形成"不能违规"和"主动合规"的正向价值观。全面推进依法治司,为企业长远发展搭建合规管理框架,在合规与创

新双驱动力引领下更多一分自信和从容,促进企业健康稳定的可持续成长。

以推动智能装备科学技术发展为使命;以通过产学研用引领新技术加速实现成果转化,深耕前沿科学技术与应用的深度融合,促进集成电路装备国产化进程为目标;树立以人为本、力行变革、坚持诚信、依法治司的合规价值观,持续专注技术创新、目标集聚、注重品质的经营理念,努力实现"创中国领先的民族品牌做永续经营的高成长型企业"的美好愿景。

七、《合规整改计划》

(一)建立合规管理组织

为更好地学习贯彻依法推进企业合规改革,建立健全企业合规体系,有效预防企业违法犯罪,在企业合规第三方监督评估机制的指导下,统一思想、提高认识;组织制定公司合规管理建设实施方案和工作计划;组织开展合规管理体系建设实施方案的落实;检查合规管理体系建设的实施、运行和合规管理控制建设期的整改工作;组织开展合规管理体系运行、建设期的评价、学习、培训、调研和信息报告等工作;落实合规管理体系重大事项决策、研究、解决合规管理体系建设中的重大问题;监测合规管理体系建设阶段成果总结、风险防范,设立公司合规管理组织架构。

公司合规管理架构设为三个层级,即决策层、管理层、执行层。其中,决策层主要包括企业董事会;管理层主要包括合规管理委员会;执行层包括牵头部门以及公司业务部门。合规管理委员会全面负责企业合规计划的管理,牵头部门负责具体落实与实施。

1. 决策层:董事会

第一级:决策层
董事会的合规组织职责
(1)批准设置合规管理委员会,明确职责; (2)决定合规管理负责人的任免。

2. 管理层:合规管理委员会

第二级:管理层
合规管理委员会 合规管理委员会由公司经理会(公司董事长、总经理及副总经理组成)担任负责人,主要工作内容
(1)确认企业合规管理战略计划; (2)明确企业合规管理目标; (3)建立和完善企业合规管理体系; (4)审批合规管理制度、程序和合规风险管理方案; (5)听取合规工作管理汇报; (6)指导、监督、评价合规管理工作; (7)如遇突发重大事件,提请召开临时董事会,针对事件做出处理决定,并及时组织整改和修订合规管理制度,达到持续改进的目的; (8)审核批准合规计划实施预算。

3. 执行层:牵头部门与各业务部门

第三级:执行层
牵头部门 综合办公室为合规管理体系建设工作牵头部门
(1)研究起草公司合规管理工作计划、基本制度和具体制度规定; (2)组织各业务部门合规管理工作的开展; (3)组织合规管理相关业务培训; (4)组织开展公司内部合规管理评价、考核和检查,督促违规整改; (5)持续关注法律法规等规则变化,组织开展合规风险识别预警 (6)参与企业重大事项合规审查和风险应对; (7)合规计划的变更、调整; (8)汇总编制《年度合规报告》; (9)依据合规计划实施方案与进度提出合理预算。
各业务部门
(1)负责本部门的日常合规管理工作; (2)按照合规要求完善业务管理制度和流程; (3)主动开展合规风险识别与隐患排查,发布合规预警; (4)组织合规审查; (5)做好本部门的合规培训; (6)及时向牵头部门通报风险事项,妥善应对风险事项; (7)做好商业伙伴合规管理制度建设; (8)编报部门《年度合规报告》。

4. 合规体系职能分工表

工作任务		合规管理委员会	综合办公室	各业务部门
一、准备与启动阶段				
1. 合规承诺		▲	○	○
2. 合规义务确定		▲	○	○
3. 合规风险识别、分析	合规风险识别和隐患排查	△	▲	○
	合规审查	▲	○	△
3. 制定公司合规管理计划		○	▲	○
二、计划与建设阶段				
健全合规制度体系	企业员工合规行为准则	▲	△	○
	合规管理办法	△	▲	○
	合规专项制度	△	▲	○
制订合规机制	合规培训与沟通	▲	○	○
	合规责任与考核	▲	○	○
	合规咨询与调查	○	▲	○
	计划改进与提升	○	▲	○
完善企业文化建设		○	▲	○
合规计划执行		▲	○	○

▲牵头部门　△配合部门　○执行部门

(二) 健全合规制度体系

1. 建立企业员工合规行为准则

(1) 适用范围

公司全体员工应遵守国家有关法律、法规及行业规则,诚实信用、勤勉尽责,规范自身行为,维护公司声誉。

(2) 建立合规理念

合规是企业生存的基础,公司倡导廉洁诚信、依法合规、守住底限、不碰红线的合规文化,践行合规从高层做起、合规人人有责、合规创造价值的合规理念。

打造合规优先的合规文化。公司领导岗位逐层、逐级签订合规承诺,示范合规管理行为,发挥领导层、管理层率先垂范作用,以上示下,践行公司合规理念,积极推进领导分管范围的合规管理工作,推行合规风险比较集中的一线关键管理岗位和业务执行岗位员工合规承诺,持续推进,久久为功,逐步形成合规优先的企业合规文化,并与公司文化融为一体。

(3)树立合规价值观

树立诚信与正直、诚实守信、依法合规的合规价值观。

(4)公司员工一般性禁止行为

①禁止从事或协同他人从事任何可能导致企业陷入违法嫌疑或被明令禁止的不合规行为;

②禁止弄虚作假,提供虚假信息及资料;

③禁止损害社会公共利益、公司利益或者他人的合法权益;

④禁止携带违禁品、危险品进入工作场所;

⑤禁止从事与其履行职责有利益冲突的业务;

⑥禁止直接或通过他人获取不正当利益;

⑦禁止编造、传播虚假信息;

⑧禁止泄露商业秘密及公司涉密信息;

⑨禁止违规操作,违反公司相关管理制度及操作流程。

(5)特殊的禁止行为

①公司高管

➢禁止利用职务便利为自己或他人谋取不当利益;

➢禁止同意或默许他人以公司名义从事不合规行为;

➢禁止对合规投诉实施报复行为。

②人力资源

➢禁止向不相关人员或其他利益组织提供员工个人信息;

➢禁止利用相关人才政策直接或通过他人获取不正当利益。

③财务

➢禁止将依法取得的各项收入违规转移;

➢禁止偷税漏税;

➢禁止提供虚假账目套取国家优惠政策;

➢禁止毁损丢弃隐匿财务凭证账簿等资料。

④合作伙伴

➢禁止违规引入合作伙伴;

➢禁止给予他人财物或利益,或接受他人给予的财物或利益等形式进行商业贿赂;

➢禁止转包、挂靠;

➢禁止与被"信用中国"网站(www.creditchina.gov.cn)中被列入失信被执行人或重大税收违法案件当事人名单的第三方合作;

➢禁止与不具备相关专业资质的第三方合作。

(6)合规事项的咨询与举报途径

监督管理小组监督员负责公司的合规事项的咨询与举报,设立咨询与举报专用邮箱,以邮件方式接受员工的咨询、投诉、举报内容,并对相关内容进行汇总、分类、分析,注意保密,做到有报必查,并建立举报保密和反打击报复机制,向举报人提供可靠保护。举报邮箱××××××.com。

(7)实施

企业员工合规行为准则经职工代表大会公示后执行。

(8)企业员工合规行为准则承诺书

企业员工合规行为准则承诺书如下:

企业员工合规行为准则承诺书

一、本人承诺恪守诚信。

二、已阅读并了解上述企业员工合规行为准则,保证除遵守上述员工合规行为准则要求外,同时遵守国家法律、法规及公司内部管理制度以及公司制定的其他行为规范要求。

承诺人:

年　月　日

2. 制定《合规管理办法》

详见附录一　×××有限公司合规管理办法

3. 制定《合规专项制度》

(1)《人事合规管理制度》详见附录二

(2)《财务税收合规管理制度》详见附录三

(3)《合作伙伴的合规管理制度》

(4)《申请相关优惠政策的合规管理制度》

(三)保障合规运行机制

1. 合规培训与沟通

企业合规风险管理是一项复杂、严肃的工作,涉及各不同层级管理人员以及相关职能部门和业务部门以及员工,他们可能有不同的价值观、诉求、假设、认知和关注点,其合规风险偏好和对合规风险管理的期望也可能存在差异,这些对合规风险管理的决策和执行有重要影响。充分协调、有效沟通,正确理解企业合规风险管理决策的依据和开展合规风险管理对企业的重大意义。

以综合办公室为引导,建立企业合规管理培训计划。定期组织法制培训,公司制度培训,切实加强员工培训教育和考核激励,不断提升员工素质,组织员工认真履行岗位职责,充分发挥人力资源效能。

加强全体员工对企业合规的基本认识,帮助员工理解和掌握自己的合规义务,提高员工的合规意识及遵纪守法的自觉性,进行控制持续优化。

通过合规培训和教育,积极培养全体员工的合规意识,推行诚实和正直的价值观念,倡导和培育良好的合规文化。

为确保合规管理、培训工作的实效性,公司设立合规管理经费,纳入公司预算管理,确保经费支撑。包括聘请专业人员开展合规相关法律法规培训,购买专业书籍自主学习、主动学习,增加法律意识、风险意识、增长合规管理相关知识。

已购买书籍目录

序号	书　　名
1	合规管理体系指南
2	企业合规基本理论
3	企业合规管理体系实务指南
4	企业合规管理体系有效评估
5	刑事合规与企业反腐败反舞弊实务指南
6	劳动人事合规管理指南
7	中华人民共和国财税法律法规全书
8	中华人民共和国反不正当竞争法解读
9	中华人民共和国反贪反腐法律法规全书
10	中华人民共和国产品质量法
11	中华人民共和国安全生产法律法规全书
12	中华人民共和国环境保护法
13	中华人民共和国知识产权法律法规全书

2. 合规责任与考核

（1）建立有效的内部监督管理流程

为适应公司现实发展阶段的管控需要，强化内部监督、检查和双向沟通；促进团队协作，不断提升工作人员的执行力和忠诚度；保护能绩平衡，查处违规行为，保障公司规范、高效、稳健、安全运营；通过关注管理者的短期行为，实现保护公司长期整体利益；根据公司考核有关要求，制订制度。

内部督查分为工作督查和违规问题查处两部分。

工作督查内容包括：工作计划、执行情况、管理制度落实及工作纪律情况、团队协作及工作效率情况等。

违规问题查处内容包括：以职谋私，严重工作失职，被举报、投诉事件等。

时间周期：季度督查；年终考核。

（2）加强合规缺陷管理

通过内部控制评价工作，充分揭示内部控制的设计缺陷和运行缺陷，提出管理改进建议，及时报告合规管理牵头部门，并跟踪督促缺陷整改，实现内部控制闭环管理，促进控制优化。各部门应当根据监督过程中发现的内部控制缺陷，分析缺陷的性质和产生的原因，提出整改方案，采取适当的形式及时向合规管理牵头部门报告。

（3）设立督查负责人

监督、检查公司各部门计划的执行情况；监督、检查公司管理制度的贯彻落实情况；监督、检查公司工作纪律的日常遵守情况；

监督、检查经营管理活动中的异常情况，提出整改建议和防范措施；

建立内部督查档案，《督查记录表》。

（4）开展方式

上报工作保障计划：

各部门工作人员按月，将本部门的工作计划详细分解到本周期（10天为一个周期），并配以本周期保障计划，上报监督员。

确认工作计划：公司定期召开工作计划平衡、协调会议，根据上一周期计划完成情况、本周期工作重点要求和各部门提报的工作保障计划内容,进行各部门计划的调整、确认。

(5)总结、考核

每季度通过工作例会方式进行公开述职,接受监督员的督查,考核意见及建议上报督查领导小组。

(6)调查、处理

建立鼓励违规举报的制度,设立违规举报专用邮箱,以邮件方式接受员工的投诉、举报内容,并对相关内容进行汇总、分类、分析,注意保密,做到有报必查,并建立举报保密和反打击报复机制,向举报人提供可靠保护。

收到举报后汇总,依据合规管理组织结构逐级汇报,按照对涉及重大质量隐患、影响公司品牌信誉的问题、经济问题、法律问题等重大事项,直接报告监事会上报董事会作出处理决定。

对于事实清楚或屡次出现的问题,可直接通知或分流到相关岗位进行整改、处置;并监督处理结果的反馈。

(7)《督查记录表》

监督记录表模板

年　　月　　日

序号	监督内容	反馈
1	部门工作计划的执行情况	
2	管理制度的贯彻落实情况	
3	工作纪律的日常遵守情况	
4	异常情况,整改建议和防范措施	
5	监督员签字:	

(8)合规咨询与调查

在企业合规方案落实过程中,随时向具有专业知识的专业律师和行业协会进行合规咨询,并定期委托具有专业知识的专业律师和行业协会对于企业合规方案的落实进行调查,提出整改意见并积极整改。

3. 合规计划改进与提升

参考《GB/T 35770—2017 合规管理体系指南》及《企业合规管理指引》结合本公司的实际情况,通过合规风险识别,发现企业经营过程中的潜在风险,逐步完善公司合规战略,针对合规组织体系建设、合规风险管理、合规制度与流程、合规审查、合规管理、合规技能培训、违规管理与问责、合规报告及企业合规文化的建设,按照各部门职能定位,进行工作任务分解,落实责任。各部门在建立与实施有效的合规管理时,应当以营造诚信合规文化,防控重点岗位法律风险,全面合规管理与专业领域合规相结合为目标,根据本部门实际岗位职责与业务流程,梳理现有制度漏洞,修订完善法律风险岗位防控指引,细化岗位防控措施。形成全面覆盖、重点突出、科学规范、易于操作的风险管理规范,并将各项要求融入岗位规范,嵌入业务流程,纳入日常考核,使法律风险防控落实到岗位。明确和落实合规管理责任制,完善合规管理制度和流程。建立完善合规管理制度规范,明确公司义务及员工禁止行为,做到有规可依、配套衔接、便于操作。建立合规教育培训制度,使员工真正掌握公司合规管理基本要求、熟悉本岗位涉及的规范要求、岗位风险及其防控要领,进而养成依法合规的自觉行为。风险评估与尽职调查相关事项登记报告和审查。建立违规行为的举报受理及查处机制。

(四)合规文化建设

1. 建立合规理念

合规是企业生存的基础,合规从领导做起,全员主动合规,树立安全、质量、诚信、廉洁,合规创造价值的合规理念。打造合规优先的合规文化。公司领导岗位逐层、逐级签订合规承诺,示范合规管理行为,发挥领导层、管理层率先垂范作用,以上示下,践行公司合规理念,积极推进领导分管范围的合规管理工作,推行合规风险比较集中的一线关键管理岗位和业务执行岗位员工合规承诺,持续推进,久久为功,逐步形成合规优先的企业合规文化,并与公司文化融为一体。

2. 树立合规价值观

树立诚信与正直、诚实守信、依法合规的合规价值观。要求把依法治企要求全面融入企业决策运营的各个环节，贯穿各业务领域、各管理部门、各工作岗位，努力实现法治工作全流程、全覆盖，同时凸出依法治理、依法合规经营、依法规范管理的内部治理建设；打造企业法治文化，大力推进法治文化建设，弘扬法治精神，增强法治理念，使全体员工成为法治的忠实拥护者、自觉践行者、坚定捍卫者。

3. 规范合规行为

促进企业自身合规与外部监督的有效互动。加强对具有合规义务的所有员工的培训，通过教育、培训、工作经历获取必要的技能和知识，使其具备有效履行合规义务的能力，培训的目标是让员工有能力以与组织合规文化和对合规承诺一致的方式履行岗位职责。制定发放合规行为准则，签订合规承诺书。

4. 增进合规荣誉感

建立合规考核体系，把对合规行为的评估纳入绩效考核，将合规表现与个人绩效挂钩，对合规管理业绩和结果给予明确认可，对故意或因疏忽而违反合规义务的情况给予及时和适当的惩罚，每个员工在合规团队中所扮演的角色及其目标都能得到重视，鼓励员工发现不合规行为及时进行自主补救，采取相应措施，积极主动向合规管理委员会、监督小组、管理层提出合规疑虑。鼓励员工洁身自好，提高合规管理人员荣誉感。

5. 加强企业合规文化的培育

公司最高管理者和管理层对企业的各个领域所要求的共同的、已发布的行为标准做出积极的、可见的、一致的和持久的承诺，身体力行，积极推动将合规作为企业经营理念和社会责任的重要内容，并将合规文化传递至利益相关方，开展多种多样的合规宣传与培训。

不断完善合规管理制度建设，提高合规管理体系运行的效率和有效性，切实防范风险，将诚信合规理念融入各项经营管理和业务发展活动中，践行企业社会责任和使命。

(五) 合规计划执行

合规计划执行将从以下八个方面执行，具体实施见合规计划执行表。

- 完善自查报告
- 完善合规计划
- 建立合规管理组织
- 健全合规制度体系
- 保障合规运行机制
- 文化建设
- 合规自我评估报告
- 第三方评估

合规计划执行表

工作内容	序号	工作内容	计划完成时间
5.1 完善自查报告	1	自查报告最终稿	2021年12月30日
5.2 完善合规计划	2	完善合规计划	2022年1月19日
5.3 建立合规管理组织	3	设立合规管理委员会,明确合规职责	2022年1月19日
	4	合规管理委员通过董事会决议批准	2022年1月30日
	5	任命合规负责人,明确合规职责	2022年1月19日
	6	合规负责人任命通过董事会决议审批	2022年1月30日
	7	明确部门合规负责人及合规职责	2022年1月30日
5.4 健全合规制度体系	8	拟定《合规行为准则》	2022年1月19日
	9	《合规行为准则》签发	2022年2月10日
	10	人事合规管理制度	2022年1月19日
	11	财务税收合规管理制度	2022年1月19日
	12	合作伙伴合规管理制度	2022年2月10日
	13	申请相关优惠政策的合规管理制度	2022年2月10日
	14	拟定《合规管理办法》	2022年1月19日
	15	合规管理办法职工代表大会审议通过	2022年2月10日

续表

工作内容	序号	工作内容	计划完成时间
5.5 保障合规运行机制	16	开展专项法律合规培训	2021年12月29日
	17	开展专项法律合规培训与测试	2022年2月28日
	18	开展财税合规培训	2022年1月17日
	19	开展人事合规培训	2022年1月17日
	20	开展合规行为准则培训与测试	2022年2月10日
	21	季度合规绩效考核	2022年2月14日
	22	召开季度合规执行通报会	2022年2月14日
5.6 文化建设	23	开展合规承诺,签订中高管及员工合规承诺书	2021年12月29日
	24	开展合规文化建设活动	2022年2月10日

××××××有限公司自我评估报告

在××检察院的领导下,在第三方监督评估组织提出的完善建议的精心指导下,认真学习和理解了第三方组织提供的《关于〈合规计划〉的完善意见》,结合违规原因,重新审视了公司组织架构、管理制度、运行机制、企业文化等方面存在的漏洞及不足。进一步完善和制定了符合自身特点的《合规计划》。

自2021年11月收到合规整改的通知后,通过第三方监督评估组织的辅导,我们从对"企业合规管理建设"的懵懂无知和不知所措,到充分理解开展企业依法合规建设对社会及企业自身有序发展的重大意义,真实感受合规管理建设给企业未来发展带来的利益,更坚定了我们全面贯切落实《企业合规计划》的决心。

现就本阶段依照《企业合规计划》推进的合规管理组织建设、健全合规制度体系、建立保障合规运行机制、展开合规文化建设的等合规活动的工作进展汇报总结,并形成自我评估报告。

目　录

一、合规计划实施基本情况

（一）合规管理组织建设基本情况

（二）合规制度体系建设基本情况

（三）合规运行保障机制基本情况

（四）合规文化建设基本情况

二、合规计划具体执行情况

（一）人事合规方面

（二）财务合规方面

（三）合作伙伴合规方面

（四）合规文化建设方面

（五）合规保障方面

三、目前存在的问题

（一）全员合规意识有待进一步加强

（二）合规工作力量有待加强

1. 工作力量充足性亟须加强

2. 工作管理水平具有一定的挑战性

（三）合规制度需进一步完善

（四）公司合规专业团队建设需要加强

（五）合规培训未如期按《合规计划执行时间表》完成

四、今后工作的方向

（一）持续推进公司合规工作

（二）加强合规知识培训

（三）完善合规考核机制

一、合规计划实施基本情况

（一）合规管理组织建设基本情况

为切实推进企业合规计划的落实，提高风险管理能力，公司领导高度重视，组织实施建立了决策层、管理层、执行层三个层级的合规管理组织架构。公司董事长召集召开董事会会议，于2022年1月26日经公司董事会决议批准设立合规管理委员会，任命合规负责人，明确相应的合规职责。

（二）合规制度体系建设基本情况

落实合规制度体系建设，制定了《企业员工合规行为准则》《合规管理办法》，并于2022年2月10日召开职工代表大会审议通过。制定了合规管理专项制度，包括《人事合规管理制度》《财务税收合规管理制度》。同时，为进一步完善企业的合规制度体系，完成《合作伙伴合规管理制度》《申请相关优惠政策的合规管理制度》和《合规绩效考核办法》的拟定。

（三）合规运行保障机制基本情况

合规运行的保障方面，目前已完成了合规监督部门的设立，明确其合规职责，设立合规建议与违规举报邮箱，通过培训传达给员工，通过邮件发送《企业员工合规行为准则》《合规管理办法》等制度文件向全体员工公示。结合公司业务实际，制定2022年合规计划实施预算、年度合规培训计划、编制合规绩效考核评分表为推动合规绩效考核工作做前期准备。

（四）合规文化建设基本情况

为贯彻企业合规从高层做起的合规理念，从高管做起签订《中高管合规承诺书》，积极推动人人合规的意识，与公司员工签订《员工合规承诺书》，树立全员合规的意识。通过合规培训，《企业员工合规行为准则》、《合规管理办法》的宣讲，让员工初步了解企业的合规价值观、合规理念、合规文化。在全公司践行领导垂范，诚信正直、诚实守信、依法合规的行为准则。引导员工，创造条件推动企业合规文化建设，比如通过企业"合规小书库"可以信手翻来，用碎片化时间，很方便的能接触和学习合规知识，了解相关法律法规，增强合规意识，完成自我教育，在日常的企业经营行为实践中更好的识别岗位风险，相互交流，提升合规知识技能。

二、合规计划具体执行情况

合规计划的落实,合规制度的作用发挥,执行是关键。

(一)人事合规方面

人事合规方面,负责人力资源的综合办公室完成了《年度人力需求计划》提交及审批。2021年12月13日新入职员工和2022年1月30日老员工离职以及薪酬调整依照人事管理流程办理申请审批手续。

2022年2月14日督查员对人事部门进行检查,抽取了新员工入职和老员工离职档案资料进行监察,在监督检查中发现新员工入职存在一些小的疏漏,针对检查中发现的问题,当场指出纠正,不让问题积累。

(二)财务合规方面

财务合规方面,在年度财务审计中,与负责审计的××××××会计师事务所(特殊普通合伙)企业签订了《审计事务约定书》,同时进行背景调查,取得其营业执照和会计师事务所执业证书。

(三)合作伙伴合规方面

合作伙伴合规方面,按照《合作伙伴合规管理制度》要求,于2022年2月16日向全体员工通过公司邮箱发送合规专项制度等合规相关文件,要求完善邮件后缀,增加《合作伙伴告知书》,后续督查员展开监督检查,2022年2月24日全员通过监督检查。

(四)合规文化建设方面

合规文化建设方面,目前已完成年度合规培训计划的编制,按照《年度合规培训计划时间表》已完成培训4次,2021年12月29日组织法律主题企业合规培训;2022年1月17日组织针对重点部门的人事合规培训和财务合规培训;2022年2月10日组织全体员工针对《企业员工合规行为准则》和《合规管理办法》的培训并以问卷方式巩固测试培训效果。完成企业文化墙的设置,作为宣传合规文化、普及合规知识及合规相关规定的公示窗口。

(五)合规保障方面

合规保障方面,制定2022年合规计划实施预算,年度预算总金额10万元,已完成年度法律顾问合同的签订,合规书籍的首批采购。合规监督部门监督员对重点部门进行合规管理制度执行情况的抽查,对全员完成合作伙伴告知书情况逐一落实到人,有力保障了合规计划的实施落地。

三、目前存在的问题

(一)全员合规意识有待进一步加强

合规建设不是一项阶段性的临时工作,而应该是一项长期的,贯穿于整个业务经营的重要工作,目前员工参与度非常高,但是法律法规的普及不是一朝一夕就能完成的,合规文化的培育也不能拔苗助长,需要一个持续推进,变被动为主动进而成为自觉的过程。

体现在合规管理上:合规检查内容过于简单格式化,缺少针对性;个别员工的风险意识和业务素质有待进一步的提高且认识存在一定的偏差,防范意识尚待加强。

(二)合规工作力量有待加强

1. 工作力量充足性亟须加强

中小企业合规工作力量不足,无法像大企业那样设立专职的合规部门,只能在现有人员基础上设立合规工作部门及合规工作人员,这些人员仍肩负其他业务部门工作工作集中度不够,后期需要考虑更有效的方案保证合规风险防控的现实需求。

2. 工作管理水平具有一定的挑战性

目前还可以在第三方的指导下提升工作水平,但合规计划的有效实施是需要持续完善的,并非一朝一夕能实现,在公司合规运作过程中,最终还是要看公司自身合规人员水平。作为中小型企业,如何提高合规工作管理水平具有一定的挑战性。

(三)合规制度需进一步完善

合规建设初期,重塑企业合规制度流程从0到1任重道远,需要一个不断修订和完善的过程。实施过程中也确确实实发现制度仍需进一步细化补充完善,包括制定相应的实施细则。

（四）公司合规专业团队建设需要加强

合规管理还处于起步阶段，合规领域的外部机构较少，且不熟悉本企业的内部管理情况，很难完全依赖外部机构的工作建设适合本企业需求的合规管理体系，需要培育内部合规专业团队。

（五）合规培训未如期按《合规计划执行时间表》完成

在合规培训中未能针对《合规计划执行时间表》既定时间完成应于2022年2月28日完成的专项法律合规培训与测试，因外聘培训老师时间冲突，本次专项法律培训计划变更为2022年3月31日前完成。

四、今后工作的方向

（一）持续推进公司合规工作

一是专项合规制度融入日常管理制度。专项合规制度融入企业日常经营管理，如：在新员工入职时要签订合规承诺书，新员工培训时加入合规制度培训等，逐步落实合规管理常态化、动态优化，持续推进，久久为功。

二是细化合规履职职责。进一步梳理各职能部门合规职责，问题整改时限要求，促进违规问题、内控缺陷、操作风险等各类风险事件动态化、实时化管控，进一步发挥合规监督部门的监督作用。

（二）加强合规知识培训

继续加强对员工的合规意识教育，深入持续开展合规文化建设工作，将此项工作贯穿于整个业务经营中，营造清正廉洁、文明健康的学习工作与生活环境，进一步防范操作风险。

加强合规牵头部门的合规培训，利用网络资源及"企业小书库"等共享资源，加强自主学习，及时了解相关法律、法规的变化，带领各部门合规负责人认真落实本部门合规培训。

（三）完善合规考核机制

合规考核应综合合规绩效考核、授权治理、诚信举报、合规问责等多项内容，对上述合规事务的处理流程、报告方式做出具体的规定，将合规绩效管理融入即将实施的企业绩效考核办法中，与员工个人收益挂钩。

八、《合规管理办法》

第一章　总　　则

第一条　××××××有限公司(以下简称"公司")合规管理办法(以下简称"本管理办法")根据《中华人民共和国公司法》、《中华人民共和国民法典》等国家法律、法规以及公司相关规章制度制定。

第二条　本管理办法制定的目的是让公司全体员工了解并遵守与业务相关的主要法律、法规和公司规章制度要求,以确保公司和员工行为的合法合规。

第三条　本管理办法应与公司其他规章制度和业务流程等规定一并阅读,以全面了解公司对各项业务和活动的合规要求。

第四条　公司员工应该认识到任何的违法、违规行为都可能给公司造成损害,任何违反本管理办法条款的行为都是违规行为,违规者将因此受到公司的纪律处分,严重者甚至可能承担相关民事或刑事法律责任。因此,公司员工应该认真阅读本管理办法,了解并遵守与所从事业务相关的法律、法规和公司规章制度要求。

第五条　若员工违反或感觉到可能违反了本管理办法的规定,应立即通知直接主管和合规管理委员会。

第六条　本管理办法内容根据法律法规和公司规章的颁布、修改而定期更新。

第七条　合规管理委员会负责对公司每一位新入职员工进行本管理办法的培训。

第八条　新入职员工应在入职时签署《企业员工行为准则》承诺书。

第九条　本管理办法为保密性文件,未经公司书面同意,不得将本管理办法的任何内容透露给公司以外的任何人。

第十条　合规管理委员会组成:公司经理办公会(公司董事长、总经理及副总经理组成)为负责部门,综合行政部为牵头实施部门,员工监事为合规督察部门。

第十一条 请仔细阅读本管理办法,如有任何疑问,请与合规管理委员会联系。

第二章 合 规 责 任

第十二条 全体员工职责

(一)所有员工应确认其收到本合规管理办法,完全了解并遵守公司的各项制度和流程。如果对合规职责和制度有不明之处,员工应咨询其直接主管或合规管理委员会。

(二)员工有义务向其直接主管和合规管理委员会报告所获知的违规事件。

(三)若员工履行职责与遵守合规制度产生矛盾时,员工应立即报告其直接主管和合规管理员会,由其采取适当的措施。

第十三条 合规管理委员会职责

(一)在公司范围内营造"诚信、合规、稳健、创新"的理念。

(二)制定和颁布公司各项制度和流程,并负责其有效实施。

(三)审核批准合规计划实施预算并负责其有效实施。

(四)对公司各项合规活动提供及时、有效的咨询和培训。

(五)关注公司员工的合规与风险意识,促进公司内部风险控制水平的提高及合规文化的形成。

第十四条 部门负责人合规职责

(一)督促本部门员工遵守现行有效的制度和流程,并根据业务发展的需要,及时更新现有的或制定新的制度和流程;

(二)加强本部门员工的合规意识,并进行日常检查和培训;

(三)发现违反法律法规、公司制度和业务流程的行为时,及时采取必要的措施,并向合规管理委员会报告。

第十五条 合规督察部门职责

(一)接受并处理合规投诉;

(二)检查公司各职能部门执行内部控制制度的情况,发现公司运作中

有违法违规行为的,应当及时予以制止,重大问题应当报告管理层、董事会、及相关主管机构;

(三)对公司运作的合法性、合规性进行监察;

(四)调查公司内部的违规事件,协助监管部门调查处理相关事项。

第三章 管理与监督

第十六条 适用于本公司的主要法律、行政法规、部门规章和规范性文件包括:

(一)法律:《中华人民共和国公司法》《中华人民共和国民法典》;

(二)部门规章:《人事合规管理制度》《财务税收合规管理制度》《合作伙伴合规管理制度》《申请相关优惠政策的合规管理制度》。

第十七条 员工任职资格管理

(一)担任公司高级管理人员(董事长、总经理、副总经理)的员工,须经公司董事会批准,经核准任职资格后方可就任。

(二)专业的从业人员须具备从业资格或持有相关证书。

(三)根据有关规定,公司的管理人员应当定期接受合规培训,提高合规意识。每年接受合规培训的时间不得少于10小时。

第四章 商业行为规范

第十八条 公司员工应严格遵守《合作伙伴合规管理制度》,严格按照《合作伙伴合规管理制度》的要求规范日常行为。

第十九条 不正当交易,是指公司及员工在公司运作中,违反法律法规及有关规定,损害公司、合法权益,损害其他经营者的合法权益,扰乱社会经济秩序的行为。

第二十条 商业贿赂,是指公司及员工在公司运作中,违反法律法规的有关规定,采用在帐外暗中给予对方单位或者个人财物或者利益,以获得交易机会或有利交易条件,或者在帐外暗中接受对方单位或个人给予的财物或者其他利益,以给予对方单位或者个人交易机会或有利交易条件的不正当竞争行为。

第五章　宣　传　推　介

第二十一条　公司宣传推介材料所使用的语言表述应当准确清晰,应当特别注意:在缺乏足够证据支持的情况下,不得使用"业绩稳健"、"业绩优良"、"名列前茅"、"位居前列"、"首只"、"最大"、"最好"、"最强"、"唯一"等表述。

第六章　保　密　制　度

第二十二条　除依据法律法规、主管机关、司法机关的要求必须进行的披露外,本公司员工未经公司事先书面同意,不得向任何第三方泄露有关公司尚未公开的业务、产品、技术、客户信息或任何公司的机密,且应当在任何时候尽全力阻止对上述保密信息的公布或披露。

第二十三条　在聘用期间或离职之后,员工不可以试图盗取本公司有关的商务和客户的机密信息、商业机密、技术。

第二十四条　劳动合同终止后,员工必须立即归还关于上述任何机密信息之任何文件或财物的正本或副本。员工必须记住在本公司任职期间所撰写的任何与本职工作相关的文件的版权,将视为本公司所有。

第七章　欺　诈　行　为

第二十五条　欺诈是指为获取不公平利益或好处而故意进行的欺骗行为。分为内部欺诈(员工所为)与外部欺诈(员工以外的主体所为)两种情况,主要表现形式包括但不限于以下情况:

(一)内部欺诈:

1. 员工在入职时向公司提供的个人资料存在虚假或隐瞒;

2. 员工在职期间未向公司披露或未如实披露其有义务披露的信息;

3. 员工在报销时未如实填报支出或提供虚假发票。

(二)外部欺诈:

1. 与公司的客户以他人名义从事与公司业务相关的交易;

2.经营过程中故意隐瞒事实欺骗客户;

3.与公司有经济往来的机构或个人提供虚假发票。

第二十六条　欺诈行为会对公司的信誉带来损害,因此公司鼓励员工对欺诈行为保持警觉,发现可疑情况及时报告。对于欺诈行为或可疑行为进行防止、监督和报告是每个员工的义务。

第二十七条　报告路径为:可向报告人的直接主管和合规管理委员会报告,或直接投诉。

第二十八条　对于已发现并确认的欺诈行为,公司会采取坚决果断措施进行处理,必要时采取法律手段。

第八章　反不正当交易和商业贿赂

第二十九条　商业贿赂是不正当交易的一种,指经营者以排斥竞争对手为目的,为使自己在销售或购买商品或提供服务等业务活动中获得利益,而采取的向交易相对人及其职员或其代理人提供或许诺提供某种利益,从而实现交易的不正当竞争行为。

第三十条　商业贿赂的常用手段主要表现为"回扣",即经营者暗中从账外向交易对方或其他影响交易行为的单位或个人秘密支付钱财或给予其他好处的行为。

回扣的表现形式一般有三种:

(一)现金回扣,即卖方从买方付款中扣除一定比例或固定数额,在账外返还给对方;

(二)实物回扣,如给付对方高档家用电器等名贵物品;

(三)提供其他报酬或服务,如为对方提供异地旅游等。

第三十一条　公司禁止任何员工在代表本公司从事业务行为时,采取不正当的手段(如向客户提供贿赂或个人利益)以达到目的。公司禁止员工在从事公司业务活动时索取有关利益,不得直接或间接收受任何可能使接受者严重违反其职责的礼物或报酬。

第三十二条　对于不确定的事项,公司鼓励员工及时向直接主管或合规管理委员会咨询。得到答复后,再作处置。

第九章 异常情况报告和差错处理

第三十三条 公司鼓励员工及时向公司报告工作中所出现的各种异常事件,且不论该异常事件是否能在短时间内得到解决,均需在发生当日告知直接主管和合规管理委员会。

第三十四条 公司鼓励员工及时并坦诚地向公司报告工作中所出现的各种主客观错误,且不论该差错是否会给公司带来损失,能否在短时间内得到纠正,均需在发生当日告知直接主管和合规管理委员会。

第三十五条 填写异常情况/差错报告表应明确说明具体内容、发生原因和已造成或可能造成的损失。

第三十六条 对发生的异常和差错情形,按下述原则进行处理和纠正:

(一)出现异常情况或发生差错后,员工须会同直接主管尽快设法对该异常情况给予妥善处理或对该差错进行纠正,并随时通报处理进展。

(二)合规管理委员会在收到异常情况或差错报告后,应协助有关部门尽快妥善处理和解决问题,或对已经进行处理的结果发表意见。

(三)异常情况处理完毕后,相关业务部门应视情况对部门业务制度和流程进行完善,必要时向公司管理层呈报业务制度或流程的修订意见。

(四)异常情况/差错报告表由合规管理委员会归档管理,并定期(至少每季度一次)对当期的异常情况/差错报告处理情况进行跟踪了解。

第十章 资料档案保管

第三十七条 公司必须真实、全面、及时记载每一笔业务,正确进行会计核算和业务记录,建立完整的会计、统计和各种业务资料档案,并妥善保管,确保原始记录、合同、各种信息资料、数据的真实完整。其中会计账册、人事档案、公章使用记录、技术档案等重要档案资料应保留5年以上。

第三十八条 公司的资料档案属于公司财产,公司员工负有保密义务,不得在未经授权使用的范围内持有、使用、披露该信息。员工离职后,也不得利用该资料档案为自己或其他个人、机构谋取利益。否则,公司有权追究其法律责任。

第十一章 附　　则

第三十九条　本管理办法由合规管理委员会根据相关法规和公司制度、规范等变化情况进行完善和修订。

第四十条　本办法在公司正式发文后统一执行。

九、《企业员工合规行为准则》

一、适用范围

公司全体员工应遵守国家有关法律、法规及行业规则,诚实信用、勤勉尽责,规范自身行为,维护公司声誉。

二、建立合规理念

合规是企业生存的基础,公司倡导廉洁诚信、依法合规、守住底限、不碰红线的合规文化,践行合规从高层做起、合规人人有责、合规创造价值的合规理念。

打造合规优先的合规文化。公司领导岗位逐层、逐级签订合规承诺,示范合规管理行为,发挥领导层、管理层率先垂范作用,以上示下,践行公司合规理念,积极推进领导分管范围的合规管理工作,推行合规风险比较集中的一线关键管理岗位和业务执行岗位员工合规承诺,持续推进,久久为功,逐步形成合规优先的企业合规文化,并与公司文化融为一体。

三、树立合规价值观

树立诚信与正直、诚实守信、依法合规的合规价值观。

(一)公司员工一般性禁止行为

1.禁止从事或协同他人从事任何可能导致企业陷入违法嫌疑或被明令禁止的不合规行为;

2.禁止弄虚作假,提供虚假信息及资料;

3.禁止损害社会公共利益、公司利益或者他人的合法权益;

4.禁止携带违禁品、危险品进入工作场所;

5. 禁止从事与其履行职责有利益冲突的业务；

6. 禁止直接或通过他人获取不正当利益；

7. 禁止编造、传播虚假信息；

8. 禁止泄露商业秘密及公司涉密信息；

9. 禁止违规操作,违反公司相关管理制度及操作流程。

(二)特殊的禁止行为

(三)公司高管

1. 禁止利用职务便利为自己或他人谋取不当利益；

2. 禁止同意或默许他人以公司名义从事不合规行为；

3. 禁止对合规投诉实施报复行为。

(四)人力资源

1. 禁止向不相关人员或其他利益组织提供员工个人信息；

2. 禁止利用相关人才政策直接或通过他人获取不正当利益。

(五)财务

1. 禁止将依法取得的各项收入违规转移；

2. 禁止偷税漏税；

3. 禁止提供虚假账目套取国家优惠政策；

4. 禁止毁损丢弃隐匿财务凭证账簿等资料。

(六)合作伙伴

1. 禁止违规引入合作伙伴；

2. 禁止给予他人财物或利益,或接受他人给予的财物或利益等形式进行商业贿赂。

(七)禁止转包、挂靠

(八)禁止与被"信用中国"网站(www.creditchina.gov.cn)中被列入失信被执行人或重大税收违法案件当事人名单的第三方合作

(九)禁止与不具备相关专业资质的第三方合作

《合规绩效考核办法》

第一条　为贯彻"廉洁诚信、依法合规、守住底限、不碰红线"的合规文化,践行"合规从高层做起、合规人人有责、合规创造价值"的合规理念,树立"诚信与正直、诚实守信、依法合规"的合规价值观。加强公司合规风险管理,规范员工岗位操作行为,结合公司业务实际,制订本办法。

第二条　合规绩效考核纳入年度绩效考核,权重为年度绩效考核的10%,10分为满分,加分5分。自我评分占分值20%,部门评分占分值40%,合规小组评分占分值40%,以客观指标和明确的分值来评价被考核人员履行岗位职能的合规情况。

第三条　合规绩效考核的对象。根据公司各岗位年度绩效考核进程分为三个阶段实施开展,第一阶段为公司中层管理人员在岗位考核中列入合规绩效考核;第二阶段关键岗位员工在岗位考核中列入合规绩效考核;第三阶段全员在岗位考核中列入合规绩效考核。

第四条　合规绩效考核的组织与实施。合规督查部门组织领导,综合办公室负责具体考核。

第五条　合规绩效考核结果审批。综合办公室将填写完整的《合规绩效考核评分表》统一报合规督查部门审批。

第六条　《合规绩效考核评分表》及其他考核资料,由综合办公室保存归档。

第七条　附则。本办法自公司绩效考核办法公布执行之日同步执行。

附件:《合规绩效考核评分表》

序号	合规性考核明细及说明	评分标准(满分10分,加分项5分)			综合评分
		自我评分	部门评分	合规小组	
		20%	40%	40%	
1	合规职责	合规自检、报告等完成情况,满分2分 合规检查结果,包括现场稽核、非现场稽核和外部检查的查证问题及其问题反馈。满分2分			

续表

序号	合规性考核明细及说明	评分标准(满分10分,加分项5分)			综合评分
		自我评分	部门评分	合规小组	
		20%	40%	40%	
2	培训会议	按时参培,无缺席满分1分,缺席1次扣0.5分			
3	针对合规制度所列举的违规现象为依据的违规现象	针对合规制度所列举的违规现象为依据的违规现象:无违规满分5分,一般违规,未造成影响,扣2.5分			
4	加分项	举报违法违规事件,经查证属实的,或提出合规意见建议且被采纳的。满分5分			
	合计				

企业员工合规行为准则承诺书如下:

企业员工合规行为准则承诺书

一、本人承诺恪守诚信。

二、已阅读并了解上述企业员工合规行为准则,保证除遵守上述员工合规行为准则要求外,同时遵守国家法律、法规及公司内部管理制度以及公司制定的其他行为规范要求。

承诺人:

年 月 日

十、涉案企业《自查报告》与《合规计划》初审意见

致：北京市××区人民检察院

经第三方组织对涉案企业××××××有限公司的《自查报告》进行认真研读和评审，第三方组织认为该《自查报告》查清了涉案企业的违法行为，相关企业及责任人员进行了真诚的自查和原因分析，表现出了真整改的诚意，第三方组织在提出进一步完善合规自查报告（见附件一）的同时，同意该企业推进合规计划与合规整改。

经第三方组织对涉案企业××××××有限公司的《合规计划》进行认真研读和评审，第三方组织认为相关企业应进一步完善《合规计划》，并提出了相应的完善建议（见附件二）。

综上，第三方组织认为，该涉案企业应积极完善《自查报告》和《合规计划》，并在2022年1月19日前，提交正式书面计划，以便第三方组织进一步审查。

以上意见供贵院参考。

关于《合规计划》的完善意见

北京市××区人民检察院：

经第三方组织对涉案企业××××××有限公司的《合规计划》进行认真研读和评审，第三方组织认为该企业应进一步完善《合规计划》，并提出以下完善建议。

一、关于合规计划的结构

企业应根据涉案行为所反映的违规原因，查找在组织架构、管理制度、运行机制、企业文化等方面存在的漏洞及不足，同时，结合企业所在的行业涉及的相关风险情况，制定符合自身特点的《合规计划》。主要体现在以下方面：

（一）停止违规；

（二）开展自查；

（三）合规整改：

1. 建立合规管理组织；

2. 健全合规制度体系；

3. 保障合规运行机制；

4. 合规文化建设；

5. 合规计划执行(可以时间表的形式呈现)：

(1) 自查阶段；

(2) 合规计划制定阶段；

(3) 合规计划执行阶段；

(4) 自我评估阶段；

(5) 审查考核阶段；

(6) 绩效考核阶段。

二、关于《合规计划》的修改

该公司提交的《合规计划》并未针对违法行为所映射出的企业相关风险进行针对性的修改与补充，同时，存在合规体系不完善、风险识别不明、合规义务分类不明确等相关问题。因此，建议该公司按照本建议第一条增加"停止违法行为"、"开展合规自查"进而进行"合规整改"等方面内容。具体修订意见如下：

（一）结构调整

增加"一、本公司立即停止违规行为"部分，企业应表明停止违法违规、赔偿损失、缴纳罚款、修复受损法益的决心和态度，并就相关情况进行说明。

增加"二、本公司开展自查情况(简单描述，详细情况见附件)"部分，就违法行为的成因及所反映的企业漏洞进行反思，查找企业存在的相关风险。

增加"三、合规整改"部分，并在此项下，完善组织体系、管理制度、运行机制及合规文化、执行计划等项目。

建议该公司的合规计划按照上述结构进行调整、修订。

（二）关于"合规义务"与"合规承诺"

建议将"合规承诺"体现在"行为准则"中；同时，修订"合规义务"分类标准,可分类为外部法律法规、行业监管规则、内部合规规范三类。

将《反商业贿赂、反不正当竞争准则》并入"外部法律法规";同时,在"行业监管规则"方面增加对"合作伙伴"的合规管理及对"申请相关优惠政策的监管规定"(包括但不限于研发费用摊销、专项补贴领取等方面内容);此外,在"企业内部管理规范"项下增加"企业诚信"、"行为准则"等内容。

(三)针对"合规风险识别"

该公司提供的"1.合规风险识别和隐患排查"较为笼统,不具有针对性,应根据具体部门所涉及的相关业务、人事、财务、税收以及高新技术企业的风险(就本次涉案行为而言)等特点进行识别,并据此设计有相关的制度措施。因此,该部分建议企业重新进行修订。

针对"2.合规审查"及"合规管理评估"的相关内容,建议并入"运行机制"部分,并明确具体的审查内容。

同时,对于"7.合规管理评估需考虑的因素"为非合规计划的必要内容,可以从合规计划中删除,制定单独的《合规管理评估办法》。

同样,对于"8.合规管理评估的程序"及"9.合规管理评估的方法",可一并设置单独的《合规管理评估办法》(作为制度的相关内容)。

(四)针对"合规组织体系建设"

合规组织体系应明确企业合规管理负责人及其职能职责,并为其提供资金及资源保证。针对该公司提交的组织体系方案,应明确合规管理委员会的相关成员,具体的领导人、负责人、议事规则等情况。同时,针对分公司,应明确分公司负责人为分公司合规管理第一责任人,分公司各部门合规管理责任人等。组织要纵向到底,横向到边。

(五)关于"制定合规机制"

该公司的合规机制中包含"运行机制"与"管理制度"两方面,应予以区分。

首先,关于"管理制度":

1.企业应制定符合自身情况的"行为准则",该"行为准则"是企业的纲领性文件,需要全体成员遵照执行。同时,行为准则是帮助企业遵循法律与

第七章　刑事合规不起诉最高检试点北京西检首案首例、湖南某地先行试点案例文书模板及成果展示 | 225

道德标准的指导规范,也是企业能够长久发展的重要保障,是企业内部的"宪法"性文件,因此,其对于企业极为重要。

行为准则主要反映以下方面内容:明确合规理念、合规的价值观,准则适用范围、企业对于合规的管控要求(禁止性规定)、对于员工行为的指导、员工责任、管理者责任、企业识别的相关风险、商业秘密保护、员工对于合规事项的咨询与举报途径、企业负责人/实控人的合规承诺、员工承诺及签字等。该行为准则应经职工(代表)大会公示。上述相关文件签署后企业应存档备查。

行为准则无须过于复杂,但要求可执行、可考核。

2. 制定《合规管理办法》

根据该公司规模及经营模式,建议制定《合规管理办法》,以此支撑合规管理组织体系建设,要明确董事会、监事会、合规管理负责人或合规总监,具体部门及分公司、全资子公司(如有)的合规管理职责,并进一步明确合规工作的培训、评估、考核、报告等工作要求及责任追究等要求。

3. 制定"合规专项制度"

企业应根据识别出的相关风险有针对性的制定相关的专项管理制度,关注重点领域的合规管理,以制度约束员工、管理层的行为,避免员工及企业有违反法律法规或规范性文件的情况出现。

就该公司的合规计划而言,建议对潜在合规风险无关的制度不要列在合规计划中,同时,该公司也可制定长期合规计划,根据公司的发展定期进行制度的更迭。但无论以何种方式,其所制定的相关制度均需落地执行,并经得起第三方组织及相关管理部门的检验与考核。

其次,关于"运行机制":

就"1.合规培训与沟通机制""3.合规咨询与调查机制",建议明确具体的工作开展方式,以便考察工作成果。

合规审查作为机制,细化各部门合规审查内容。

合规管理体系与评估优化作为机制,进行简要介绍,重点明确定期评审、提供资源保证,牵头部门,预算。制定的《合规管理评估办法》可以支撑该机制。

此外，该公司提供的"人事管理流程"可并入合规审查相关内容中。

（六）关于"合规文化"

将合规文化嵌入到企业文化建设活动中，企业合规文化建设要去梳理公司的价值观与使命，应包括以下内容：企业的合规理念、可持续发展理念、领导垂范理念、合规优先的理念，相关理念在制度与业务活动可以考核。

企业文化合规，重点在于明确如何进行文化建设、企业文化的具体作用等内容。基于以上考虑，该公司无须在合规计划中对于企业文化相关概念、重要性等内容进行阐述，但需明确企业拟开展的具体企业文化活动或计划。相关倡导性的规定也可并入"行为准则"中。

（七）关于合规计划执行

企业应将合规计划的执行情况以时间表的形式提交，明确合规计划的阶段性成果。主要体现以下方面的时间节点及成果：自查阶段、制订计划阶段、执行计划阶段、自我评估阶段、审查考核阶段等。

根据上述内容，该公司可对《合规管理体系进度计划表》进行修改完善。

（八）关于具体制度中存在的可能违反相关法律法规的情况

因该公司提交的相关制度过于繁杂，归类缺乏逻辑性，建议其进行筛选、删减、归纳并重新提交，届时，我们再对相关情况予以审查。

以上是第三方组织审查企业提交的《合规计划》后，所提出的相关意见，供贵院参考！

十一、关于××××××有限公司&××××××有限公司下一步工作建议

致：××××××有限公司&××××××有限公司

鉴于贵司属于医疗卫生行业，产品及服务关于人的生命健康，因此，国家相关管理部门对该行业提出了更为严格的管理和规范要求。故，贵司可考虑从反商业贿赂、反垄断、财务与税务、产品推广、集中采购、环境、健康和安全数据合规及网络安全等领域对企业进行全面规范。

合规管理是个持续改进、不断完善的动态循环过程,是一系列步骤和活动的有机组合而形成一个完整的管理程序;同时,合规管理过程自我形成了一个闭环系统,即了解现状—识别风险—应对风险—效果检验和持续改进等几个步骤循环往复,不断提高合规管理水平,促使医药企业安全、有效、合规运营。

鉴于贵司所处的医药行业特点,以及可能发生的行业风险,贵司可从以下方面进行规范管理:

一、需新设的制度

(一)反垄断

建议贵司关注反垄断领域的相关法律法规,并制定相关管理制度。定期开展反垄断合规培训,请合规部门或合规负责人针对企业发展开展培训,或邀请外部法律顾问进行培训。

反垄断涉及的相关法律法规如下:

《中华人民共和国反垄断法》

《国务院关于经营者集中申报标准的规定》

《禁止垄断协议行为的暂行规定》

《禁止滥用市场支配地位行为暂行规定》

(二)产品或服务推广

因贵司属于医药行业,监管部门对于企业的相关宣传及推广工作制定了相对更为严格的管理规范,医药广告应当真实合法,不得含有虚假、夸大、误导性的内容。应符合以下法律法规及规范性文件的规定。

《中华人民共和国商标法》

《中华人民共和国广告法》

《中华人民共和国著作权法》

《中华人民共和国药品管理法》

《中华人民共和国反不正当竞争法》

《中华人民共和国药品管理法实施条例》

《医疗器械监督管理条例》

《药品、医疗器械、保健食品、特殊医学用途配方食品广告审查管理暂行办法》

《互联网广告管理暂行办法》

《药品流通监督管理办法》

《处方药与非处方药分类管理办法(试行)》

《处方药与非处方药流通管理暂行规定》

《关于进一步加强非处方药说明书和标签管理的通知》

(三)数据合规及网络安全

企业处理数据应保障数据安全,通过采取必要措施,确保数据处于有效保护和合法利用的状态,以及具备保障持续安全状态的能力。企业处理数据涉及个人信息的,应遵循(1)合法正当、必要和诚信原则;(2)目的和比例原则;(3)公开透明原则;(4)质量保证原则;(5)主体负责原则。

企业应遵循《网络安全法》《个人信息保护法》《数据安全法》等相关法律法规的规定,并据此制定网络信息发布、数据管理及个人信息保护的相关制度。同时,企业应对员工开展数据合规培训,规避数据及个人信息在收集、存储使用和加工、对外提供或公开、删除等环节可能产生的风险,定期对数据处理情况进行内部审计,防范企业及员工因数据处理不合规引发的法律责任、受到相关处罚、造成经济损失或声誉损失等。

(四)安全合规

企业应遵守《安全生产法》及相关领域内的具体法律规定,如《特种设备安全法》《危险化学品安全管理条例》以及《国务院关于进一步加强安全生产工作的决定》《中共中央国务院关于推进安全生产领域改革发展的意见》等政策性文件。

企业应制定符合自身特点的安全生产管理制度及操作规程,内容建议包括以下内容:明确"安全第一、预防为主、综合治理"的方针,以及"管生产经营必须同时管安全"的原则;确定安全生产的岗位、人员及其职责,并逐级逐岗位签订安全生产责任书;对员工开展安全教育、定期培训等活动,增强员工安全生产意识;对于违反相关安全生产管理制度及规程的人员进行追责;对于企业的安全设备进行经常性的维护、保养,并定期检测,做好相关检查记录,并由有关人员签字,存档。

如果生产经营项目、场所外包或出租给其他单位的,生产经营单位应当与承包单位签订专门的安全生产管理协议,明确约定各自的安全生产管理职责,并进行统一协调、管理,定期进行安全检查,发现安全问题,及时督促整改。

(五)环境保护合规

1.在生产过程中,遵守我国相关环境方面法律规范,制定相应的环保制度;

2.应注重环境监测工作,制定年度环境监测计划,及时发现生产过程中出现的污染物超标问题及其他环境污染问题;

3.确保生产过程中所产生的废水、废气、固废及危废等处理及排放均达标,避免造成二次污染或污染转移;

4.建立环境污染事故应急管理制度及报告制度,在环境污染事故发生时能够及时处理;

5.将环境保护工作纳入到公司日常生产经营活动中,并定期开展环保宣传及员工培训,使环境保护的理念深入到每个员工的内心;

6.设立奖励与追责制度,鼓励员工对环境不合规的事项积极举报,并对举报员工进行奖励。同时,对于造成污染、破坏环境的行为人予以追责。

二、需优化的制度

(一)合同管理

1.加强合同登记管理。所有合同都应及时登记在合同台账里,如果有印章管理登记,也应当同时进行印章登记;合同登记管理部门要统一归口到合规办公室,法律合规管理人员在审查合同后应当注意索要盖章后的合同文本,负责合同盖章的部门的人员应当在合同盖章后及时将合同文本交给合规办公室统一登记管理。建议在公司保留的2份合同原件中,1份原件由合规办公室保留,1份原件由财务部门保留。

2.加强合同盖章管理。合同盖章时注意合同约定的份数(公司至少保留2份原件),保证寄回给对方的和公司留档的合同都是完整的,注意合同约定的合同生效条款,建议约定"法定代表人或授权代表签字并加盖合同章后合同生效"即可,并加盖合同章、授权代表签字;盖章时需审查合同管理制度中规定的流程和同时报送审批的文件是否齐全,形式是否符合制度要求。

3.加强合同订立管理。所有的业务、交易,都应当签署书面的纸质合同或者电子合同,即便合同对方不需要合同或者小金额业务。

4.加强合同签署前的调查管理。注意按照合同管理制度,对合同相对方的主体资格、有效存续、信用信息开展调查;并注意对合同业务的合法合规性进行分析,不好确定合法合规性的,应当咨询外聘法律顾问。

5.加强合同内容管理。注意按照合同管理制度审查合同内容,合同内容要与实际业务相符,不得虚构交易、签署虚假合同,合同内容要完整、不留白,权利义务约定清晰,收款付款约定符合公司预算和财务计划。

6.加强合同履行监督管理。合同履行过程中,如果发生了合同变更(价格、支付方式、数量等),应当签署书面的合同对变更事项进行约定;公司要注重合同履行过程监控,合规审查人员要关注合同履行节点,要求负责合同履行的业务人员定期上报合同履行情况,并对其合同履行进行评估。

7.加强合同完结后的管理。业务人员在合同履行完毕后,要向合规办公室报备合同已履行完毕,合规审查人员要审查合同履行是否已按照约定完毕,并搜集合同履行成果,例如:如果是购销合同,则注意搜集到货验收单、发货单、付款凭证、收款凭证、发票,如果是咨询服务合同,则注意搜集咨询报告、付款凭证、发票。将这些履行成果文件扫描成电子版与合同和合同审批报批文件(也应扫描成电子版)等一并形成合同电子档案予以保存;如果合同双方协商约定解除/提前终止合同的,应当签署书面终止协议,并约定清楚合同剩余权利义务的处理。

(二)财税管理方面

1.加强发票管理。财务部在开票时应注意同时核查相应的合同,对合同进行形式完整性审查(双方盖章是否完备、是否留有空白),注意开具发票种类、金额、相对方需与合同约定保持一致,不向代付款方开具发票,存在代付款方的,要求代付款方出具书面的代付说明并交财务部留档;财务部收取发票时亦应对照合同审核一致性;财务部根据合同付款后,要督促业务人员及时向收款方索要发票,或者建议向收款方索要发票后再付款。

2. 加强付款管理。付款时需要匹配书面的纸质合同或者电子合同,并注意向业务人员和合规办公室核实合同履行的情况,审查付款时间和金额是否符合合同约定(例如是否已到合同约定的付款时间、是否已满足合同约定的付款条件——如约定到货验收后付款的,则需审查是否有到货验收单据等),如果付款时间和金额与合同约定不符的,拒绝支付。

(1) 加强审计管理。开展外部审计业务时,注意选择优质的会计师事务所和审计师,并注意准确向审计师提供审计资料。

(2) 加强税务筹划合法合规性审查。一切税务筹划均应当同时征询合规办公室和外聘法律顾问的意见,对筹划方案的合法合规性严格审查。

(3) 加强备用金管理。按照制度要求,备用金在每年度末进行清账,次年根据需要重新领取。

(4) 加强日常财税资料档案管理。妥善保存月度、年度预算文件,区分预算内支出和预算外支出,对于预算外支出,严格按照财税管理制度审批。

(三) 劳动人事管理方面

1. 加强离职交接清单的管理。离职交接清单不但需要在相应空白处填写完整的信息,最后落款处还需要离职员工签字,保证清单的完整性。

2. 加强终止劳动合同的管理。与员工终止(解除)劳动合同的,应当与员工签署终止(解除)劳动合同协议书,不能仅由公司单方出具解除劳动证明。在终止(解除)劳动合同协议书中,必须含有以下重要条款:"员工自愿申请与单位终止劳动关系,单位无需向员工支付任何形式的补偿、赔偿。双方之间的权利义务(包括但不限于劳务费、补偿、赔偿、津贴等)已全部终结,没有任何基于劳动关系之订立、履行及终止、解除所生之应了未了的债权债务纠纷。"终止(解除)劳动合同需由员工签字(最好能同时按手印)。

(四) 反商业贿赂

企业应与第三方签订反商业贿赂协议,或在与第三方签订的业务协议中包含反商业贿赂条款。向第三方支付的报酬应与市场公允价格一致。选择对第三方支付报酬的方式,应尽量减少产生腐败贿赂风险的可能。

针对高风险第三方,企业应尽最大努力促使所有的高风险第三方至少每年一次向企业提交由其正式签署的《反腐败合规声明》。

反商业贿赂条款或声明应载明的合规内容可包括:

1. 声明第三方将遵守与反腐败相关的全部法律法规及企业的反腐败相关政策,且其将不会向任何政府官员或其他相关人士给予或承诺给予任何财物,以期为企业获取业务,或谋取其他不正当优势;

2. 当第三方知悉任何显示其可能违反了与反腐败相关的法律法规、企业政策的信息时,该第三方应将该等信息及时向企业汇报;

3. 如果企业合理确信,第三方已违反了企业的反腐败相关政策,或已使企业可能遭受违反反腐败相关法律的重大风险,则企业有权立刻终止与第三方的协议。

评估方式可包括抽查评估和全面评估。全面评估应至少每年进行一次。在发生风险警示情形的情况下,可针对特定事项启动抽查评估程序。

(五)员工合规行为准则

1. 在补充合规专项制度后,相关制度须添加至员工合规行为准则中:员工合规行为准则是公司在合规方面必须遵守的基本准则,该准则应涵盖公司所有制度,包括一般制度与专项制度。

本所律师在编写本准则时已经涵盖公司发送的所有制度,因后续公司还应继续补充制定知识产权、商业贿赂、安全生产、环境保护、反垄断、数据安全、商业推广、产品采购(招标)等专项合规制度,故待上述制度完成后,请添加至员工合规行为准则中。

2. 员工合规行为准则后附《员工合规申明》,请组织全体员工认真学习并签订申明留存。组织员工进行学习,并留存签到表、学习照片等资料,加强员工合规价值观的建设。

(六)员工手册

1. 贵司发来的员工手册为2020年版,我们已经结合《劳动合同法》《企业职工带薪年休假制度》《工资支付暂行规定》《天津市人口与计划生育条例》等逐条进行修改。请公司按照2022年版员工手册对职工进行宣讲、培训,保留签到表、照片等材料,确保每一位员工参加并知悉新版员工手册内容,同时,可将员工手册装订成宣传册发至每个员工。

2. 公司后续执行制度的过程中,需要特别关注该制度中所规定内容的时效性。例如,《天津市人口与计划生育条例》是2021年11月29日修订,贵司员工手册中很多规定与该条例内容相冲突。特别提醒贵司关注法律法规及政策指引的动态更新发展,不断对该制度进行更新调整,至少保证每年对员工手册修订一次。

(七)合规绩效考核管理制度

1. 合规绩效考核手册应结合《员工合规行为准则》予以修订,综上所述,贵司完善《员工合规行为准则》后,再继续完善《合规绩效考核管理制度》,做到行为与绩效考核相对应。

2. 增加绩效考核的具体标准。《合规绩效考核管理制度》中缺少合规绩效工资的发放标准,公司应继续完善该部分内容。

(八)合规培训体系

合规培训学习及应用层面的事项,公司已按照《合规培训体系(试行)》的制度内容贯彻执行,但鉴于制度中的奖惩制度及审核流程较为复杂,仍需结合实际进一步落实。

此外,合规培训应当定期召开,对培训的结果进行测试,并留存培训资料及素材。

(九)招投标制度

1. 明确招标范围。应根据《招标投标法》《招标投标法实施条例》以及发改委发布的《必须招标的工程项目规定》(16号文)、《必须招标的基础设施和公用事业项目范围规定》(843号文)的规定,明确需要招标的项目范围。

2. 明确招标的具体程序及条件。招标的实施方式包括公开招标和邀请招标,请明确上述两种方式的具体程序及条件,注意邀请招标法律有严格的适用条件。

3.明确招投标环节常见风险。贵司应在制度中明确风险,例如,招标人妨碍投标人的公平竞争行为、招标人泄露依法应当保密的招标信息、招标人与投标人进行实质性谈判、招标人未依法履行招标程序等。

4.其他。明确招投标各个环节的责任人,做好岗位职责的设置;做好对投标人的资格审核;做好对招标文件的审核机制;加强对招标流程中相关负责人的培训及监管;完善举报途径,接受监督;选取有资质、有信誉的招标代理机构等。

三、其他事项

(一)流程性事项合规

除完善上述管理制度外,企业应将合规纳入自身管理流程中,对相关人员入职、离职、合同审批、财税管理、安全生产以及各级会议等各个流程纳入合规管理程序,确保关键环节有相关合规人员参与、审批,并对相关程序设置考核、测试,以保证合规真正的落实到位,经得起各级管理部门的检验。

(二)特别提示

贵司本次涉案行为进行合规整改期间,可能存在相关检察机关定期到企业巡查的情况。此外,合规整改完成后,相关其他管理组织/部门也可能要求召开听证会,对企业整改情况进行听证,询问并查阅合规整改材料,尤其需要企业关注涉案行为产生的原因、资金流向、违法所得是否上缴以及整改后是否能够彻底杜绝违法事项等问题,届时,企业须对上述事项进行说明。因此,企业应严格落实合规计划并做好相关准备工作。建议两个公司统一管理,遵循一致的管理制度,并统一适用一致的格式文件和表单。

最后,贵司应将合规整改的全部材料包括但不限于:流程性文件、测试文件、培训材料、制度规定、承诺性文件、访谈资料以及各类执行文件分类存档并整理成册,以备检查之需。

以上建议供贵方参考!

十二、《合规监督评估考察报告》

致:北京市××区人民检察院

第三方监督评估组织(下称第三方组织),对北京××××××电子有

第七章 刑事合规不起诉最高检试点北京西检首案首例、湖南某地先行试点案例文书模板及成果展示

限公司(下称"××××××"或"公司")的合规整改情况进行了调查、考察、评估和监督。××××××积极配合,真诚悔改,认真落实自查工作,提供了《自查报告》,制定了《合规计划》,真诚开展合规整改,承诺除本案外,所发现的全部问题在《自查报告》中已经如实陈述,不存在其他违法行为。第三方组织充分肯定公司所做的合规努力。第三方组织通过听取××××××整改汇报、现场提问、现场访谈、现场考察、查阅相关资料,经数次线下飞行检查、抽查、线上访谈等形式,勤勉尽责地指导、监督、考察、评估,做到了客观中立。经研究讨论,结合××××××提供的《企业合规整改汇报》,形成如下考察与评估意见。

一、经过对公司《合规计划》和《自查报告》的认真研读和审阅,评估小组认为《自查报告》查清了公司的违法行为,相关企业及责任人员进行了真诚的反思和原因分析,表现出了真整改的诚意。同时,企业已经深刻吸取案件教训,认真检讨,积极采取措施,纠正违法行为,限制责任权利,自愿认罪认罚,修复受损法益。

二、通过对公司相关人员的访谈以及对大量公司文件资料的审阅,评估小组认为公司领导层已经树立合规意识,积极开展合规整改,公司已建立初步的合规管理体系,设置了专门的合规组织,初步完成了合规管理制度体系搭建,并多次组织合规培训,致力于培育合规文化。

综上所述,第三方组织充分肯定××××××合规整改与积极落实《合规计划》的努力,认为公司初步搭建了与自身特点相符合的合规管理体系,并积极认真落实。经第三方组织评估认为,公司建立了一个基本有效的合规管理体系,真诚履行了对检察机关的合规承诺。

以下附考察评估报告全文:

一、第三方组织组成情况

第三方组织评估小组负责人由国家层面涉案企业合规第三方监督评估机制专业人员丁继华博士任组长,北京市西城区工商联副会长齐建新、北京市隆安律师事务所高级合伙人刘晓明律师、高级合伙人彭啸律师、合伙人杨晓波律师,合伙人王善忠律师、北京市隆安律师事务所王金玲律师、北京市

隆安律师事务所王姿蓉律师等工作组人员组成，完成了对××××××关于涉案企业合规整改的考察与评估工作。

二、公司案件情况

××××××企业法定代表人××××××及经办人××××××在2018年招聘工作中涉及留学归国人员引进一案，结合该案件反映出的企业内部管理的突出问题和薄弱环节，××××××开展了深入的自查自纠工作，目前正在逐步开展企业合规建设。案件具体情况详见××××××提供的《自查报告》。

三、企业基本情况

北京××××××电子有限公司，成立于2013年8月，注册资本金×××××万元，注册于北京市北京经济技术开发区××××××。其他企业具体情况详见《自查报告》及其附件。

四、合规整改计划

案件发生后，××××××公司的企业管理者与员工认识到该公司缺少法律法规学习与政策的培训，在日常工作中习惯于用老思维、老方法解决问题，法治观念弱，缺少依法办事的理念。管理人员对具体的法律问题判断有误，在当前经济转轨以及社会转型的发展阶段中缺少思辨能力，不能正确理解国家的政策法规，未能充分意识到国家高新技术企业引进国外留学人才落户优惠政策的目的是支持高新技术企业引进人才，促进企业发展，这不应成为企业获取利益的工具，没有从真正意义上领悟政策的真正含义，从而导致触犯国家法律法规。

自2021年11月收到合规整改的通知后，××××××从对"企业合规管理建设"的懵懂无知和不知所措，到充分理解开展企业依法合规建设对社会及企业自身有序发展的重大意义，真实感受合规管理建设给企业未来发展带来的利益，更坚定了××××××全面贯彻落实《企业合规计划》的决心。

目前，该公司已经购买了相关法律法规书籍，逐渐开始法律知识的自我学习，聘请了专业律师，为企业做法律培训，给员工讲授法律知识，对公司内部人员进行法治宣传、教育和培训,提高全体员工的法律意识和法治观念,聘请了常年法律顾问,针对目前企业经营进行深度的法律风险梳理并予纠正,建立长期有效开展政策法规的学习计划,避免和减少今后经营过程中的违法风险。

公司根据涉案行为所反映的违规原因,查找在组织架构、内部治理结构、流程管理制度、规章制度、运行机制、企业文化等方面存在的漏洞及不足,严格自查,提供了《自查报告》,同时,结合企业所在的行业涉及的相关风险情况,成立了合规领导小组,并设置了合规委员会,领导公司开展制定《合规计划》。为制定有效的《合规计划》,构建更为科学的合规管理体系,××××××制定了《合规管理办法》《员工行为准则》,同时,针对企业的行业状况和自身情况,进行风险识别后,企业修订了企业合规专项制度,包括但不限于《人事合规管理制度》《财务税收合规管理制度》《合作伙伴合规管理制度》《合规绩效考核办法》《季度合规执行通报》《申请相关优惠政策的合规管理制度》等制度文件。

企业完善了合规事项的咨询与举报途径,设置了举报邮箱。企业完善制定了《自我评估报告》。

公司根据识别出的法律风险建立完善了相关的制度体系,并通过培训、沟通、咨询、考核、举报、追责等方式不断优化及更新合规体系,期望最终能够建立符合企业长远发展需求的合规管理制度,并形成合规优先、合规创造价值的企业文化。

通过本次事件,××××××管理者也意识到了自身的错误,涉案人员××××××个人用现金方式退赔公安机关,涉案人员××××××一并认罪认罚,××××××并向检察机关提出了《合规申请》和《合规承诺》,下定决心,逐步开始了合规整改。第三方组织建议公司应进一并加强财务管理制度与控制流程,分解财务审批权限,逐步实现预算制管理,支出收入明确,设计内审机制,加强部门、管理者之间的相互监督,尽可能避免股东、实际控制人、关联方与公司资金往来,建立公开透明、独立规范的财务制度。在落实每年度会计师事务所审计的同时,加强内部财务审计及编制财务会计报告。

五、自查报告

公司收到检察院"涉案企业开展合规建设通知"后,针对公司管理问题与漏洞开展了自查整改工作,由于刑事案件对查阅卷宗存在困难,在侦查阶段任何人不得妨碍侦查,侦查机关没有义务向第三方组织透露关于案情的任何信息,在审查提起公诉阶段,第三方组织也没有刑事案件阅卷权。但合规不起诉制度,又需要以涉案行为为契机,查找企业管理缺陷,识别风险,全面合规。为使企业真正健全合规风险防范报告机制,弥补企业制度建设和监督管理漏洞,从源头上防止再次发生相同或类似违法犯罪,第三方组织在没有条件调阅案件卷宗的情况下,创造性地要求涉案企业进行全面严格自查。其目的是要涉案企业自己说清楚涉案事实、还原涉案经过、剖析决策过程,分析根本原因,识别合规风险,以便第三方组织全面掌握涉案企业违法违规行为映射的合规整改方向。

第三方组织认为,公司法定代表人通过自查自纠体现了敢于正视问题的勇气和真诚的悔罪态度,查清了事实,还原了真实情况,有利于第三方组织了解涉案企业情况,也有利于公司有针对性地开展整改。

六、合规整改实施情况

(一)建立合规管理组织

1. 公司成立了由公司董事长任合规负责人的合规管理委员会,各个部门主管为部门的合规负责人,签订了合规负责人任命书。

公司合规管理架构设为三个层级,即决策层、管理层、执行层。其中,决策层主要包括企业董事会;管理层主要包括合规管理委员会;执行层包括牵头部门以及公司业务部门。合规管理委员会全面负责企业合规计划的管理,牵头部门负责具体落实与实施。公司董事长召集召开董事会会议,于2022年1月19日经公司董事会决议批准设立合规管理委员会,任命合规负责人,明确相应的合规职责。

第三方组织认为,××××××的合规管理组织体系,契合公司实际。参与合规管理体系建设的人员通过学习合规知识,基本掌握了合规专业技能,合规管理牵头部门相对专业、独立,能够较好地履行职责。从深度及广度上,公司合规要求覆盖各个层级,形成了合规综合管理部门牵头,其他部门参与配合的协同联动机制。

(二)健全合规制度体系与执行情况

为制定有效的《合规计划》,构建合规管理体系,公司制定了《合规管理办法》《企业员工合规行为准则》,同时,针对企业的行业状况和自身情况,进行风险识别后,企业修订了企业合规专项制度,包括但不限于《人事合规管理制度》《财务税收合规管理制度》《合作伙伴合规管理制度》《申请相关优惠政策的合规管理制度》《合规责任与考核》《合规培训与沟通》《内部监督管理》《合规绩效考核办法》等合规专项制度。××××××还新创了企业员工合规行为准则经职工代表大会公示后执行的合规执行制度,创新了全员合规。

自2022年2月10日全体职工代表大会通过《企业员工合规行为准则》以后,公司严格按照程序组织内部员工学习,并由全体员工签订了《企业员工合规行为准则承诺书》,使全体员工能够了解合规行为准则内容。

公司自2020年2月10起即全体职工代表大会通过后,开始执行上述《财税管理制度》,并执行至今。自《财务税收管理制度》实施以来,公司基本按照制度要求执行,按期进行纳税申报、保管税务档案资料、进行财税业务培训、按制度要求填开发票、聘请专业机构开展年度财务审计和专项审计、按制度要求执行预算、备用金、报销费用制度等。

公司自2020年2月10起即全体职工代表大会通过后,开始执行上述《人事合规管理制度》,自实施以来,按照该制度规范员工的行为,从人员方面确保合规基础。

自2022年2月10日起,尽管××××××的《合作伙伴合规管理制度》制定不久,但该合规管理制度的制订和实施行为可以说明,公司已具备反商业贿赂、商业秘密保护等的基本意识,并予以实施执行。在现阶段的制度完善成型后,公司将在此基础上,继续对该制度进行切实执行。

2022年2月10日,××××××完成《申请相关优惠政策的合规管理制度》的拟定。该制度自拟定以来,已付诸实施,××××××结合自己行业特点,主动披露了优惠合规管理制度,公司须按照制度的规定,结合实际申请的优惠政策,进一步完善,并持续进行更新和优化,以确保实施过程的合法合规性。

第三方组织认为,××××××《合规管理办法》及其他专项合规制度,从合规责任、管理与监督、商业行为规范宣传与推介、保密制度、欺诈行为、反不正当交易和商业贿赂、异常情况报告和差错处理、资料档案保管等方面对于企业的合规管理进行了详细的规定,且上述制度从企业实际出发,适用于目前的企业状况。

(三) 合规运行机制与实施情况

1. 建立培训与沟通机制

××××××公司按照年度《合规培训计划时间表》完成培训4次,其中法律主题企业合规培训于2021年12月29日进行;2022年1月17日组织针对重点部门的人事合规培训和财务合规培训。2022年2月10日组织全体员工针对《企业员工合规行为准则》和《合规管理办法》的培训,并以问卷方式巩固测试培训效果。2022年3月4日,完成了专项法律合规培训,老师着重讲解了《民法典》中涉及合同的履约要点、审查要点、风险点等。

××××××认为,合规培训作为合规体系建设中的重要组成部分,具有着不可或缺性,是企业内部系统性防范合规风险的重要保障。就公司的日常管理运营层面而言,合规培训体系的建立,能够促进公司领导层及员工高效识别合规风险,并进一步规范公司的管理运营。就公司的长期发展而言,合规培训也是促进公司形成良好价值观及企业文化的导引,并为公司的长远发展提供了保障支持。公司已按照加强合规培训的整改制度内容贯彻执行,并安排了资金预算,保障合规培训的持续进行。××××××须继续加强对员工的合规意识教育,深入持续开展合规文化建设工作,将此项工作贯穿于整个业务经营中,营造清正廉洁、文明健康的学习工作与生活环境,进一步防范操作风险。此外,通过进一步加强合规牵头部门的合规培训,利用网络资源及××××××设立的"企业小书库"等共享资源等方式,加强自主学习,及时了解相关法律、法规的变化,带领各部门合规负责人认真落实本部门合规培训。

2.合规考核机制

××××××合规考核综合合规绩效考核、授权治理、诚信举报、合规问责等多项内容,对上述合规事务的处理流程、报告方式作出具体的规定,将合规绩效管理融入即将实施的企业绩效考核办法中,与员工个人收益挂钩。使公司合规风险治理制度逐步完善,为合规风险实施精细化治理,创立合规文化提供有力制度保障。

3.违规举报和追责机制

××××××树立敢于谏言建议的企业氛围,奖罚分明,对于举报者发放奖金,对于被举报者,经核实发现违规严肃处理、处罚绝不姑息。××××××创新性地引进了监事的监督管理职能。有效地做到了全员合规,充分利用监事的法律地位和作用,限制了主要负责人的权利,加强了公司治理结构和追责机制的合规。

(四)合规支持保障与落实情况

经过此次事件,××××××深刻认识到合规的重要性,在人员、制度、培训、技术等各方面均给予充分支持。

在人员支持方面,合规整改前,公司没有设置法律合规组织,缺乏日常的法律与合规审核机制,导致公司对经营中存在的法律风险提示不足。开展合规工作以来,公司负责人及其他领导充分认识到法律合规工作人员的重要性,拟专门聘请一名法律合规管理人员,作为合规办公室成员,协助合规总监开展合规工作,为公司正常开展业务提供法律保障。

在制度支持方面,公司制定《员工合规行为准则》,规定了员工责任、管理者责任、明确规定了相关风险法律识别及商业秘密保护等义务。与此同时,根据《员工合规行为准则》的内容,分别制定了专项合规制度(详见合规专项制度)。

在培训与资金支持方面,××××××制定了2022年合规计划实施预算,年度预算总金额××万元,已完成年度法律顾问合同的签订,合规书籍的首批采购。合规监督部门监督员对重点部门进行合规管理制度执行情况的抽查,对全员完成合作伙伴告知书情况逐一落实到人,有力保障了合规计划的实施落地。

在专业支持方面,公司在年度财务审计工作中,对负责审计的××××××会计师事务所(特殊普通合伙)企业进行背景调查,取得其营业执照和会计师事务所执业证书,通过信用中国网站查询该所为守信激励对象后,双方签订了《审计事务约定书》。

第三方组织认为,以上人员支持、制度支持、资金预算支持、培训支持、专业支持,充分体现公司对合规工作的高度重视。公司已从多方面为合规工作提供有力保障,且取得了显著效果。

(五)合规文化建设与进展情况

1. 开展合规培训

2022年2月10日组织全体员工针对《企业员工合规行为准则》和《合规管理办法》的培训并以问卷方式巩固测试培训效果。

××××××完成了企业文化墙的设置,作为宣传合规文化、普及合规知识及合规相关规定的公示窗口。完善了合规小书库,购置旋转书架,完成合规小书库的设立,创造条件推动企业合规文化建设,通过企业"合规小书库"可以信手翻来,用碎片化时间,很方便的能接触和学习合规知识,了解相关法律法规,增强合规意识,完成自我教育,在日常的企业经营实践中更好的识别岗位风险,相互交流,提升合规知识技能。创造了更方便的合规学习条件。2022年2月15日,召开季度合规通报会,通报已完成合规相关事项,进行首次合规绩效评价讨论。

2. 签署了中高管合规承诺书

2022年2月16日,公司向全体员工通过公司邮箱发送合规专项制度等合规相关文件,要求完善邮件后缀,增加《合作伙伴告知书》,后续督查员展开监督检查,2022年2月24日全员通过监督检查,从领导层到普通员工,做到全员合规,全员承诺。实现人人遵守员工守则,合规人人有责的文化氛围。

3. 开展了合规督查和问卷测试

2022年2月14日，××××××督查员对人事部门进行检查，抽取了新员工入职和老员工离职档案资料进行检查。

2022年2月10日组织全体员工针对《企业员工合规行为准则》和《合规管理办法》的培训并以问卷方式巩固测试培训效果，测试结果表明，员工理解上述培训的目的，掌握了培训的内容，有意愿配合企业开展培训活动，并能够积极参与。

第三方组织认为，公司合规文化建设体现了公司领导层高度重视合规的态度，××××××也意识到，合规文化是保证一个企业、一个团队里所有成员都能够自觉做到依法合规而形成的软实力。在企业内、团队里应确立正确的合规理念、倡导合规的良好风尚、营造合规的氛围，形成一种良好的软合规环境。

七、合规整改建议

第三方组织认为，公司在合规方面仍存在以下不足，需要在后续工作中进一步完善加强及完善：

（一）需要建立更加全面的合规制度体系。除已经建立的相关管理制度外，公司应在安全生产、环境保护、商业秘密保护、知识产权、广告宣传、招投标管理、外贸、军工、半导体行业等领域完善管理制度，并形成制度性文件。

（二）加强财税相关法律法规及制度的培训学习，并进行相关测试，加强审计，严格遵守涉及财税的相关法律法规，防范发生涉及财税相关法律风险。

（三）根据《合规计划》，公司建立的组织体系及制度体系在执行过程中，是否完全有效的适用于企业，需要公司在实践过程中予以反馈，并根据企业的实际情况进行修订及更新。因目前公司合规计划大部分内容刚开始执行，是否适用于公司仍需要在实践中予以检验。

（四）公司需要加强合规文化培育。目前公司在合规文化培育方面仍处于起步阶段，合规文化管理是一个长期的过程，涉及公司的组织结构、制度体系、运行机制、文化价值观等各个层面的改变。合规文化是企业在合规管理上长期传承、沉淀的行为规范、思维方式和价值观念,是企业遵守法律、法规、监管规则或标准、道德以及业务流程的观念形态和行为方式。公司还处于建立完善合规管理体系的起步阶段,其对合规文化的认识和价值观的培育有待进一步提升。

通过对×××××的考察与评估,第三方组织充分肯定××××·×合规整改与积极落实《合规计划》的努力,认为公司初步搭建了与自身特点相符合的合规管理体系,并积极认真落实。经第三方组织评估认为,公司建立了一个基本有效的合规管理体系,真诚履行了对检察机关的合规承诺。

通过合规整改涉案企业均获得不起诉决定书

湖南刑事合规不起诉先行试点案例,法院认为,被不起诉单位××××××有限公司、××××××有限公司实施了《中华人民共和国刑法》第二百零五条之一第一、二款规定的行为,其中被不起诉人××××××、××××分别作为公司的监事、人力资源、财务主管和财务总监,系直接负责的主管人员,具有如实供述自己的犯罪事实、认罪认罚、初犯、主观恶性较小,补缴了所有税款、对企业进行合规整改并通过评估的情节,犯罪情节轻微,根据《中华人民共和国刑法》第六十七条第三款、《最高人民检察院关于充分发挥检察职能服务保障"六稳""六保"的意见》、湖南省人民检察院《关于充分发挥检察职能依法服务和保障民营企业改革发展的指导意见》,不需要判处刑罚。依据《中华人民共和国刑事诉讼法》第一百七十七条第二款的规定,决定对××××有限公司、××××××有限公司、××××××、××××××不起诉。

北京市首案首批刑事合规不起诉试点案例,法院认为,被不起诉人伙同他人买卖国家机关公文,其行为触犯了《中华人民共和国刑法》第二百八十条第一款,构成买卖国家机关公文罪,且系共同犯罪。被不起诉/到案后如实供述自己的罪行,根据《中华人民共和国刑法》第六十七条第三款的规定系坦白,可以从轻处罚;被不起诉人承认指控的犯罪事实,愿意接受处罚,依据《中华人民共和国刑事诉讼法》第十五条,可以依法从宽处理;北京肖限公司已通过企业合规整改验收;综上,被不起诉人犯罪情节轻微,根据《中华人民共和国刑法》第三十七条之规定,不需要判处刑罚。依据《中华人民共和国刑事诉讼法》第一百七十七条第二款的规定,决定对不起诉。

刑事合规不起诉试点工作中的创新性尽调

一、产生背景

鉴于刑事案件在侦查阶段任何人不得妨碍侦查,侦查机关也没有义务向第三方组织透露关于案情的任何信息,同时,在审查提起公诉阶段,第三方组织也没有刑事案件阅卷权。上述情况对第三方组织了解案情造成了客观障碍。然而,刑事合规不起诉制度,又需要以涉案行为为契机,查找企业管理缺陷,识别合规风险。因此,本次以第三方组织工作人员身份参与的合规不起诉案件,第三方组织提出要求涉案企业进行全面严格内部自查,其目的是要涉案企业自己真诚的反思涉案事实、还原涉案经过、剖析决策过程、分析犯罪行为产生的根本原因,识别企业存在的合规风险,有针对性的进行合规整改。

二、自查报告

1. 停止违法行为,修复受损法益

第三方组织在评估涉案企业合规整改情况时,首先要考虑的是,涉案企业对于违法行为的态度及处置情况。企业是否终止实施犯罪行为、认罪认罚、配合执法调查、采取补救措施、及时处置责任人[①]等为监督、评估重点考量因素。

为了表明企业自愿向检查机关申请合规整改并履行合规承诺,企业首先要终止实施犯罪行为,在此基础上,企业及相关责任人员要认罪认罚,有真诚的悔罪态度,用行动表明合规整改的意愿;同时,积极配合执法机关调查,鼓励员工或相关知情人员说出犯罪事实,查明真相。此外,企业应主动采取补救措施修复被损害的法益,被损害的法益可能是被破坏的社会关

---

① 参见《陈瑞华企业有效合规整改的思路》,载《政法论坛》2022年第1期。

系,被破坏的生态环境、公共利益或者某些自然人的个人权益等,企业通过补缴税款、缴纳罚款、退赔退赃、赔偿损失等方式进行法益修复,弥补因涉案行为所造成的损害后果;最后,对相关责任人员应该通过退赔、撤职、解除合同、限制权力等方式进行惩处,形成威慑作用,防止同类犯罪再次出现。

2. 风险识别

企业查清涉案行为产生的原因后,结合企业所在的行业性质、企业自身的组织结构、人员构成、产品特性等特征进行风险分析,识别出企业可能存在的其他风险,并最终形成《自查报告》。

三、第三方组织评估

第三方组织经过审核后,出具初步审查意见,交给检察机关、第三方机制管委会及企业,企业参考初审意见对自查报告进行修改完善,进一步梳理遗漏的风险及细化违法违规行为产生的原因,完善后再次向第三方组织提交。为了考验涉案企业是否进行真诚的合规自查,第三方组织将涉案企业的自查报告提交到检察院,请求检察院审阅《自查报告》所载明的案件情况,与企业在侦查阶段提供的供述及查明的案件事实是否保持一致。如果涉案企业的自查报告所载明的案情与在侦查阶段查明的案件事实不一致,第三方组织将对该企业参加合规整改提出否决建议。如此,经过第三方组织与企业的多次沟通,《自查报告》能够达到企业真诚悔罪,认罪认罚,较为准确识别出企业存在的主要风险的要求,为下一步合规计划的实施奠定基础。

四、自查的意义

涉案企业合规自查一方面是通过自我风险检视和评估,明确企业可能存在的风险及管理方面的漏洞,并有针对性地进行风险管理,为下一步合规计划的制定和实施奠定基础。另一方面,自查也是企业自我反省的过程,是企业对于自身存在的违法行为的再认识的过程,通过实事求是的自查反思可以实现标本兼治的企业治理效果。

十三、《招投标管理制度》

第一章　总　　则

第一条　为规范公司的招投标行为,加强公司招投标管理,保护公司合法权益,节约成本,确保项目质量,提高经济效益,促进廉政建设;依据《中华人民共和国招标投标法》《中华人民共和国招标投标法实施条例》《2020年纠正医药购销领域和医疗服务中不正之风专项治理工作要点》《医药代表备案管理办法(试行)》等法律规定、政策法规,结合××克公司的实际,特制定本制度。

第二条　公司的招投标活动须遵循公平、公正、公开和诚实信用的原则。

第三条　本制度所称的招投标包括公开招投标与邀请招投标。

第二章　招投标管理机构及职责

第四条　公司成立招投标工作审议机构,统筹指导并决策监管公司及所属公司招投标管理工作。审议机构成员包括:公司管理层及相关专业技术人员。公司实际控制人担任招标审议小组组长,公司总经理担任审议小组副组长,招标专员、授权专员、招标经理由组长或副组长根据实际情况任命。公司招投标审议小组及招标专员、授权专员、招标经理职责如下:

(一)审议批准本公司招标办法、程序,确定招标策略;

(二)对招标项目进行审查、评审;

(三)对招标工作重点环节进行审批和监督;

(四)招标专员、授权专员、招标经理职责。

岗位	工作职责
招标专员	1.各省市医疗器械招标工作,包括网上申报,招标材料制作,产品报价,中标产品配送商点送处理,中标产品数据维护工作
	2.每月汇总中标挂网数据,要及时对各地区中标结果汇总,按照招标汇总要求,将全部招标材料整理后按项目进行整理保存
	3.产品价格备案,要及时对个配送商所配送的产品进行价格备案

续表

岗位	工作职责
	4.招标材料整理,对新下发的材料进行整理
	5.对各省市招标项目及政策培训的解读工作
	6.每月对医疗器械招投标信息收集、整理,发送至大区经理销售群
	7.每日检索各省市,医院相关产品招投标信息,发送至大区经理销售群
授权专员	1.协助销售经理,对经销商索要授权进行审核、登记、发放
	2.协助销售经理,销售内勤进行公司资质、产品资质、产品宣传资料的审核、登记、发放
	3.医院、经销商首营资料准备,销售总监审核后,予以发放
	4.每日对发放资料,登记、汇总
	5.每月对新增加医院授权书登记汇总放送至大区经理销售群
招标经理	1.医药行业相关政策法规、行业信息、指导性文件的解读与分析。熟悉当地医改政策,及时掌握政策趋势,分析和评估对企业造成的影响,发现主要发展机会与主要风险
	2.支持公司各项准入工作,并在各地协调大区经理实施行动,实现准入目标的达成
	3.组织本部门召开招标项目汇总,整体进度跟进的月度会议
	4.负责对销售总监下达的改善措施的具体执行和结果上报
	5.每月完成月工作总结及下月工作计划制定
	6.负责本部门人员工作的工作的审核,每月整体项目进度的跟进

第五条 招标审议小组下设招标管理办公室,办公室主任由招标申请单位或部门负责人临时担任,成员有招标申请单位或部门负责人,相关单位负责人及负责相应业务的技术人员。

办公室主要工作有:负责公司招标具体事务工作,制定招标计划,邀请招标的,负责招标方案与文件编制,对招标工作中重点环节向招标审议小组汇报。

第七章　刑事合规不起诉最高检试点北京西检首案首例、湖南某地先行试点案例文书模板及成果展示

第三章　招标范围及方式

第六条　招标工作由招标管理办公室组织实施，也可以委托有资质的招标代理机构进行。

第七条　招标范围包括：各省市医疗器械采购。

第八条　招标组织形式：

1. 委托招标。取得项目投资主管部门招标方案审批、核准、备案手续后，选择具有相应资格的招标代理机构并签订代理合同。

2. 自行招标。依法必须进行招标的项目，招标人自行招标的，应当满足以下条件：

（1）具有编制招标文件和组织评标的能力；

（2）具有与招标项目规模和复杂程度相适应的技术、经济、招标等方面的专业人员，且招标人近三年在招标投标活动中没有受到行政、刑事处罚；

（3）自行办理招标事宜的，应当向有关行政监督部门备案。

公司暂不具备自行招标条件，实施的依法必须招标的项目，采取委托招标方式进行。

第四章　监　督　管　理

第九条　经办部门、协助部门等不得有下列串通行为：

（一）在评标会议前开启投标文件或比选文件，并将投标或比选情况告知其他投标或受邀人，或协助投标或受邀人撤换投标或比选文件，修改报价；

（二）向投标或受邀人泄露评标成员名单；

（三）故意引导或影响评标其他人员，使其在评标时，对投标或受邀人实行差别待遇，促使某一投标或受邀人中选；

（四）预先内定中标人。

第十条　有下列情形之一的评标人员应当主动回避：

（一）投标或受邀人的近亲属；

(二)与投标或受邀人有经济利益关系,可能影响评标公正的。

<h2 style="text-align:center">第五章　附　　则</h2>

第十一条　本办法由公司负责解释。

第十二条　本办法自发布之日起执行。

<h2 style="text-align:center">投标合规管理实施细则</h2>

第一条　为加强××××有限公司(以下简称"××克公司"/"公司")投标合规管理工作,根据《中华人民共和国招标投标法》、《中华人民共和国招标投标法实施条例》等相关法律法规、监管规定及《企业合规管理制度》的要求,结合公司实际情况、制定本细则。

第二条　本细则适用于本公司、关联公司及员工在境内外开展的一切经营投标活动。

第三条　本细则相关定义如下:

(一)国际组织包括但不限于联合国、国际货币基金组织(IMF)、经济合作与发展组织(OECD)、世界银行等多边开发银行(MDB)和世界贸易组织(WTO)等。

(二)政府机构包括但不限于国家、地方政府、国有资源类公司、国有开发类公司等。

(三)公务人员包括但不限于其他单位下列人员:

1.政府的官员、雇员、代表以及代表政府或者经公共权力授权行事的人士;

2.国际组织的官员、雇员和代表;

3.行使公共权力的政治组织的官员、雇员、代表或皇室成员;

4.政府直接或间接控制或施加决定性影响力的公共企业的官员。第四条投标合规管理应遵循公正、客观、独立的原则。

第四条　本公司、关联公司投标业务部门及其员工应当在投标流程中贯彻投标合规管理制度,确保其投标流程合法、合规。

第五条 所有参与投标的人员都应严格遵守各单位的保密规定,不得泄露与投标有关的保密信息。

第六条 合规办公室全程指导、监督并检查投标活动中与合规相关的工作,主要职责如下:

(一)组织起草、修订投标合规管理计划、制度并监督实施;

(二)负责合规资格审查的风险评估及有关投标项目合规风险的批准、备案或上报,对投标业务部门的投标合规工作进行监督和评价;

(三)复核投标活动涉及的工作人员是否与招标人或其他竞标方存在利益冲突;

(四)对投标活动中涉嫌违反合规要求的行为进行调查,必要时移送有关部门处理;

(五)定期审查项目投标文件档案,确保合规资格审查流程有效、可靠;

(六)其他应当承担的职责。

第七条 参与投标的人员与招标人或其他竞标方之间存在利益冲突,若无法采取合理措施消除利益冲突的影响,则该人员应予以回避。利益冲突包括:

(一)参与投标的人员在招标人或其他竞标方担任职务或曾经担任职务,或与其任职人员存在较为密切的关系;

(二)参与投标的人员,在招标人或其他竞标方处持有股票、债券等经济利益;

(二)其他可能影响投标人员对投标事宜的客观判断的情形。

第八条 投标业务部门在投标评审过程中,应当对招标人及项目进行合规资格审查,负责收集相关信息,并编制合规资格审查文件及相应说明。

第九条 投标业务部门应将合规资格审查文件及相应说明提交合规办公室处理,合规办公室工作人员应根据合规资格审查信息对招标人的合规风险进行评估分级,并根据不同级别的合规风险予以分级处理。

第十条 招标人方面的合规风险级别分为:

(一)特定级别风险,包括:

1. 招标人或其母公司、关联企业或个人曾被联合国或其他国际组织列为恐怖组织；

2. 招标人或其母公司、关联企业的现任股东或高级管理人员现为或过去10年曾为国际或当地刑事通缉犯；

3. 与上述风险程度相当的其他风险。

（二）第一级别风险，包括：

1. 招标人或其现任股东、高级管理人员、关联企业，涉嫌腐败、欺诈、垄断、串谋、逃税、漏税、洗钱等非法行为，或因此受到指控；

2. 招标人被本公司或关联公司列入禁止合作名单；

3. 与上述风险程度相当的其他风险。

（三）第二级别风险，包括：

1. 招标人、政府机构、国际组织或其公务人员指定或极力推荐聘用第三人参与项目投标；

2. 有第三人帮助、参与或代表本单位进行项目投标；

3. 现金保证金金额较大，本公司、关联公司明知该金额超过其承受能力；

4. 与上述风险程度相当的其他风险。

（四）第三级别风险，是指招标人存在或潜在的其他可能导致本公司、关联公司遭受法律制裁、监管处罚、重大财产损失、声誉损失以及其他负面影响的风险，其危险性低于上述特定、第一级别和第二级别风险。

第十一条 公司针对不同级别的合规风险，应当进行分级处理：

（一）合规风险为特定级别的，不得投标；

（二）合规风险为第一级别的，原则上不得投标，除非存在特殊情况或在已采取了适当措施减轻影响的情况下，并经公司首席合规官和分管该业务的副总裁以上职级领导批准；

（三）合规风险为第二级别的，公司投标前，须获得合规办公室和相关业务部门负责人的批准；

（四）合规风险为第三级别的，公司投标前，须获得业务部门负责人的批

第七章　刑事合规不起诉最高检试点北京西检首案首例、湖南某地先行试点案例文书模板及成果展示

准,并按季度报合规办公室备案。

第十二条　在投标过程中,发生以下情况时,应重新进行合规资格审查和风险评估分级:

(一)招标人决定废标并重新招标;

(二)新发现了不合规信息;

(二)其他可能导致新的合规风险产生或已有合规风险扩大的情形。

第十三条　本公司、关联公司及员工在投标过程中不得通过任何作为或不作为进行失实陈述,即明知或不顾实情,误导或企图误导一方以获得财务或其他利益或者避免履行义务,包括但不限于以下形式的不合规行为:

(一)在资格审查或投标文件中有任何虚假、错误、片面的描述;

(二)在资格审查或投标文件中的对有关的相关资质证件材料进行伪造、捏造;

(三)为了满足招标文件的要求,在资格审查或投标文件中,对相关业绩、项目起止时间、合同金额等要素进行篡改。

第十四条　本公司、关联公司及员工不得直接或间接地提供、给予、收受或索取有价值的物品,不正当地影响另一方的行为,包括但不限于:为实现不正当目的或者谋取不正当利益而给予招标人或其雇员、代表财物或其他利益;以贿赂、暗箱操作等违法违规方式通过资格审查或谋取中标。

第十五条　本公司、关联公司及员工不得通过与其他一方或多方之间的安排,图谋达到不正当目的,不当地影响另一方的行为,包括但不限于:为了实现不正当目的或者谋取不正当利益,与潜在竞标人、招标人或其他方串通从事不合规行为等。

第十六条　本公司、关联公司及员工不得直接或间接地削弱或伤害、威胁削弱或伤害任何一方或其财产,不正当地影响一方的行为,包括但不限于:以直接或间接威胁、损害他人利益的行为,来为自身谋取不正当的利益等。

第十七条　本公司、关联公司及其员工不得在项目资格审查和招投标活动中从事任何妨碍行为,包括但不限于:故意破坏、伪造、改变或隐瞒调查

所需的证据材料或向调查人员提供虚假材料,企图严重妨碍对腐败行为、欺诈行为、胁迫行为或串谋行为指控进行的调查;威胁、骚扰或胁迫任何一方使其不得参与调查或透露与调查相关的所知信息。

第十八条　投标部门应组织投标文件编制以及评审工作,确保所有资料的真实性、完整性和准确性,严禁提供含有虚假、片面或错误陈述内容的文件资料。

合规办公室应对投标文件中业绩、人员简历、资产、资质等招标文件要求如实披露的事项的真实性进行审核,未经合规官审核的,公章管理部门不得在投标文件上盖章,被授权人不得在投标文件上签字。

第十九条　本单位、关联公司投标部门应及时做好对投标合规资格审查及投标文件等文件的归档工作,包括招标人发来的补遗、答疑、通知等文件。

第二十条　公司合规办公室应定期审查项目投标部门的投标合规管理工作及投标相关文件资料,确保投标合规管理流程有效、可靠。

第二十一条　严禁一切投标活动中的不合规行为,任何部门或个人发现不合规行为后应立即向合规主管办公室报告。

第二十二条　公司合规办公室在投标过程中就其接收或发现的不合规行为线索,应积极开展合规调查并报告本单位首席合规官,首席合观官有权决定暂停有风险的行为。确有不合规行为的,根据《劳动人事管理制度》及《企业合规管理制度》等相关规定给予警告直至解除劳动合同的处分。

第二十三条　合规办公室在投标活动中如遇重大、复杂的合规问题应立即向上级合规委员会垂直报告。

第二十四条　本细则自印发之日起施行,由公司合规办公室负责解释。

十四、《员工行为准则》

目　录

1. 执行董事致辞
2. 准则适用范围

3. 基本原则

4. 管理层及员工合规责任

5. 对内业务合规行为

6. 对外业务合规行为

7. 与其他组织的关系

8. 防范商业贿赂

9. 财务合规要求

10. 保护商业秘密

11. 保护公司资产

12. 回避利益冲突

13. 合规咨询

14. 举报不合规行为

附件1　员工合规申明

1. 执行董事致辞

遵守法律规定和道德规范，是公司长久发展的重要保障。员工在商业行为中，应严格遵守法律规定与道德规范。公司制定了《员工合规行为准则》(以下简称《准则》)，这为我们遵循法律与道德标准提供了指导规范。

公司全体同人要积极学习和遵守本《准则》。各级管理人员要发挥好领导作用，认真学习，发挥好模范带头作用。

公司秉持《准则》中的原则与要求，愿意与利益相关方携手拼搏、精诚合作，以守法合规的方式实现公司可持续发展。

执行董事签字：
日期：

2. 准则适用范围

本《准则》适用××××× 有限公司的所有员工。

本《准则》所指的"公司"是指××××× 有限公司。

公司对本《准则》相关内容享有制定、修改、解释权。

3. 基本原则

3.1 公司倡导守法合规、诚信敬业、创新进取、可持续发展的经营理念。

3.2 公司弘扬合规优先、团结协作、创新为要的价值观。

3.3 公司崇尚心胸开阔、襟怀坦白、宽人律己的人格追求。

3.4 员工的一切职务行为,都必须以守法合规为出发点,以维护公司利益为目标。任何理由都不应成为其违法违规行为的动机。

4. 管理层及员工合规责任

4.1 各级领导及员工均负有严格遵守本《准则》的合规责任。各级领导必须积极推动本行为准则的实施,并通过行动表明其遵守本《准则》的承诺。

4.2 公司各级领导在对员工进行评价时,首要考虑因素为员工在开展生产经营活动中,遵守道德标准及合规要求的情况。

4.3 公司各级领导应当随时保持警惕,以预防、发现和应对任何违反本《准则》的行为,并保护举报违规行为的员工。

4.4 公司员工在日常生产经营活动中,在遵守其岗位职责和工作活动所涉及法律、法规及合规要求的同时,有义务充分知晓并执行本《准则》。

4.5 公司员工有义务举报任何已知或可能违反本《准则》的行为。进行举报时,员工应将实际或可能违反本《准则》的证据提交至合规办公室、合规总监或单位合规委员会。

4.6 公司所有员工均应每年签署合规申明(见附件1)并遵照执行。

4.7 公司对所有员工应充分知晓绩效考核标准并严格遵守,及时开展合规绩效考核。合规委员会负责对合规绩效管理部门进行考核,合规绩效管理部门负责对各部门负责人进行考核,各部门协同人力资源部对其所属职工进行合规绩效考核。合规绩效考核结果与绩效奖金直接挂钩。

5. 对内业务合规行为

5.1 员工行为需严格遵守法律法规及公司管理规章制度,不得利用业务行为实施违法违规行为。

5.2 各部门负责人应在严格遵守法律法规及公司管理规章制度的基础

上,规范并监督员工行为,及时识别潜在风险并进行沟通补救。

5.3 员工不得超越本职业务和职权范围从事非法业务或未经授权业务。

5.4 员工除本职日常业务外,从事其他任何工作均应得到公司法人授权或批准,未经公司法人代表授权或批准,不能以公司名义进行考察、谈判、签约、出席公共活动、向新闻媒介发表意见和消息、提供担保及证明。

5.5 员工未经公司书面批准,禁止兼职于公司的业务关联单位或者商业竞争对手。

6. 对外业务合规行为

6.1 公司员工从事公司各项对外业务时,不论是采购、销售、或其他情形,都必须遵守商业道德及适用的法律。

6.2 公司员工不得在正当流程和授权外做出商业上或者其他方面的承诺约定,即公司员工在未取得相关授权前,不得向第三人做出任何口头或书面的承诺,如达成新合同或修改现有合同。

6.3 公司员工在对外交往上,不得向任何人士作错误说明或不实陈述,如员工认为别人存在误解,应立即更正。

6.4 在选择供应商时,应毫无偏私的衡量所有决定因素,从公司最大利益出发选择最优的合作伙伴,始终坚持公正原则。

7. 与其他组织的关系

7.1 公司员工与竞争对手交往过程中,不应讨论定价政策、合同条款、成本、存货、营销、产品计划、市场调查、工作计划以及生产能力等,也不应该讨论公司的专有信息或保密信息。

7.2 公司员工与政府部门或政府官员交往过程中,应完全了解和遵守有关政府业务往来方面的法律法规,不得违反。同时,公司员工在业务开展过程中,不得向政府官员提供金钱或其他财产性利益,或者任何可能导致被怀疑与该政府单位有特殊关系的礼品。

7.3 公司员工与新闻媒体、司法人员等其他各界交往中,除非公司授权,员工不得接受记者、咨询顾问等人员的采访或者访问,回答任何与公司有关的话题。

7.4 公司员工当接到律师、司法人员、调查人员或其他执行人员要求，需提供与公司业务有关的资料时，应将此要求转达至合规办公司法律工作人员处理。

8. 防范商业贿赂

8.1 员工应充分认识到公司在商业上的成功应基于市场竞争力、业绩以及产品质量、服务质量和技术质量。在任何情况下，员工不得在任何经营活动中，通过任何形式的贿赂等腐败行为或其他性质相同的不当行为获取商业成功。

8.2 员工不得因为将业务给予某个人或某组织，而收受来自第三方给予的金钱、服务、礼物或其他有价值的物品（包括招待）。也不允许通过亲属或其他委托人开展上述行为。

8.3 在与政府或其附属机构开展业务时，特别是在寻求政府批准、特许、准入或相关审批的情况下，员工应遵循公司的道德标准、合规政策和要求。

8.4 在特定的社会习俗及文化下，员工可以在商务活动中交换象征性的礼物、非现金礼节性纪念品或提供友好的接待。但如果是出于影响商业决策为目的，则不得给予、提供、接受相关的礼物、纪念品、招待（包括金钱、贷款、邀请和付款或报销）或其他任何形式的特殊待遇。也不允许通过亲属或其他委托人发生上述行为。

9. 财务合规要求

9.1 公司财务应认真贯彻执行国家有关的会计制度、财务管理制度和税收制度。

9.2 公司财务应做好财务管理基础工作，如实反映企业财务状况，依法计算和缴纳税收，保证投资者合法权益不受侵犯，保证企业利益不受损失。

9.3 公司财务应积极主动与有关机构及税务、银行部门沟通，及时掌握相关法律法规的变化，有效规范财务工作，及时提供财务报表及其相关资料。

9.4 建立健全财务管理的各种规章制度,编制财务计划,加强经营核算管理,反映、分析财务计划的执行情况,检查监督财务纪律的执行情况。

9.5 财务部门要增强责任心,提高专业能力,强化财务监督。加强费用报销审核,按照从严、从细、从紧的要求加强发票审核,对不真实、不合规、不合理的报销事项坚决予以退回。

10. 保护商业秘密

10.1 员工应遵守公司商业秘密保护规定,不得在未经授权情况下,擅自对外发布、在公开场合讨论、向未经授权的人或机构披露或无正当授权情况下使用公司或相关第三方的经营保密信息和技术保密信息。

10.2 员工未经公司授权或批准,不得将公司的技术信息、商业秘密等擅自赠与、转让、出售、泄露给其他公司、单位或个人。

10.3 为了避免无意泄密,员工不得和任何未经授权的人员讨论公司的专有信息。

10.4 在与家人或朋友谈话时,也应避免谈论公司保密信息,防止家人及朋友可能在不知情或者疏忽的情况下,向别人透露信息。

11. 保护公司资产

11.1 公司有多种资产,包括有形资产、无形资产。

11.2 公司的有形资产,如厂房、办公场所、设备、设施、办公用品等,只能用于公司业务或经相关管理权授权使用目的。

11.3 员工未经公司授权或批准,不得将公司的资金、设备、产品等擅自赠与、转让、出售、出借、抵押给其他公司、单位或个人。

11.4 每位员工都有责任保护公司无形资产不受损坏的义务。

11.5 公司的知识产权,尤其是技术秘密、商业秘密等公司重要资产,是全体员工辛勤工作的成果。公司知识产权包括但不限于专利、商标、商业秘密和其他信息。员工应遵守公司知识产权和信息安全政策,保护和合法使用公司知识产权。

12. 回避利益冲突

12.1 员工的直系亲属从事可能会与公司利益发生冲突的业务时,公司员工应向公司申报,并提出职务上的回避。

12.2 禁止利用工作时间和其他资源从事兼任工作,禁止兼职于公司的业务关联单位或者商业竞争对手,所兼任的工作不得构成对本单位的商业竞争,禁止因兼职影响本职工作或有损公司形象。

12.3 员工的商业决策及行为应当基于公司的最佳利益,不得因为与未来潜在或现在的供应商、分包商、代表、聘用员工、客户、竞争对手或监管者的关系,而影响独立判断和合理决策。

13. 合规咨询

13.1 任何时候,员工可以向合规办公室、合规总监、合规委员会或合规负责人就本《准则》、合规政策以及道德标准或相关法律法规进行咨询。

13.2 咨询内容包括但不限于:对涉及道德或合规的问题感到疑惑;在某些特殊情况下,不知如何行事才符合公司的道德标准;业务合作伙伴、客户或同事要求做一些可能违背道德标准或违反合规政策,甚至是违法的事情;察觉或怀疑业务合作伙伴、客户或同事有违背道德标准或违反合规政策,甚至是违法的行为;其他任何与合规相关的问题或情况。

14. 举报不合规行为

14.1 员工可以通过电话、邮件对公司相关不合规行为向合规办公室、合规总监、合规委员会或合规负责人等进行举报。

14.2 合规工作人员接到举报后,应及时将举报内容报送给合规总监,并对举报人以及举报内容进行保密。

14.3 合规工作人员接到举报后应立即对举报内容进行调查核实。经核实后不存在举报情况的,应及时向举报人说明。如果存在举报情况或其他不合规行为,依照合规管理制度惩戒或处罚。

14.4 如果举报属实,任何参与违规活动者都将受到相应的处分。如果举报者也参与了违规活动,虽然举报者本人也将受到相应的处分,但对主动检举者的处分视情节从宽处理。

14.5 咨询举报热线:022-××××××××。

咨询举报邮箱:××××@163.com。

附件1

员工合规申明

说明：请仔细阅读下列规定，并在理解确认后签字。如有疑问，请联系合规部门。

我，＿＿＿＿＿＿＿＿＿＿，特此申明并保证如下：

一、我已仔细阅读《员工合规行为准则》（以下简称《准则》），在此申明，在过去十二个月期间，我严格遵守该《准则》所有规定。

二、我保证，在过去十二个月期间，未出现过由我引起的不良记录或发生的不当款项。

三、我保证，我了解与我职责相关的《准则》中的所有规定，并在过去十二个月内没有任何违反或逃避上述《准则》的行为。

四、我确定，在过去十二个月期间，我对同事、下属及上级违反或逃避《准则》的行为不知情。

五、我保证，在过去十二个月期间，如果知悉同事、下属及上级违反《准则》，我会将有关情况通过举报热线或邮箱的形式向公司合规办公室、合规总监、合规委员会或合规负责人反映。

六、我承诺，在今后工作中，继续严格遵守《准则》的各项规定。

七、我认同，申明中的错误陈述且给公司带来损失的，会导致不限于谴责或解雇处分的各种纪律处罚。

本人确认已经仔细阅读且完全知悉、清楚公司《员工合规行为准则》内容，并将严格遵照执行！

十五、《财税管理制度》

第一章　总　　则

第一条　为规范×××××有限公司（以下简称"公司"）的税务、财务管理流程，防范和化解经营中的财税风险，根据国家有关财税法规定，并结合公司实际情况，制定本制度。

第二条 财务部是公司财税管理的归口管理部门,负责建立公司财税管理制度,并处理财税事宜。

第二章 税 务 管 理

第一节 税务登记管理

第三条 财务部应设立税务管理的专职或兼职人员(下称"税务管理人员");若有重大涉税业务、涉税风险或税务检查,税务管理人员应及时向财务总监报告,财务总监并及时向总经理报告。

第四条 公司税务登记、变更登记、换证登记以及年审工作均由公司税务管理人员办理,并报公司财务部负责人审核、总经理审批。

第五条 公司税务登记内容发生变化的,应在规定的时间内向税务部门提出申请,办理税务变更登记。

第六条 公司因住所、经营地点变动,涉及税务登记机关变动的,应当在向市场监督管理部门或其他机关申请办理变更或注销登记以及住所、经营地点变动前,向原税务登记机关申报办理注销税务登记,并向迁达地税务机关申报办理税务登记备案。

第七条 下属分、子公司或其他分支机构因公司业务需要撤销的,应向原税务登记机关申报办理注销税务登记。公司在办理注销登记前,应当向税务机关结清应纳税款、滞纳金、罚款,缴销发票和其他税务证件。

第八条 财务部应按税务机关的规定使用税务登记备案信息和执照,不得转借、涂改、毁损、买卖或者伪造。

第二节 纳税申报、税款缴纳与税务筹划

第九条 申报及缴纳

1. 税务管理人员应当依据各项税收法律法规,正确计算公司各类税费金额,经财务部负责人审核后作为税金计提凭证的附件。

2. 税务管理人员应当按时进行税收申报。

3. 人力资源部应按月依法正确计算应扣缴的个人所得税,由财务部复

核后代扣,并由税务管理人员按时向税务机关申报。

4. 每年结账前,税务管理人员应检查公司各类税费应计提数与账面计提数、应缴额与实际已缴额是否存在差异,经财务部门负责审核无误后存档,再根据差异情况进行相关账务及申报处理。

5. 公司注册地若存在税收优惠或财政返还政策的,应及时申报相关资料,积极争取税收优惠或财政返还。

第十条 财务部要注重税企关系的维护,税务管理人员负责对税务问题及时与部门领导、税务部门交流与沟通,并随时关注有关税收政策的变化,并将相关信息及时反馈至财务部负责人;对重大政策的变化,应提出合理的税务筹划与可行性方案,由财务部部门经理向分管副总经理与总经理汇报,以规避税务风险。

第十一条 加强涉税环节的事前控制,防范税务风险。财务部负责对公司各项经济活动现有或潜在的纳税环节进行纳税分析、预测和筹划。涉税业务是企业经营管理中的重要组成部分,财务部应与各业务承办部门加强沟通与交流,在发票管理、合同管理、投资管理、薪酬福利管理等方面提出合理避税、节税和纳税方案,根据国家有关财政税收法规、政策进行事前控制,规范纳税业务、依法节税,堵塞涉税管理漏洞,降低经营成本,提高财务管理水平,严禁为节税违法操作。

第十二条 财务部要定期组织财税业务培训,每季度培训一次,由财务部人员和相关业务部门参加,如销售部内勤、采购人员等。

第三节 税务档案的管理与保存

第十三条 税务档案指公司在相关税务活动中直接形成的,有保存价值的各种文字、图表、声像等不同形式的记录;是在各种税务活动中形成的具有使用和保存价值的税务文件材料或记录。

第十四条 税务档案包括但不限于:

1. 公司所有法定纳税申报表、财务报表及内部税务管理报表;

2. 企业所得税汇算清缴审核报告及其他有关税务审核报告;

3. 税务机关出具的各种批复、检查处理决定等文件；

4. 发票抵扣联、销售和采购合同；

5. 记账凭证、审核报告、验资报告；

6. 公司章程、股东决议；

7. 其他有保存价值的文件或资料。

第十五条　文书立卷应当注意文件之间的有机联系，并区别不同的价值，以便于保管和利用。归档时应当将正文与附件、正本与定稿、请示与批复、批转文件与原件等放在一起立卷。

第十六条　公司工作人员因工作需要，经财务部负责人同意，可以借阅或复制税务档案；外来单位查阅时必须持有相关手续，并经公司总经理批准。

第十七条　税务人员若因调动、离职、退休等离开公司，应规范办理税务档案移交手续，填写移交清单，移交清楚后方可办理人事变动手续。

第十八条　税务档案的保管、销毁税务档案由财务部负责保管，建立《税务档案保管清册》，对所有税务证件、申报软件（含软件及 IP 地址）、储存盘、纳税申报表、审计报告、税务批复、税法文件详细记录在保管清册中。公司的税务档案应当长期保存。

财务部销毁确无保存价值的税务档案时，应当出具《销毁档案报告》说明销毁理由、原保管期限、数量和简要内容、销毁档案清册，上报财务部负责人及财务总监后方可销毁，并在原案卷目录上注销，销毁人、监销人在销毁清册上签字。

第三章　发票管理

第十九条　本制度所称发票是指公司购销商品、提供或者接受服务以及从事其他经营活动中，开具、收取的收付款凭证，包括发票及收据。

第二十条　公司在发票管理中应严格遵守《中华人民共和国发票管理办法》的规定，该办法作为本制度附件。

第二十一条　公司财务部是发票的归口管理部门，未经财务总监同意,其他部门不得办理有关申报购买、对外签发使用以及保管发票等相关业务。

第二十二条 公司应指定专人(下称"发票管理员")负责管理发票,严格执行发票管理制度,认真妥善保管发票。

第二十三条 购买发票

1. 公司需要开具的所有发票均由发票管理员负责统一申请购买。

2. 发票管理员应及时和业务部门沟通,根据发票需求情况及时开具手中库存发票,经向财务部门负责人批准后,及时安排购买发票,不应出现发票短缺情况。

3. 购买的任何发票均需及时入库,并及时登记在税务部门下发的《发票领购簿》中。

第二十四条 发票的领用

1. 发票统一由公司财务部领购后并使用。

2. 发票管理员应按发票类别分别核对各种发票出入库数据、开具情况,并定期核查,确保账实相符。

3. 发票只限在本公司经营范围内使用,不准向外转让、出售。

第二十五条 发票的填开

1. 发票填开必须以真实业务交易为依据,不得虚开、转借、转让、代开发票,不得扩大发票使用范围。

2. 发票开具时必须与对应的合同要素相匹配,不得变更用途和金额,要严格按照规定的时限、号码顺序,逐栏、全部联次一次性如实开具,要完整填写所有开票内容,客户名称不应简化填写或留空不填或错填,并加盖发票专用章。

3. 填开时限:普通销售发票、服务业发票应在实际业务发生后一个月内开具,若超过一个月仍需填开的,应由财务部负责人批准后方可开具,增值税专用发票应在实际业务发生后 3 个月内开具,若超过 3 个月仍需开具的,需由财务部负责人批准后方可开具。

4. 填写错误的发票不得丢弃,应加盖作废章或签写作废字样后,粘贴在发票各联上长期保存。在各联齐全的情况下，发票只允许当天作废操作，第二日开始，如果发现发票错误，需要修正或者作废，请采用发票冲红方式，并重新开具正确的发票内容，跨年度一般不允许发票冲红。

第二十六条 发票的保管与缴销

1. 由发票管理员负责保管发票，发票的存放和保管应严格按照税务机关的规定，不得丢失和擅自损毁。如发生发票丢失时，应于丢失的当日书面报告主管税务机关，声明作废。如因保管不善遗失发票，后果由发票保管人员承担，由此引起税务部门罚款给公司造成损失的，将追究发票管理员责任。

2. 已经开具的发票存根应保存5年，保存期满后报经主管税务机关批准后销毁，不得擅自处理。

3. 公司发票统一从财务部领取，按照税务机关要求申领发票时验旧缴销。

第二十七条 采购或报销应取得有效发票

1. 公司采购各种物品（含库存商品、固定资产、无形资产、低值易耗品、办公用品等），以及报销各种费用均应依法取得有效的发票。

2. 取得的发票必须合法、有效，不得收取过期或无效发票。

3. 对款已付而发票未收的业务，财务部门应及时和业务部门沟通催促，付款后30天内必须收回发票。大额固定资产分期付款的，可在结清款后30天内收回发票，主管会计要及时向财务部负责人汇报预付账款情况。

第四章 审 计 管 理

第二十八条 为了自我审查财务的合规性，公司聘请外部专业机构进行每年一次的财务审计和三年一次的高新技术企业专项审计。通过审计，发现不合规的应立即改正并完善管理制度，同时税务申报也相应的调整应纳税所得额，并按专业机构的意见进行合规账务调整。做到合理、合法、合规，不断提高法律意识和管理意识。

第五章　财务管理

第二十九条　预算管理制度

1. 公司各部门开支必须有年预算、月预算。

2. 每月底最后一天各部门将开始预算表递交财务部审核,每年12月31日前各部门提交年预算表给财务部。财务部根据上年财务数据和收入费用配比原则审核开支的合理性、配比性。

3. 年预算和月预算经总经理批准方可执行。

4. 月预算表是财务审核付款单的限额标准,严禁执行预算外付款。

第三十条　备用金制度

1. 需要先付款后回票的费用类开支,员工可根据实际情况从财务部领取备用金。

2. 备用金需要在业务活动结束后1周内将发票送回财务部,递交财务部时需要填写发票回单,特殊情况的可延长至1个月内回票。

3. 没有用完的备用金应在活动结束后一周内退回财务部。

4. 备用金年末需要清账,各部门需要的,次年重新领取备用金。

第三十一条　差旅费管理制度

1. 公司出差人员应合理安排出差计划,杜绝无必要的差旅支出。出差人员应提前三天填写《出差申请》表,写明出差起止时间、事由、所有目的地(具体到此次出差所需到达的所有地级市)、乘坐的交通工具和所需差旅费金额明细,特殊情况紧急出差需提前一天提出申请,经其上级领导批准后报公司销售总监批复后方可出差,无出差计划审批表批准的不予核销相关费用。

2. 本制度所称"差旅费",包括出差期间所发生的往返车船费、市内交通费、住宿费、及出差补贴。员工出差分"常驻地"和"异地"两种。

3. 常驻地差旅:到出差员工常驻地周边地区和城市出差,省内当天能往返的为"常驻地出差"。常驻地出差的,发放市内交通补助,出差员工持发票报销。

4. 异地差旅:到出差员工常驻地不能当天往返的为"异地差旅"。具体报销制度及差旅费标准如下:

(1)员工必须在结束此次出差后 30 日(遇节假日提前核销)内办理差旅费报销手续,当次出差的所有费用必须一次性报销。

(2)报销差旅费时,财务部根据《差旅费报销制度》《出差申请》《员工出差报告》《出差行程单》审核部门领导签字确认的差旅费报销单。

(3)差旅费报销审批流程为:区域经理→大区经理→南区或北区经理销售总监→财务部。

(4)出差交通费:出租车方式的,需提供机打发票,无机打发票地区,或使用滴滴等网约车方式的,需提供行程单并与发票总金额一致。

(5)超过规定的出差单据不予报销。因特殊情况、疫情情况、不可抗力造成的超额部分,经总经理、部门负责人、财务部负责人批准后可以报销。

(6)虚开票据、假票据或不合规定的票据,一律不予报销;如发现虚开发票、提供虚假票据的,一经发现按公司管理制度严惩不贷。

5. 出差交通工具选乘方式、住宿、补贴、市内交通标准:

(1)如果出发地到目的地之间既有飞机又有火车、动车等城际交通工具,根据工作需要,在不影响办事效率的前提下,应按"费用孰低"原则选择出行工具。

(2)出差需乘坐飞机的人员,需按照审批流程上填写出差申请及机票申请单,审批后,机票由第三方服务公司代订。

项目\人员	交通方式及标准			住宿		餐补
	飞机	火车、动车高铁	异地城市内交通	普通地区	特殊地区	
部门总监全国销售经济产品经理南、北区经理	火车4小时以上（经济舱）	软卧、二等座	机场、车站往返第一目的地出租车票，(如预估此次出租车行程金额超过150元按照150元标准报销；)出差期间工作日按照50元/天交通费平均计算；	350元/天	400元/天	80元/天（工作日）
大区经理	火车4小时以上（经济舱）	软卧、二等座	70元/天(工作日)按出差天数平均计算	250元/天	300元/天	
区域经理、省区经理及营销部其他人员	预申请	软卧、二等座		250元/天	300元/天	

上表中，北京、上海、广州、深圳、杭州、出差可按"特殊地区"标准报销；"特殊地区"以外的其他省市出差按"普通地区"标准报销。

（3）员工多人共同往返出差的，除副总经理/部门负责人以上级别，其他人员应至少两人同住。两人以上住同一房间的，住宿费标准按照人员类别高者执行。

（4）出差住宿酒店，住宿费报销时必须提供住宿费发票、水单及付款截图，实际发生额未达到住宿标准金额的，据实报销；超出住宿标准部分由员工自行承担；住宿费按照出差住宿标准平均计算。

（5）车船费、住宿费必须与出差时间、地点、途经路线一致，与公司业务无关的支出严禁报销。绕道、到不属出差地、借出差旅游、办私事的车船费、住宿费、生活补助费等一律不予报销，非国家税务正规发票不予报销。

（6）凡不符合乘坐飞机条件的人员，因公事紧急乘坐飞机的，必须经销售总监批准后方可订购机票，否则超出规定的费用个人承担。

（7）出差参加会议的，公司统一安排食宿后不再享受出差补贴。

（8）出差人员必须本着节省、据实、公私分明的原则，主动自觉地控制出差各项费用，据实按规定填写报销单据。

（9）出差时间认定标准：

以出差时间段车票,机票及出租车包括网约车行程单上体现的最早及最晚时间为准;无法提供时间票据的按照飞机或火车到站时间并提供真实有效的相关凭证,如短信,或订票 App 截图等。

6.销售人员补助标准:

(1)区域经理:电话费 200 元/月;

(2)大区经理、市场经理、产品经理、南区经理、北区经理、全国销售经理及部门总监:话费 300 元/月;如工作期间累计三次未能及时接听电话或累计三次未能及时回复公司发布消息者,扣除当月话费补助;

(3)交通补助:非出差日需要外出走访客户的(以日报及拜访截图为准),大区经理工作日为 15 元/天;区域经理工作日为 10 元/天(应提供网约车发票及行程单、出租车票及地铁票);

以上电话补助与工资一起发放,交通补助发票可凭当地公交发票报销,常驻办公地在公司的人员无交通补助,发票必须合规,预充值发票不予报销。

第三十二条 其他报销

1.必须凭合规发票、付款截图或付款清单及部门领导批准的报销单报销。

2.必须在预算内项目方可报销。

第三十三条 采购商品和技术服务费制度

1.建立完善的采购机制。首先应货比三家,对供货商进行风险评估,出具寻价报告,采购信息需要先给财务部备案。

2.采购需要签订书面合同,合同明确约定标的物的数量、单价、金额、规格型号、交货日期、交货地点、运费承担方式、付款方式、付款金额、发票类型和税率,违约解决方案及产生纠纷的解放方法。

3.发票、合同、付款内容和金额要具有一致性,并将发票、合同、资金流证明、合同实际履行凭证、交付成果材料等存档备案。

4.所有付款必须在预算项目范围内。突发情况的采购,需要填写计划外预算表,并报总经理批准。

第三十四条 本制度由公司财务部负责解释,未尽事宜,按照中国的有关法律、法规执行。

第三十五条 本制度自发文之日起执行,之前与本制度相抵触的以本制度为准。

十六、《合规绩效考核管理制度》

1. 总则

1.1 合规绩效原则

(1)目标导向:合规绩效目标由公司、部门合规目标、合规要求以及合规计划年度层层分解,以支撑公司发展目标实现;

(2)过程管控:加强合规过程管控与指导,找到影响员工合规绩效的因素,帮助员工提高、改进。

1.2 适用范围

本制度适用于公司所有员工。按岗位职责分为:

(1)公司总经理、副总经理、总监及以上人员,简称:高层。

(2)各主管及以上人员(含主管):简称:中层。

(3)各主管及以下人员:简称:基层。

2. 组织机构

2.1 合规绩效管理委员会

合规绩效管理委员会作为公司绩效管理工作的决策机构,由总经理、公司高管、员工代表组成,主要职责为:

(1)对公司整体合规绩效管理方案进行审批;

(2)对合规绩效管理制度及流程进行评审,指导绩效考核工作并监督执行;

(3)对绩效评价过程进行监督与检查,提出整改意见;

(4)对各部门合规第一负责人进行绩效评价;

(5)绩效申诉争议内容的最终裁定;

(6)合规绩效管理委员会绩效评价由合规委员会作出。

2.2 人力资源部

(1) 设计和完善公司合规绩效管理制度,确保合规绩效管理工作科学化、规范化;

(2) 对各部门考核过程的监督与检查,对绩效评价中不规范行为进行纠偏;

(3) 负责全员合规绩效考核结果的收集、统计与上报,建立维护员工绩效管理档案;

(4) 对绩效结果应用提出建议,提供有关人事决策的绩效评价依据;

(5) 负责对公司合规绩效管理办法进行解释。

2.3 各部门职责

各部门是合规绩效管理的具体实施机构,主要职责为:

(1) 根据公司年度合规目标和合规重点工作任务,分解下属部门及员工的合规绩效目标,并负责带领团队完成。

(2) 负责在公司合规绩效管理框架下,结合本部门实际情况,制订具体员工的合规绩效考核指标。

(3) 按时完成对部门员工的绩效考核、结果反馈、绩效面谈工作。积极与下属员工就当期绩效评分、工作改进、下个绩效周期的目标达成共识。

(4) 人力资源部受理员工的考核申诉,并组织核实。

(5) 人力资源部协助各部门组织、推进各部门绩效评价工作的开展。

(6) 人力资源部负责开展公司合规绩效管理办法的培训、宣传、辅导,确保上、下级能够透彻理解合规绩效管理政策和方法。

2.4 各岗位员工的职责

(1) 认真学习合规绩效管理办法;

(2) 正确对待,积极参与配合绩效沟通,确定本人合规绩效计划与评估结果;

(3) 接受直接上级工作改进的方法和意见,制定个人合规绩效改进和提升计划,不断提高合规意识及相关法律法规的学习。

3. 合规绩效评价关系

公司合规绩效管理以"分类考核、直接上级评价"的方式进行开展。公司合规委员会负责合规绩效管理委员会的绩效考核,合规绩效管理委员会负责各部门负责人的绩效考核,各部门对所属员工进行评价,人力资源部协助上述各级绩效考核工作。

4.合规绩效评价规则

(1)考核等级定义

考核等级	等级界定	定义阐述
A+	绩效优秀	充分了解相关法律法规,无违法违规行为,在完成自身合规性建设同时能带领部门或同事做到部门内的合规建设
A	绩效良好	能够及时学习法律法规,无违法违规行为,能够完成自身的合规性建设
B	绩效合格	未能全面了解相关法律法规,出现个别违反公司规范的行为,但在领导同事提醒时及时改正,并未给公司造成严重损失
C	绩效差	对相关法律法规不了解,出现过违反法律规定的行为或者多次违反公司规范,但未给公司造成损失

(2)考核分数和系数

考核等级	考核分数(N)	考核系数
A+	100≤N<110	110%
A	95≤N<100	100%
B	85≤N<95	90%
C	75≤N<85	80%

(3)考核周期

岗位	考核周期
高层	季度
中层	季度
基层	2个月
其他员工	月

特殊审批的按批文执行,招聘录用中双方约定与本条款不一致的,按约定执行。

5. 合规绩效管理环节

5.1 绩效目标确认

总经理、合规绩效考核委员会共同确定公司年度及阶段性合规绩效目标。各部门负责人根据公司绩效目标确定本部门年度及阶段性合规目标。合规绩效目标的设定应全面考虑:量化指标、非量化指标、追加目标与现有任务,工作行为与态度、管理行为、不良事故等内容。

在执行过程中,若由于法律法规调整更新等原因使得部门目标出现重大调整时,需要在部门分管领导与部门负责人充分沟通的基础上变更相应的《绩效评价表》,并经总经理签字确认。

5.2 合规绩效辅导阶段

(1)各级合规绩效管理者应监控下属的工作过程,就工作业绩、行为表现、改进方法等与下属员工进行定期或不定期的绩效面谈,及时发现下属工作中存在的不足,并提出改进建议,随时对员工完成绩效目标过程中遇到的困难提供指导和帮助;

(2)各级绩效管理者应做好日常信息收集、关键事件记录工作,依据事实对下属员工进行客观评价;

(3)各部门应着重健全本部门内"双向沟通"机制,包括日报、周报、例会机制。

5.3 合规绩效评价阶段

(1)合规年度绩效评价

年度绩效评价安排另行通知。

(2)合规季度绩效评价

每个季度首月的1~15日开展部门负责人绩效考核。

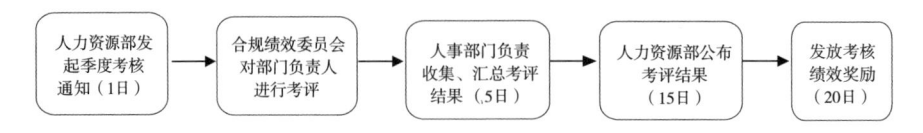

| 人力资源部发起季度考核通知(1日) | → | 合规绩效委员会对部门负责人进行考评 | → | 人事部门负责收集、汇总考评结果(5日) | → | 人力资源部公布考评结果(15日) | → | 发放考核绩效奖励(20日) |

(3) 合规月度(每两个月)绩效评价

每偶数月 1 日至 30 日对基层职工开展绩效考核。

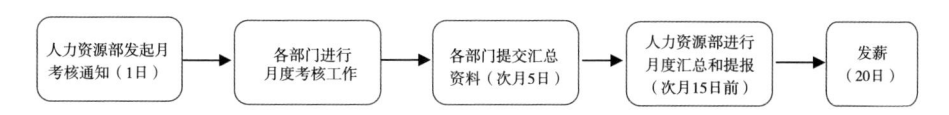

人力资源部发起月考核通知(1日) → 各部门进行月度考核工作 → 各部门提交汇总资料(次月5日) → 人力资源部进行月度汇总和提报(次月15日前) → 发薪(20日)

合规绩效负责人必须严格按照《合规绩效管理制度》所规定的时间,准时提交《绩效考核表》,如未按时提交,则延后至下一个月发放月度奖金。

5.4 合规绩效反馈与面谈阶段

考核结束后,各级绩效主管需与下属进行绩效面谈,具体如下:

(1)面谈组织

➢ 公司高管:考核完毕后由总经理开展绩效面谈;

➢ 中层管理者:考核完毕后由直接上级开展绩效面谈;

➢ 一般员工:每月绩效评价结束后,由直接上级开展每月对员工开展绩效面谈,尤其重点需对考核结果为 C 的员工面谈,绩效面谈由员工直接上级、人力资源部参与开展。

(2)面谈内容

➢ 肯定进步,指出不足,为员工合规能力提升指明方向;

➢ 讨论员工产生不足的原因,区分下属和管理者应承担的责任,以便形成双方共同认可的绩效改善点,并将其列入下一绩效周期的改进目标;

➢ 在员工与主管互动的过程中,确定下一个绩效周期的各项工作目标。

5.5 合规绩效申诉

员工对自身绩效结果持有异议的,建议先与直接上级沟通达成一致意见,如无法达成一致,则须在 3 日内向人力资源部提出书面申诉(附件 2),由人力资源部进行协调处理,如协调不成功的,由绩效管理委员会做出最终裁决。

绩效申诉结果一周内给予答复,人力资源部备案。

6. 合规绩效评价结果及应用

(1) 绩效评价结果应用

绩效评价结果作为绩效工资发放、奖金发放、岗位职级晋升、年度评优、岗位调整等的依据。

(2) 绩效评价结果,按下表执行

应用条件	应用结果
年度内月度绩效成绩均在 B 及以上	作为职级晋级、奖金发放、绩效工资发放、申请资格等参考条件
年度内月度成绩累计 3 个月 C	作为职级降级、奖金发放、绩效工资发放等参考条件

7. 合规绩效管理的其他规定

7.1　合规绩效工资发放标准

7.2　入职员工合规绩效工资发放

▷执行年考年发的员工,员工转正时不足一个考核周期的,绩效工资按出勤整月核算,如果出勤超过半个月不足一个月时可以按 0.5 月计算(出勤月数/12 年度绩效工资×考核系数)。

▷执行季度或月度考核的员工,转正时不足一个考核周期的按出勤天数进行绩效核算。

7.3　离职员工合规绩效工资发放

▷执行年考年发的员工,离职时不足两个季度的,绩效工资为零。如满两个季度及以上但不足一年的,在工作期间内满足绩效考核要求的,兑现半年的绩效工资(1/2 年度绩效工资×考核系数)。

▷执行季度考核季度发放的员工,离职时不满一个季度的,绩效工资为零。如满一个季度,且在工作期间内满足绩效考核要求的,根据出勤天数进行绩效核算。

▷执行月度考核月度发放的员工,在工作期间内满足绩效考核要求的,离职时按照出勤天数进行绩效核算。

➢ 不按公司规定办理离职手续的,不发放绩效工资。

7.4 试用期员工考核与转正日期挂钩

试用期期间进行考核评估,依据合规绩效考核成绩结果作为转正条件。

考核平均分数	转正员工参考依据
75 分及以上	可以作为转正参考依据
75 分以下	可以作为不胜任参考依据

8. 附则

(1)本制度自颁发之日起生效。

(2)本制度由人力资源部负责修订解释与组织执行,绩效管理委员会审核,员工对本制度内容有知情权和保密义务,非经授权不得以任何形式向非公司人员泄露。

9. 附件

附件1:绩效面谈表

附件2:绩效申诉表

绩效面谈表

部门			时间	年月日
被考核人	姓名:	岗位:		
考核人	姓名:	岗位:		
合规目标:				
合规评价:				

续表

部门			时间	年月日
被考核人	姓名：	岗位：		
考核人	姓名：	岗位：		

合规持续改进计划：

合规评价结果：

绩效申诉表

申诉人	职位	部门	直接上级	
			间接上级	

申述事件：

申述理由：(可以附页)

续表

部门内处理结果或意见	
	签名： 日期：
合规绩效管理委员会 处理结果或意见	
	签名： 日期：

1. 申诉人必须在知道绩效结果 3 日内提出申诉，否则无效。
2. 建议申诉人先与直接上级沟通达成一致意见，如无法达成一致，再进行申诉。
3. 绩效申诉结果一周内给予答复，人力资源部将处理结果通知申诉人及直接上级。

十七、《合规访谈记录》

时间：　年　月　日	访谈方式:□现场,地址:【　】 □电话 □视频
访谈人:【　】 访谈对象:【　】　　　　　电话:【　】 职　　务:【　】	
主要目的： 1. 对访谈对象进行合规教育提升访谈对象的合规意识。 2. 访谈对象是否了解企业合规管理与合规改革制度。 3. 公司(或行业)近两年是否出现过不合规事件以及出现了哪些不合规事件。 4. 访谈人员合规经营意识与收集对公司(本部门)合规整改的意见和建议。	

续表

访谈内容
访谈人问:您好。本所接受【　】公司委托,为了解公司合规管理情况与公司面临的合规风险,向进行访谈,我们不是执法机关派来的,而是公司聘请的第三方机构,帮助企业开展整改,制定合规计划。同时,我们交流的内容,将严格保密。 访谈对象回答:好的。 访谈人问:今天的访谈内容主要关于涉案企业合规改革制度,所以现在我想知道您对于涉案企业合规从宽处理制度是否有一定的了解? 访谈对象回答:【　】 访谈人问:企业合规与涉案企业合规从宽处理都是一个新名词,涉案企业合规尚在改革试点之中。所以接下来我要向您系统地介绍一下企业合规相关的基本情况。 访谈对象回答:好的。 访谈人介绍:企业在经营中面临着合规风险,企业要在内部建立一套自我监督与管理体系,进行自我约束目前国内外、行业企业都在建立企业合规管理体系,实现合法合规经营,防范化解合规风险,提升竞争软实力。2020年最高人民检察院在部分检察院开展了企业合规改革试点工作,2021年进一步扩大,2022年将在全国全面推广。据最高检下发的文件精神来看,如果涉案企业真诚悔改、真诚合规、接受第三方的监督,是可以给企业机会的。让企业获得重生机会。 访谈对象回答:听明白了。 访谈人问:接下来,请您介绍一下公司(或本部门)的经营情况,包括业务、人员、职能职责,对公司前景与业务的认识。 访谈对象回答:【　】 访谈人问: 访谈对象回答:好的。 访谈人问:公司现在的主营业务在行业内处于什么水平?是否有重大的发明创新? 访谈对象回答:【　】 访谈人问:公司现在能提供多少就业岗位?公司年度缴纳税额一般是多少? 访谈对象回答:【　】 访谈人问:公司近两年是否出现过不合规事件?出现过哪些不合规事件? 访谈对象回答:【　】 访谈人问:公司是否组织过针对员工的法律培训活动?公司对于涉及法律相关的工作,例如开具经营发票等行为,是否有进行严格的管理?是否有一套相应的管理体系? 访谈对象回答:【　】 访谈人问:公司员工是否具有守法合规意识?公司整体是否有一个良好的合法经营氛围?公司整体的工作氛围如何? 访谈对象回答:【　】 访谈人问:结合您本人的工作情况,您认为您在工作过程中可能存在哪些法律风险? 访谈对象回答:【　】 访谈人问:在了解了企业合规制度后,结合上公司的现状,您对企业进合规管理有什么意见或者建议? 访谈对象回答:【　】 访谈人问:您知道公司在参与涉案企业合规改革试点工作吗?为什么不了解或者参与有多深入?

续表

访谈对象回答:【 】 访谈人问:对今天的询问事项,您还有什么补充的吗? 访谈对象回答:【 】 访谈人问:请您核对一下记录。 访谈对象回答:以上记录真实。 访谈对象签署:_____   访谈人签署:_____

十八、《合同管理制度》

第一章　总　　则

第一条　为加强××××有限公司(以下简称公司)的合同管理,保障公司安全运营,防范和化解经营中的法律风险,根据《民法典》等国家有关法律法规,并结合公司实际情况,制定本制度。

第二条　本制度所称合同,是公司与其他法人、组织和自然人设立、变更、终止民事权利义务关系的协议。除主合同外,签约双方协商同意的有关修改主合同的书面文件、数据电文(包括传真和电子邮件),也是合同的组成部分。

第三条　本制度适用于公司对外签署的所有合同,合同管理是公司管理的一项重要内容,搞好合同管理,对于公司合法合规运营、经济活动的开展和经济利益的取得,都有积极的意义。公司各部门、各级领导以及全体员工,都必须严格遵守、切实执行本制度,共同努力,搞好公司以"合法合规、重合同、守信誉"为核心的合同管理工作。

第四条　禁止签订虚构交易事项的虚假合同,禁止在合同的商品名称、数量、单价及金额上弄虚作假。

第二章　职　　责

第五条　合同的管理采取"分类管理、综合归口"的形式,合规办公室为合同综合管理归口部门，各承办部门是合同分类管理机构，负责本部门职责范围内的合同管理工作。

第六条 合规办公室职责：

（一）建立合同台账（具体格式详见制度附件）；

（二）对公司经常使用的合同，根据公司业务需要，要求外聘法律顾问起草合同范本，以供业务需要；

（三）由法律合规管理人员负责合同审核，重要待签署合同需送外聘法律顾问审查；

（四）审核合同签订方公司资信调查信息；

（五）对合同签订和履行情况进行评估；

（六）整体的合同管理工作；

（七）管理合同文本档案。

第七条 承办（业务）部门职责：

（一）所有合同均要履行合同审批程序；

（二）负责合同所涉业务、事项的可行性分析、合同对方的比较选择和资信调查，对合同前程序及合同的真实性、可行性负责；

（三）制定合同文本，对文字的正确性、合同对价的合理性负责；

（四）对法律合规管理人员或法律顾问提出的修改意见，应当认真协调，修改后再报有关领导审核；

（五）认真履行合同的各项义务，及时了解对方履行合同的情况，认真处理合同履行中的有关问题；

（六）严格按合同规定收取验收标的物或款项，有效地维护公司合法权益；

（七）承办人应做好记录，妥善保管好合同履行过程中的签署文件、送货单、验收单、汇款凭证、发票收据以及业务往来传真、信函、对账单等资料；

（八）协助法律合规管理人员或法律顾问处理合同纠纷而进行的协商、调解、仲裁、诉讼等活动，并提供有关证据和材料；

（九）配合合规办公室进行合同评估工作，上报"合同履行情况表"（格式详见附件）；

（十）合同订立后，不得因合同承办人的变动而影响合同履行。在合同履行过程中，合同承办人变更时，应办理完善的交接手续。

第三章　合同的谈判、订立与审核

第八条　合同谈判须由公司总经理或副总经理与承办部门负责人共同参加，不得由业务人员单独一人直接与对方谈判合同。

第九条　签订合同必须贯彻"真实合法有效"、"平等互利、协商一致、等价有偿"和"价廉物美、择优签约"的原则。

第十条　以公司名义签订的，金额在1万元（含）以上的所有合同都应采用书面形式，任何部门不得以口头形式订立合同。

第十一条　合同签订前，承办部门应当确实了解对方的资信情况。应依照所签订合同的不同情况，要求对方出示营业执照（副本）及有关资质证明文件，如对方是个人的，要求对方出示身份证。必要时，还应要求对方提供银行资信证明或担保文件。承办部门还应在"国家企业信用信息公示系统"中查询合同对方（企业）是否有效存续，在"中国执行信息公开网"中查询合同对方（企业及个人）是否为失信被执行人，查询合同对方的涉诉情况。有关对方资信情况的文件、材料必须纳入合同档案，留存备用。

第十二条　合同内容应完备严密，用语准确，附件齐全，对各方当事人权利义务的规定必须明确具体，文字表达清楚准确。一般应包括以下条款：

（一）合同名称；

（二）当事人的名称或者姓名和住所、联系方式；

（三）合同标的；

（四）数量和质量；

（五）价款或报酬及支付方式；

（六）履约期限、地点和方式；

（七）违约责任；

（八）合同变更、终止的条件；

(九)解决争议的方法；

(十)根据法律规定或合同性质应具备的条款；

(十一)其他约定的条款。

第十三条 签订合同时应当重点注意的事项：

(一)部首部分：要注意写明合同主体的全称、签约时间和签约地点，不得写合同主体的简称、不得在签约时间和地点处留白；

(二)正文部分：应注明合同产品的名称、质量、数量、价格和违约责任；清晰约定合同的生效时间和有效期限；

(三)结尾部分：合同盖章时，合同主体都必须加盖"合同专用章"，原则上不使用公章，禁止加盖公司财务章或业务章、项目章；

(四)合同份数：为便于合同档案管理，签署的合同原件至少应由公司保留2份，总份数根据这一原则和对方所需合同文本数量确定；

(五)如果合同对方签字人非对方企业法定代表人的，需索要证明签字人有权代理签字的《授权委托书》。

第十四条 签订合同应注意运用法律规定的定金、保证、抵押、留置等担保措施，必要时应另行订立担保合同。

第十五条 所有合同都应当履行合同审批程序。合同审批程序指合同在签署之前应由承办部门按本制度规定的程序履行报送、批准手续。合同送审程序如下：

(一)承办部门负责对合同对方进行比较选择，资信调查，组织谈判，制定合同文本。合同送交公司审查时，应填制《合同送审表》（格式详见附件）与相关资料（资信调查文件、比选文件等）一同报送审批。

(二)合规办公室审核合同签订方公司资信调查资料，对合同进行初审并负责联络、传送需审查的合同至外聘法律顾问，并同时做好登记备案。

(三)外聘法律顾问审查合同的合法性和合规性，出具法律审核意见。

(四)合规办公室向承办部门反馈审查意见或外聘法律顾问的法律审核意见（如有），承办部门根据意见再行组织与合同对方谈判调整合同内容。

(五)承办部门将调整后的合同报送部门经理审核，部门经理审核通过后报送法律合规管理人员审核,再报送合规总监与分管副总经理审核,最后报公司财务部审核。

(六)《合同送审表》完成签字审批后,加盖公司合同专用章。

第十六条 合同审核重点:

各部门、各级别领导应当审查的合同重点在于:

(一)承办部门、部门经理及分管副总经理应重点关注

1. 合同的合法合规性。

2. 合同的经济性:

(1)市场供应、需求情况经调研属实;

(2)市场供应、需求价格预测可靠、合理;

(3)应予考虑的其他经济因素。

3. 合同的可行性:

(1)整体项目具有可靠性;

(2)经济效益或社会效益具有真实性;

(3)合同履行具有可操作性。

4. 合同价款的合理性。

5. 合同履行期限的合理性。

(二)财务部应重点关注

1. 合同的真实性,即合同是否具有真实的交易和业务;

2. 合同涉及资金的使用和支付是否符合公司资金调度计划;

3. 价款、酬金和结算的合理、合法性;

4. 财务部门认为需要审核的其他内容,如发票开具条款等。

(三)合规办公室、法律合规管理人员、合规总监应重点关注

1. 合同的合法合规性;

2. 合同对方主体的有效存续性及资信情况;

3. 签约程序合法性,是否符合公司制度规定;

4. 合同条款是否完整、齐备,表述清晰;

5. 合同是否含有权利义务不对等,对公司有较大潜在风险的内容。

第十七条 合同应由公司法定代表人或委托代理人签字,并加盖公司合同专用章,不得以部门印章代替。公司法定代表人根据经营活动需要可书面授权委托公司经理、部门经理等在规定的权限内对外签订合同,授权委托书格式详见附件。没有获得书面授权委托书者,不得代表公司对外签署合同。

第四章 合同的履行及评估

第十八条 合同的履行应贯彻诚实信用原则和全面履行原则,承办部门要认真按照合同规定的义务,落实履行合同的具体措施,并了解对方履行合同的情况,及时处理和解决合同履行遇到的问题。

第十九条 合同履行过程中,应注意行使后履行抗辩权、同时履行抗辩权、不安抗辩权、代位权、撤销权等权利,同时注意运用情势变更、不可抗力、意外事件发生时的合同履行原则,依法保障自身权益。

第二十条 在合同签订后,如需对主合同内容进行变更、细化或补充,须签订书面补充协议,并按照本制度的合同审核流程,附上已经签订的主合同提交审核。审核批准后方可签署。

第二十一条 合同规定应验收的标的物,必须在法定或约定的期限内组织验收,并作为财务部门支付款项的依据;验收不合格的应在规定的期限内向对方当事人提出书面异议。

第二十二条 承办部门应定期向合规办公室报送《合同履行情况表》,合规办公室应定期对合同执行情况进行跟踪,每年度对合同签订和履行情况进行评估,持续改进。

第五章 合同的变更和解除

第二十三条 合同变更,必须签订书面变更协议或者有对方的书面承诺,并按照合同签订时的程序进行。

第二十四条 法律规定或者当事人双方在合同中约定解除权行使期限的,应注意及时行使解除权。根据合同法规定主张解除合同的,应当通知对方。

第二十五条 解除合同时，承办部门须重新按照本制度办理合同审批手续。

第二十六条 变更、解除合同的协议在未签署或未批准之前，原合同仍有效，仍应履行。

第二十七条 合同变更、解除应注意以下事项：

1. 主体变更、解除应征得合同各方同意；

2. 有担保条款的合同变更，应征求原担保单位或个人的书面同意并在变更协议上加盖担保单位的印章或签字；

3. 经登记、批准、鉴证、见证、公证的合同，变更协议应重新登记、批准、鉴证、见证、公证；

4. 合同中订有保密条款或附有保密协议的，合同解除后其效力并不受影响。合同变更时，如果涉及双方当事人的变更或合同内容的变更，应变更保密条款或保密协议；

5. 变更、解除合同的协议在达成之前，根据实际情况，应采取继续履行、补救或中止履行等措施。

第二十八条 发生合同纠纷时，承办部门应及时与对方当事人协商并通知公司合规办公室联系外聘法律顾问，由法律顾问协助处理，承办部门予以积极协助。承办部门不得自行处理有关法律事务。

第六章　合同的保管和归档

第二十九条 各类合同，公司应至少保存两份原件，一份交由财务部留存，另一份由合规办公室存档，承办部门留存合同复印件。合规办公室同时应留存《合同送审表》、《授权委托书》原件以及相关资料（资信调查文件、比选文件、承办部门交来的履行过程文件等）。

第三十条 合规办公室要对已签署的合同编号登记后归档，合同履行完毕后至少应当保存10年。

第七章 责 任 追 究

第三十一条 在签订和履行合同过程中,有下列行为之一者,视情节轻重和造成损失情况,给予办理人员及部门领导以通报批评、赔偿损失或公司内部处分,情节严重构成犯罪者,提请司法机关依法追究刑事责任。

(一)与对方当事人串通,虚构交易,签署虚假合同;

(二)轻信对方当事人,不做资信调查即随意签订合同;

(三)合同签订中,不履行审批手续,或不加盖印章;

(四)不办理授权委托书即以公司名义对外签订合同;

(五)与对方串通损害公司的合法权益;

(六)在履行合同过程中,不积极主动,玩忽职守,以致延误合同的履行给公司造成损失的;

(七)违反公司管理制度规定而对公司造成直接经济损失。

第八章 附 则

第三十二条 本制度自印发之日起施行。此前制定的有关管理规定凡与本制度不一致的,以本制度为准。

第三十三条 相关附件(模板):

授权委托书;合同送审表;合同台账;合同履行情况表

授权委托书

委托人:××××有限公司

法定代表人:＿＿＿＿＿＿＿＿

受托人:＿＿＿＿＿＿＿＿

身份证号:＿＿＿＿＿＿＿＿ 职务:＿＿＿＿＿＿＿＿

委托人委托受托人作为代表,与【 】(合同对方)办理【 】合同签订事宜。委托权限如下:

1.签署【 】合同;

2.办理合同签署过程中的流程和事务；

3.更正合同中的文字错误。

受托人无转委托权。委托期限为：_____年___月___日至_____年___月___日。

委托人：×××××有限公司(公章)

法定代表人(签字)：

_____年___月___日

合同送审表

	合同名称		预算内□ 预算外□	
	承办部门		承办人	
	合同金额		格式合同	是□ 否□
	主要内容			
1	承办部门	【 】		部门经理签字：
2	合规办公室	【 】		法律合规管理人员签字：
3	合规总监	【 】		合规总监签字：
4	分管副总经理	【 】		分管副总经理签字：
5	财务部	【 】		财务部经理签字：

合 同 台 账

序号	合同编号	合同名称	类型	金额	签订日期	合同履行期限	承办部门	承办人	发票号

合同履行情况表

合同基本情况	合同名称		合同编号	
	合同对方			
	合同金额		承办人	
	履行期限		签订日期	
合同履行情况	合同履行情况			
	收付款情况			
	有无遗留问题或解决方案			
备注				

十九、《×××××有限公司反商业贿赂制度》

第一章　制　定　目　的

为扎实推进商业活动的反腐败和反贿赂工作,树立以守法诚信、优质服务为核心的经营理念,结合公司的实际情况,制定本制度。

第二章　适　用　范　围

适用于公司所有员工。

第三章　定　　义

商业贿赂,是指以获得商业交易机会为目的,在交易之外以回扣、促销费、宣传费、劳务费、报销各种费用、提供境内外旅游等各种名义直接或间接给付或收受现金、实物和其他利益的一种不正当竞争行为。

第四章　程　　序

一、本公司的任何对外商业活动中,禁止以下行为

(一)违反规范以附赠形式向对方单位及其有关人员给予现金或物品;

(二)以捐赠为名,通过给予财物获取交易、服务机会、优惠条件或者其他经济利益;

(三)提供违反公平竞争原则的商业赞助或者旅游以及其他活动;

(四)提供各种会员卡、消费卡(券)、购物卡(券)和其他有价证券;

(五)提供、使用房屋、汽车等物品;

(六)提供干股或红利;

(七)通过赌博,以及假借培训费、顾问费、咨询费、技术服务费、科研费、研发费等名义给予、收受财物或者其他利益;

(八)其他违反法律、法规的行为。

二、利益冲突

（一）利益冲突：是指当员工个人利益以任何形式干涉到公司整体利益时，员工应尽量避免个人利益影响员工实现公司整体利益的能力，一般而言，以下所述应视为利益冲突：

1. 公司机会：任何员工都不能运用公司财产、信息或其在公司的职位来谋求于公司的商业机会。若员工通过利用以上方式，可以获取公司经营范围之内的商机，则员工在追求自身发展机会前，应首先把商业机会让予本公司。

2. 财政利益：任何员工既不能直接或间接地通过其配偶或其他家庭成员的关系享有其他商业机构的财政利益（权益或其他），若此种财政利益会影响员工在公司的义务和责任表现；亦不能投入其工作时间于其他事务以获得此种财政利益；任何员工不能享有与本公司有竞争业务的公司的权益；若员工职责包括管理和监督与其他公司有业务往来的事务，则不可享有该公司的权益。

3. 贷款及其他财务交易：任何员工都不能从本公司的重大客户、供应商或竞争者处获得贷款，或个人债务担保，或签署任何私人财务交易；此方针并不禁止与认可银行或其他财务机构发生的长期交易。

（二）利益冲突的披露：公司要求员工必须充分披露任何可能引起利益冲突的情形。若有员工察觉到冲突，则必须向上级领导进行逐级汇报。

（三）利益相关方关系处理原则："利益相关方关系"是指员工与客户、商业合作伙伴、竞争者、监管者以及其他员工等利益相关者之间的关系。员工应遵循公平原则进行对待。

三、礼品和娱乐

（一）礼品的给予和收取是普通的商业行为。适当的商业礼品和娱乐是受人欢迎的礼仪，用以建立生意合作伙伴之间的关系和了解。但是礼品和娱乐决不能左右员工做出客观和公正的商业决定。

（二）一般而言，员工在商业行为或政府决策过程中直接或间接提供或接受不正当现金、礼品或娱乐，若礼品和娱乐没有成为任何特殊商业决定的诱因,则员工可以从客户或供应商那里接受或给予它们。

（三）员工只能接受适当的礼品。公司鼓励员工上交应由公司接受的礼品,接受同一合作伙伴的礼品每个季度不得超过 RMB 200 元。公司并不强制要求上交小额礼品,但超过 RMB 500 元的礼品必须上交公司。

（四）由于政府严格禁止其雇员接受任何形式的赠与,包括宴请和娱乐。公司规定,禁止任何员工为了业务需要贿赂政府官员或政府人员。

（五）任何员工不可接受贿赂、贿赂他人,或者暗地接受佣金及其他个人利益。任何和赠送、收取贿赂、回扣有关的活动都应立即终止,并报告给相关的管理人员。回扣或贿赂包括任何形式意图以不正当手段获得更好待遇的行为。公司确保员工如果拒绝参与由业务产生的受贿或回扣,并不会受到降级处罚或其他不良后果,即使这一行为可能导致公司失去业务。

四、公司资产的保护和使用

员工应保护公司的资产并保证它们仅作为合法的商业目的作有效地使用,无论是为了个人所得还是任何非法或者不当目的,都是被严厉禁止的。员工应:

1. 关心公司财产以防遭遇偷窃,损害和滥用;

2. 迅速汇报真实的或者可疑的偷窃,损害和滥用公司财产的行为;

3. 维护所有电子规划、数据、通信及书面文件以防他人不当使用;

4. 公司财产仅供合法的商业目的使用。

五、知识产权和保密

（一）员工通过使用公司的资料和技术资源取得的所有发明、创造性作品、电脑软件、技术或者商业秘密,都应视作公司财产。

（二）公司贯彻严格的保密政策,对开展业务时取得的客户、供应商及其他方的信息必须保密。员工禁止披露公司或者公司合作伙伴的重要信息。

（三）除履行与自己职位有关的责任之外,在没有获得公司事先批准的情况下,员工既不应披露、发布或出版商业机密或公司的其他机密性商业信息,也不能使用其职责之外的机密信息。

（四）员工保密职责在员工与公司终止雇用关系后依然生效,直到公司对外披露这些信息。

（五）终止合同时，员工必须返还公司所有财产，包括各类形式的机密信息，不允许保留副本。

六、竞争和公平交易

公司寻求公平和诚实地超越我们的竞争对手。本公司通过卓越的表现而非不道德或非法的商业行为来寻求竞争优势。窃取专利信息、处理未经所有者同意而获得的交易秘密信息，或诱使其他公司的现在或过去的雇员披露该等信息皆被禁止。每位员工和职员尽力尊重并公平对待公司客户、供应商、竞争对手和员工的权利。任何员工都不可通过操纵、隐藏、滥用特权信息、误传重大事实或其他非法的交易行为向他人获取不合理的利益。

七、反商业贿赂相关承诺与协议

公司在重点环节、重点部位人员实行预防商业贿赂承诺制，重要岗位人员须与公司签订《反商业贿赂承诺书》，公司行政部门依据职责权限，对本制度的执行情况进行监督检查，并对重要岗位人员不履行《反商业贿赂承诺书》的行为进行处理或提出处理建议。与公司有业务来往的客户、供应商、服务商必须与我司签订一份《供应商反贿赂/反腐败协议》，与本公司有经济活动往来的公司人员违反《供应商反贿赂/反腐败协议书》的，坚决取消其供应商、服务商资格，构成商业贿赂（行贿）犯罪的交由司法机关追究刑事责任。

八、商业贿赂相关行为的检举揭发

公司鼓励员工及有业务来往的公司检举揭发商业贿赂相关行为，检举的受理、调查等各个环节，必须严格保密，严禁泄露检举人的姓名、部门、公司名称等信息，严禁将举报情况透露给被举报人或部门，调查核实情况时，不得出示检举材料原件或者复印件，不得暴露检举人，对匿名的检举书信及材料，不得鉴定笔迹，检举材料不得随意对外借阅。

公司反商业贿赂小组联系方式：

行政部：×××××

电子邮箱：×××××@163.com

第五章　附　则

一、本制度由行政部制定,并负责解释和修订。

二、本制度报总经理审批后,自颁布之日起执行。

附件一

反商业贿赂承诺书

承诺人×××为了保障公司与个人的正当权益,谨此承诺:

1. 在职期间除严格遵守《中华人民共和国反不正当竞争》、《刑法》等有关禁止商业贿赂行为规定,遵循"守法、诚信、公正、科学"的原则,坚决拒绝商业贿赂、行贿及其他不正当之商业行为的馈赠。

2. 不接受任何供应商、合作方、承包商等各种名义的回扣以及其他形式的私利。

3. 在职期间不准以个人名义接受任何供应商、合作方、承包商等的任何馈赠,例如:直接或间接索取或收受金钱、物品、有价证券及任何形式的馈赠礼金包括但不限于现金、支票、信用卡等。如果供应商以节日为理由带以上各类礼品上门,首先给予推辞,实难以推辞的,带供应商一起将礼品交到行政部。

4. 在职期间不准向任何供应商、合作方等报销应由个人支付的各种费用,同时也不准在任何供应商、合作方、承包商等部门兼职。

5. 在职期间不准利用赋予的权利和工作之便,向任何供应商、合作方等吃拿索要,以权谋私。

6. 在职期间不准参加任何供应商、合作方等安排的娱乐活动,包括但不限于以下形式:营业性歌厅、舞厅、夜总会、酒吧、桑拿等。

7. 在职期间不得安排、介绍亲朋好友到合作方等供应材料、成品、半成品和设备等。

8. 本人将恪守以上承诺,如有违反,本人愿意接受公司任何处罚并负责赔偿因此给公司造成的损失，同时承担由此引起的一切法律责任。

9. 此承诺书一式二份，双方各执一份。

10. 此承诺书自签字盖章之日起生效，自劳动合同解除时自动失效。但因违反本协议所带来的公司损失，不因离职而失去追查效力。

公司（盖章）

承诺人（签名盖章）：

年　　月　　日

附件二

供应商反贿赂/反腐败协议

甲方：

地址：

乙方：

地址：

为共同制止商业贿赂、腐败行为，维护甲方及与甲方有利益关系的单位、个人的共同合法权益与乙方为甲方合作期间的合法权益，经友好协调，达成如下反商业贿赂、反腐败协议，以资双方信守履行：

1. 本协议所指的商业贿赂是指：乙方与甲方合作期间，乙方向甲方人员及与甲方有利益关系的单位、个人提供的一切精神及物质上直接或间接的馈赠，如回扣、娱乐、退佣、招待、置业、就业、旅游、馈赠、购物折扣及其他一切物质或精神上有直接受益的开支。

2. 乙方应当通过正常途径开展相关业务工作，杜绝向甲方人员及甲方有利益关系的单位、个人提供金钱、物品、有价证券及任何形式的馈赠，（在合适的场合、象征性的纪念礼品以及经批准的相关业务招待除外）。

3. 乙方不得为谋取自身利益擅自与甲方人员就有关工作问题私下进行有损甲方利益的非正常竞争性商谈或者达成伤害甲方利益的默契。

4. 乙方不得以洽谈业务、签订经济合同为借口，邀请甲方工作人员外出旅游或宴请或进入营业性消费娱乐场所。

5.乙方不得为甲方单位或个人购置或提供通信工具、交通工具、家电、高档办公用品等。

6.乙方如发现甲方工作人员有违反上述协议者,应向甲方公司反贿赂、反腐败部门举报,甲方有责任为乙方举报人保密。

7.商业贿赂限制:本协议乙方除严格遵守《中华人民共和国反不正当竞争》《刑法》等有关禁止商业贿赂、腐败行为规定外,坚决拒绝商业贿赂、行贿、腐败及其他不正当之商业行业馈赠。

8.违约责任:如在合作期间发现乙方违反本协议,甲方将立即停止与其所有商业合作关系,并暂停支付所有乙方的应付账款。乙方赔偿甲方公司的名誉及其他一切损失;由于违反本协议而引起的任何法律纠纷,将依法在公司所在地的管辖院处理。

9.甲方反贿赂,反腐败小组相关人员联系方式:

行政部:座机

联络人:×××××

手机:

电子邮箱:×××××@163.com

10.本协议期限:甲乙双方解除供销关系时,协议自动失效。本协议经双方签字、签章后生效。

11.其他:本协议壹式贰份,甲乙双方各执一份。

甲方(盖章) 乙方(盖章):

代表签字: 代表签字:

日期: 日期:

二十、完整版《×××××有限公司合规计划书》

目 录

一、停止违法违规行为

二、开展涉案违法原因自查

三、制订合规整改计划

（一）开展一反三合规整改

（二）建立合规管理组织

（三）健全合规制度体系

（四）保障合规运行机制

（五）合规文化建设

（六）合规计划执行

附件　××××有限公司自查报告

　　××××有限公司（下称"本企业"）根据涉案行为所反映的违规原因，查找在组织架构、管理制度、运行机制、企业文化等方面存在的漏洞及不足，同时，结合企业所在的行业涉及的相关风险举一反三，制定符合本企业特点的《合规计划》。

一、停止违法违规行为

　　本企业在知晓存在违法违规行为的情况下，立即停止了违法违规行为，积极配合公安机关、司法机关的工作，主动联系税务部门，承诺配合相关部门采取补救措施，愿意接受包括全额退还违法所得与接受相关经济处罚，制定合规计划并开展有效的合规整改。

二、开展涉案违法原因自查

　　公司作为医疗器械领域的公司，现有员工100人，其中本科学历以上10人。由于公司销售规模逐年扩大，希冀进入资本市场，遂于2019年成立集团。集团旗下主要包括×××××有限公司和天津××××有限公司。集团设立了财务中心、综合管理中心以及销售运营中心。各中心成立完毕需要招聘相应负责人，目的是能够对相关部门进行管理体系建设，提升公司的整体管理水平。2019年4月，本企业通过猎头推荐，将××××招聘到我司，任财务负责人。×××××来司后对于因为研发及临床产生的账务问题提出处理意见，建议通过开票来解决此问题，涉案金额及开票数量为××××万元。

第七章　刑事合规不起诉最高检试点北京西检首案首例、湖南某地先行试点案例文书模板及成果展示

涉案过程是，2019年×××××有限公司与×××××进行联系，了解该公司的业务模式后，签署合同。之后，通过与该公司业务人员商定，安排公司财务人员提供与公司法人有亲属关系的身份证五张，再会同注册五家空壳公司。随后×××××有限公司将五家公司营业执照、公章、企业对公账户网银等物品寄回。由公司财务人员向北京×××××提出开票申请，发票开完邮寄回公司入账。此后，公司就产生了涉税违法违规的行为。

在知晓发生这样违法违规行为后，公司负责人及高级管理人员都非常痛心，进行了深刻的反思。从涉案原因来看，反映出了以下几个方面的问题：

一是公司法律意识淡薄。企业负责人理工科专业背景，法律知识储备少，开始时对财务处理触犯法律的情形并不清楚。直到靖州公安来司调查，企业负责人才知道事件的严重性，触犯了国家法律。这反映出了企业负责人与员工对税法及账务合规认知匮乏。

二是公司对法律教育不重视。企业从成立到发展至今，各级员工基本没有进行法律与合规培训，既没有专门的资金与预算来保障法律合规培训工作，也没有对财务、税务、知识产权等进行专门的合规培训，最终导致涉案违法事件的发生。

三是公司没有专门法务人员。公司还没有专门聘请法务人员，重大合同与法律问题交由外部法律顾问进行审核，缺乏日常的法律与合规审核机制，导致公司对经营中存在的法律风险提示不足。

四是公司合规制度建设缺失。公司没有针对新入职员工进行背景调查，没有要求员工签订合规承诺书，没有建立关键岗位人员法律合规培训制度，没有对关键岗位所涉及的法律风险进行识别，没有对第三方聘用人员进行合规审查，没有制定相应的财务税务管理制度，导致公司在合规管理方面存在盲区。

综上原因，由于公司负责人、高级管理人员法律合规意识不强，对法律合规不够重视，没有投入资金、人力来开展法律与合规管理体系建设，没有建立健全管理制度来规范公司与员工行为，从而导致了违法行为出现，这是有违公司价值观与发展理念的。

三、制订合规整改计划

事件发生后,公司负责人开始学习法律,了解到公司已经触犯了《中华人民共和国刑法》第二百零五条之规定,涉嫌虚开发票罪。公司严肃处理了相关责任人员,直接参与人员都已经离开了公司。公司主要负责人与高级管理人员团队进行深刻的反思,对树立正确的发展理念达成了共识。坚持合规优先,发展为要,合规与发展双轮驱动,让企业在合法合规的道路上实现持续稳健经营。

公司明确了主要负责人为企业合规整改的第一责任人。由公司主要负责人领导,成立了由集团财务负责人任合规总监、人事行政负责人为成员的合规委员会,并作为合规计划与落实合规整改的工作小组。同时,聘请第三方机构辅导企业建立合规管理体系。

当前,公司从强化各级人员合规经营意识,建立合规管理组织体系,健全合规制度管理体系,建立保障合规运行的机制,进行合规文化建设等方面,着力开展合规管理体系建设工作,为此,公司合规管理体系建设具体工作包括以下方面。

(一)开展一反三合规整改

公司拟对行业发展中存在的财务税务、知识产权、商业贿赂、劳动用工等合规风险进行全面梳理,防止出现同类或者其他违法违规行为。

(二)建立合规管理组织

明确合规组织由三个层级管理,包括决策层、管理层以及执行层。决策层负责批准设置合规管理组织,任免合规管理负责人员。管理层负责领导制定合规计划,建立合规管理体系。执行层全面开展各项合规管理工作,认真贯彻执行与监督公司的各项合规工作。

本公司设立合规委员会。委员会成员由企业负责人、财务负责人以及人事行政负责人组成。其中,企业负责人为合规第一责任人,担任合规委员会主任。财务负责人担任合规总监。

合规委员会下设合规办公室,由财务部兼理,由合规总监领导。合规办公室配置1名法律合规管理人员,协助合规总监开展合规工作,负责法律合规事务的培训、监督、考核等工作,推进公司合规体系的建立,落实合规计划。

任命各部门负责人作为本部门合规管理第一责任人,为本部门合规官,对本部门合规管理工作负责,并配合合规团队的工作。

公司全体成员均应遵守合规管理规定,认真贯彻执行公司的各项合规工作。

合规组织设置如下图所示:

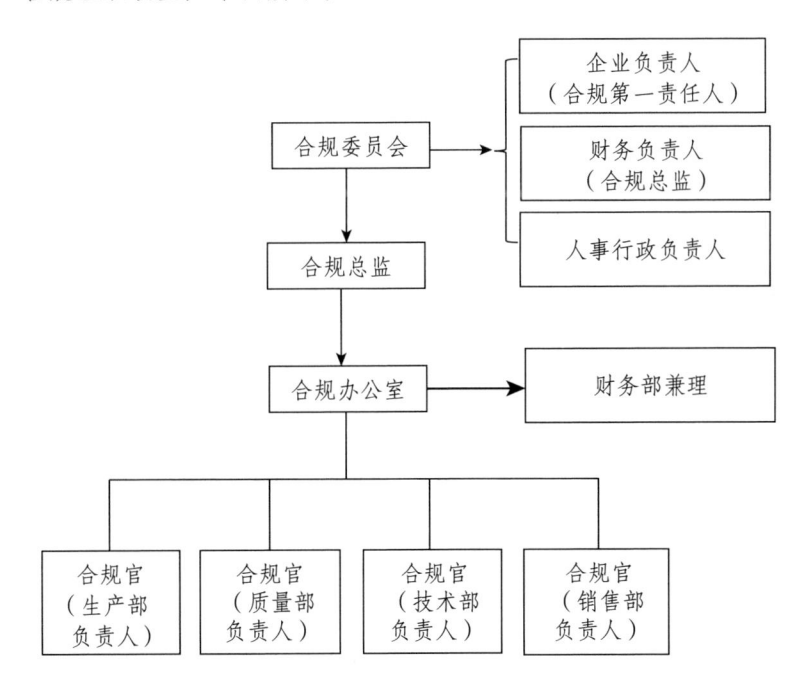

```
                    ┌─────────────────┐
                    │   企业负责人    │
                    │(合规第一责任人)│
                    └─────────────────┘
                             ▲
┌──────────┐        ┌─────────────────┐
│合规委员会│───────▶│   财务负责人    │
└──────────┘        │  (合规总监)    │
      │             └─────────────────┘
      ▼             ┌─────────────────┐
┌──────────┐        │  人事行政负责人 │
│ 合规总监 │        └─────────────────┘
└──────────┘
      │
      ▼
┌──────────┐        ┌─────────────────┐
│合规办公室│───────▶│   财务部兼理    │
└──────────┘        └─────────────────┘
      │
 ┌────┼────┬────────┬────────┐
 ▼    ▼    ▼        ▼        ▼
┌──────┐ ┌──────┐ ┌──────┐ ┌──────┐
│合规官│ │合规官│ │合规官│ │合规官│
│(生产部│ │(质量部│ │(技术部│ │(销售部│
│负责人)│ │负责人)│ │负责人)│ │负责人)│
└──────┘ └──────┘ └──────┘ └──────┘
```

(三)健全合规制度体系

公司修订完善了《员工合规行为准则》以及相应的《合规管理制度》,以此规范公司与员工的行为。

1. 行为准则

制定《员工合规行为准则》,明确了合规的原则与精神,为员工行为划出了红线。准则明确合规理念、合规的价值观、适用范围、企业对于合规的管控要求(即禁止性规定)等规定。准则指导员工行为,规定了员工责任、管理者责任,并明确规定相关风险的法律识别及商业秘密保护等义务。同时,明确了员工对于合规事项的咨询与举报途径,也对企业负责人/实控人的合规承诺、员工承诺及签字等事项予以列明。

该行为准则将经职工（代表）大会公示。上述相关文件签署后我司存档备查。

2.专项合规制度

本企业针对识别到的相关风险制定了相关的《合规管理制度》以制度约束员工、管理层的行为，避免员工及企业出现违反法律法规或规范性文件的情况出现。

上述制度主要包括财务、税务管理制度、劳动人事管理制度、合同管理制度、档案管理制度、合作伙伴管理制度、风险识别制度（根据具体部门所涉及的相关业务、人事、财务、税收等特点进行识别，并据此设计有相关的制度措施）、合规培训制度（包括涉税合规培训）、反商业贿赂制度、招投标管理制度、合规绩效考核制度等。

（四）保障合规运行机制

1.建立培训与沟通机制

每月对各部门员工进行合规体系文件培训，并对培训效果进行考核，考核不合格人员进行再次培训，直至考核合格为止。

公司合规管理过程中任何员工发现不足，可直接向部门负责人提出意见，由部门负责人汇总后递交合规办公室或合规总监。

此外，合规办公室定期对公司合规管理工作进行调研包括问卷调查、重点部门面谈等，能够随时保证合规管理工作沟通顺畅。

2.建立合规考核机制

在各部门月度考核绩效中设立"合规情况执行结果"的考核项目，由合规委员会对各部门合规执行情况进行考核，考核出现扣分项的部门，由部门经理带领部门员工，同时由合规办公室参与，进行扣分项分析，落实责任人，并进行改正行动方案的制定，做到随时发现问题、随时解决问题，杜绝同样问题再次发生。

3.建立违规举报和追责机制

公司全体员工在日常工作中若发现不合规现象，均可直接向合规办公室、合规总监进行咨询或举报。合规负责人接到举报后,组织人员对员工提出的问题进行调查,经调查发现情况属实的对相应人员进行通报批评、赔偿损失或公司内部处分,情节严重构成犯罪者,提请司法机关依法追究刑事责任,对于严重违规或违法行为进行开除或其他处理。对其部门负责人进行追责等相关处理。

设置违规举报电话:_____及邮箱:_____,并向全体员工公布,保证任何员工发现违法违规行为均可通过上述方式进行举报。合规负责人员收到举报后,对相关内容进行汇总、分类、分析,做到严格保密,实现有报必查,并建立举报保密和反打击报复机制,向举报人提供可靠保护。

4. 建立合规计划改进与提升机制

由合规总监牵头、人事行政负责人配合,聘请合规专家,定期负责检查监督各部门合规计划执行情况,对执行过程中存在的问题进行解决,对于体系中存在的不足,形成评价报告。相关报告及时报告给合规委员会,经合规委员会综合评估后,由合规负责人确认进行修改,从而不断优化合规计划。

此外,在计划实施过程中对于一些不能落地的规定制度及时报告给合规负责人,协助合规负责人进行相应修订,有效提升合规计划合理性。

(五)合规文化建设

"没有规矩,不成方圆。"合规守法是企业发展的命脉根基,忽视一次次的不合规,将逐步使企业走向违法,使企业万劫不复。企业合规文化建设,需要每一个员工从我做起,人人都有合规意识,人人做到合规,才能有效控制合规风险,确保企业不偏离经营目标,长远发展。

企业负责人时刻牢记合规对于我企业的重要性,目前企业处于发展的上坡阶段,立足于医疗行业,产品创新及合规管理才能保证企业健康长久的发展,才能保证合作伙伴的合法权益得到保证。经历过一次惨痛的教训,企业负责人对于合规守法有了更为深刻的认识。坚决杜绝任何不合规行为,不存有任何侥幸心理。企业迅速发展的阶段更要通过合规管理为企业保驾护航,为企业的长久发展奠定基础。

由企业负责人牵头成立合规委员会,高度重视企业合规工作,同时把合规作为各公司管理人员的一项考核内容,在日常管理工作中时刻牢记"合规第一,利益第二"的理念,在制定相应制度、签订合同、梳理财务流程等管理工作中始终贯彻合规合法,保证企业经营管理不得偏离合规建设。

(六)合规计划执行

合规计划将按照如下时间执行

阶段	时间
立即停止违法行为,自查与反思	2021年11月
针对性合规专项制度:以落实税务整改,制定专项制度	2021年11月
针对性合规专项制度:制定合同管理制度	2021年11月
制定《员工合规行为准则》	2022年2月
制定《反商业贿赂制度》	2022年3月
全面合规计划制定阶段	2022年3月
合规计划执行阶段	2022年3~6月
自我评估阶段	2022年7月
审查考核阶段	2022年8月
绩效考核阶段	2022年1月起

×××××有限公司(盖章)

时间:

附件

×××××有限公司自查报告

一、企业基本情况

(一)发展历程

2004年公司投资收购×××××有限公司,正式进军医疗器械Ⅲ类高值耗材领域,总部在天津市××区。2009年在×××××内购地20余亩建立新厂,2011年××医疗搬至新厂。成立至今公司先后建立神经外科生产线、骨科生产线以及颌面外科生产线等多条医疗器械生产线。

(二)发展愿景

为每一个生命健康保驾护航。

(三)基本业务

公司主要从事Ⅰ类、Ⅱ类、Ⅲ类医疗器械研发、生产及销售。2020年收入4093.20万元,2021年收入4256.20万元。公司拳头产品××定制产品为国内第三家同类产品生产厂家,相比进口产品定制周期短,价格低于进口产品,因此具有较强的市场竞争力。

(四)治理结构

公司由分管副总进行统筹管理,行政人事部、财务部、营销运营部由集团进行统一管理。管理者代表对于公司整个质量管理体系运营情况负责,供应链部门、质量管理部以及生产部的活动均要符合质量管理体系要求。

(五)管理现状

公司现有员工100人,其中本科以上学历10人。

(六)企业贡献

我公司解决所在乡镇100人就业问题,连续三年累计缴纳税款1473.6万元。2019年疫情为所在乡镇捐款5万元。每年为××××70周岁以上老人发放春节慰问金300元/人。

二、案件事实

随着公司销售规模逐年扩大,希冀进入资本市场。遂于2019年成立集团,集团旗下主要包括××××有限公司和天津××××有限公司。集团设立了财务中心、综合管理中心以及销售运营中心。各中心成立完毕需要招聘相应负责人,目的是能够对相关部门进行管理体系建设,提升公司的整体管理水平。2019年4月,通过猎头推荐,××××加入我司,任财务负责人。××××来公司后对于因为研发及临床产生的账务问题提出处理意见,提议通过开票来解决此问题。涉案金额及开票数量为×××××万元。

2019年××××有限公司与××××进行联系,了解该公司的业务模式后,签署合同。之后,通过与该公司业务人员商定,安排公司财务人员提供与公司法人有亲属关系的身份证5张,在会同注册5家空壳公司。随后××××有限公司将5家公司营业执照、公章、企业对公账户网银等物品寄回××克。由公司财务人员向北京××××提出开票申请,发票开完邮寄回司入账。

三、涉案原因分析

（一）公司法律意识淡薄

企业负责人理工科专业背景,法律知识储备少,开始时对财务处理触犯法律并不清楚。直到靖州公安来司调查,企业负责人才知道事件的严重性,触犯了国家法律。这反映出了企业负责人与员工对税法及账务合规认知匮乏。

（二）公司对法律教育不重视

企业从成立到发展至今,各级员工基本没有进行法律与合规培训,也没有专门的资金与预算来保障法律合规培训工作,也没有对财务、税务、知识产权等进行专门的合规培训,导致企业负责人与员工法律意识淡薄。

（三）公司没有专门法务人员

公司还没有专门成立法务部门,聘用法务人员,重大合同与法律问题交由外部法律顾问进行审核,缺乏日常的法律与合规审核机制,导致公司对经营中存在的法律风险提示不足。

（四）公司合规制度建设缺失

公司没有建立起针对新入职员工、关键岗位人员进行法律合规培训制度,没有对关键岗位用人进行风险识别,没有对第三方合作伙伴进行合规审查,导致公司在合规管理方面存在盲区。

综上原因,由于公司负责人、高级管理人员法律合规意识不强,对法律合规不够重视,没有投入资金、人力来开展法律与合规管理,没有建立健全管理制度来规范公司与员工行为,导致出现了违法行为。

四、触犯的相关法律法规情况

事后,公司负责人开始学习法律,了解到已经触犯了相关法律法规的规定：

《中华人民共和国刑法》第二百零五条规定，虚开增值税专用发票或者虚开用于骗取出口退税、抵扣税款的其他发票的，处三年以下有期徒刑或者拘役，并处二万元以上二十万元以下罚金；虚开的税款数额较大或者有其他严重情节的，处三年以上十年以下有期徒刑，并处五万元以上五十万元以下罚金；虚开的税款数额巨大或者有其他特别严重情节的，处十年以上有期徒刑或者无期徒刑，并处五万元以上五十万元以下罚金或者没收财产。

单位犯本条规定之罪的，对单位判处罚金，并对其直接负责的主管人员和其他直接责任人员，处三年以下有期徒刑或者拘役；虚开的税款数额较大或者有其他严重情节的，处三年以上十年以下有期徒刑；虚开的税款数额巨大或者有其他特别严重情节的，处十年以上有期徒刑或者无期徒刑。

虚开增值税专用发票或者虚开用于骗取出口退税、抵扣税款的其他发票，是指有为他人虚开、为自己虚开、让他人为自己虚开、介绍他人虚开行为之一的。

以及《中华人民共和国刑法》第二百零五条之一规定，虚开本法第二百零五条规定以外的其他发票，情节严重的，处二年以下有期徒刑、拘役或者管制，并处罚金；情节特别严重的，处二年以上七年以下有期徒刑，并处罚金。

单位犯前款罪的，对单位判处罚金，并对其直接负责的主管人员和其他直接责任人员，依照前款的规定处罚。

五、整改措施

（一）案件发生后，我司立即停止了违法行为，配合公安机关、司法机关工作，主动联系税务部门进行相关资料提供，并积极配合税务机关进行查账，主动申请合规整改。

（二）为严肃处理责任人员，涉案人员××××× 已经离职。

（三）公司主要负责人与高级管理人员团队进行深刻的反思，树立正确的发展理念，坚持合规优先，发展为要，合规与发展双轮驱动，让企业在合法合规的道路上实现持续稳健经营。

（四）公司开展一反三合规整改。公司拟对存在的财务税务、知识产权、商业贿赂、劳动用工等合规风险进行全面梳理，防止出现同类或者其他违法违规行为。

（五）公司启动合规计划。公司明确了主要负责人为合规计划制定的第一责任人，成立了由主要负责人任组长的合规管理体系建设团队，聘请第三方机构辅导企业建立合规管理体系。从公司高度重视、完善治理结构、建立合规管理组织体系、健全合规制度管理体系、建立保障合规运行的机制、进行合规文化建设等方面进行开展合规管理体系建设工作。